"十三五"国家重点出版物出版规划项目
政府社会资本管理文丛

政府社会资本与国家治理创新

王竹泉 武辉 张璠◎著

中国财经出版传媒集团
中国财政经济出版社

图书在版编目（CIP）数据

政府社会资本与国家治理创新 / 王竹泉，武辉，张播著. --北京：中国财政经济出版社，2020.12

（政府社会资本管理文丛）

"十三五"国家重点出版物出版规划项目

ISBN 978-7-5223-0220-1

Ⅰ.①政… Ⅱ.①王… ②武… ③张… Ⅲ.①政府投资-合作-社会资本②国家-行政管理-研究 Ⅳ.①F830.59②F014.391③D035

中国版本图书馆 CIP 数据核字（2020）第 251169 号

责任编辑：潘　飞　　　　责任校对：胡永立

封面设计：智点创意　　　　责任印制：党　辉

政府社会资本与国家治理创新

ZHENGFU SHEHUI ZIBEN YU GUOJIA ZHILI CHUANGXIN

中国财政经济出版社 出版

URL：http：//www.cfeph.cn

E-mail：cfeph@cfeph.cn

社址：北京市海淀区阜成路甲 28 号　邮政编码：100142

营销中心电话：010-88191522

天猫网店：中国财政经济出版社旗舰店

网址：https：//zgczjjcbs.tmall.com

北京富生印刷厂印刷　各地新华书店经销

成品尺寸：185mm×260mm　16 开　10.5 印张　254 000 字

2020 年 12 月第 1 版　2020 年 12 月北京第 1 次印刷

定价：50.00 元

ISBN 978-7-5223-0220-1

（图书出现印装问题，本社负责调换，电话：010-88190548）

本社质量投诉电话：010-88190744

打击盗版举报热线：010-88191661　QQ：2242791300

总 序

对政府社会资本的研究始于我将集体选择理论引入企业理论和会计研究。集体选择理论发源于公共管理学、社会学范畴，用于解决社会中的公共选择问题。集体选择是“各参与者依据某项规则相互协商而确定集体行动方案的过程”。企业是社会的细胞，企业的形成过程也具有明显的集体选择特征，因此，在国家自然科学基金“利益相关者结构特征与财务披露监管模式研究”（70472013）和教育部新世纪人才支持计划（NCET05－0590）的支持下，我尝试将集体选择理论引入企业理论研究，提出“企业的本质是利益相关者集体选择”（2008）的论断，并以利益相关者理论和集体选择理论为基础，建立了企业所有权安排的理论解释框架，为企业理论的研究提供了新的视角。2011 年，我提出了“利益相关者集体选择视角的企业价值管理研究”的研究计划，并在当年获得了国家自然科学基金立项资助，课题编号为 71172099。

随着利益相关者集体选择视角的企业价值管理研究的深入，政府的角色和作用引起了我的兴趣和关注。传统的企业理论都将政府视为一个提供公共产品的超然主体，因而政府对企业价值的影响和作用均是被视为企业的环境因素。无论是赞同政府干预还是针锋相对地反对，政府与企业的关系都只是被视为政府作为社会管理者与企业作为被管理者的行政管理关系，不同学派分歧的焦点只是政府在企业（或市场）形成或发展过程中的行政权力的边界和作用，甚少有对企业形成和发展过程中政府公共资源配置的性质和作用进行深入的研究。众所周知，企业是一个资源配置的社会建构。在企业形成的资源配置中，政府是否也和其他资本投资者一样投入了具有个性化的公共资源？如果政府也在企业形成的资源配置中投入了个性化的公共资源，为什么其他的资源提供者可以享有企业的所有权，而政府却从来都没有被纳入企业所有权的框架之内呢？如果企业的本质是利益相关者的集体选择，政府是否是当然的集体选择参与者之一呢？

深入考察政府的公共资源配置，不难发现，其并非均为公共产品。实质上，在每家企业的形成和发展过程中，政府都或多或少地投入了具有排他性、竞争性的公共资源，例如，授予每家企业独一无二的“名号”或“代码”的使用权，赋予其在特定空间或区域开展营业活动的许可权，赋予其开展特定营业活动的许可权以及给予企业的各种专项支持政策（如建设用地、基础设施配套等优惠政策，人才引进、招商引资等专项支持政策），等等。政府为企业提供的这些公共资源具有显著的个性化特征，其在每家企业的资源配置中更符合资本的特性，不应该将其与公共产品相混淆。在对政府公共资源配置进行深入分析后，我提出了“政府社会资本”的概念，将政府公共资源配置区分为政府公共产品和政府社会资本，前者是非排他性、非竞争性的，必须按均等化的原则配置，后者则具有一定的排他性和竞争性的特征，其在企业之间的配置更具有个性化和资本性的特征。

在此基础上，我把对政府社会资本的概念和相关理论的思考带到我在中国海洋大学开设的“利益相关者会计与价值管理”课程中，与硕士、博士研究生们一起探讨，这些探讨既包括对政府社会资本的界定、构成要素及其分类、测度、权力属性及其确认、权力边界及行权方式等基础理论问题，也包括宏观、微观层面政府社会资本的应用探讨。宏观层面的应用涉及政府与市场关系重构、政府公共资源配置与经济社会发展规划、财税体制改革、产权制度改革、营商环境优化、环境治理及国家监督体制改革等国家治理创新的思考，微观层面的应用涉及企业构建的资源配置中政府与市场的关系、企业的资本禀赋及企业中的政府社会资本测度、企业中的政府社会资本所有权确定与企业混合所有制改革、政企关系重构等企业制度创新的思考。2018 年，我提出的“政府社会资本管理文丛”（涵盖《政府社会资本理论构建》《政府社会资本与企业理论创新》《政府社会资本与国家治理创新》3 部著作）入选“十三五”国家重点出版物出版规划，旨在创建“政府社会资本基础理论”“政府社会资本所有权与政府公共管理权协同的国家治理理论”和“异质性资本禀赋的利益相关者集体选择的企业理论”，为新时代国家治理体系现代化和中国特色企业理论的创新发展作出贡献。感谢“十三五”国家重点出版物出版规划项目、中宣部“文化名家暨‘四个一批’人才工程”和财政部“会计名家培养工程”对本丛书创作和出版的支持。

本丛书凝聚了我和长期以来合作研究的团队同事和学生的集体智慧。中国海洋大学管理学院权锡鉴院长一直支持我开展政府社会资本及其应用的创新研究，并与我一起以利益相关者集体选择理论、政府社会资本理论为核心合作完成了国家社科基金重点项目“竞争性国有企业混合所有制改革的现实困难与理论突破”（课题编号：16AJL007），武辉教授、杜媛副教授、祝兵博士、张璠博士、王苑琢博士、宋晓缤博士、史晓洁博士、韩星佳硕士、任祯硕士、于小悦硕士等也参与了合作研究，为本丛书的顺利出版提供了有力支持，在此一并表示衷心的感谢。

本丛书的出版得到了中国财政经济出版社会计分社樊清玉社长和责任编辑的特别支持，在此表示感谢。由于学识和能力有限，丛书中的观点和论述难免有错误和偏颇，敬请读者给予批评指正。

王竹泉

2020 年 12 月

目　录

引言 …………………………………………………………………… (1)

第一章　资源配置中的政府与市场关系 …………………………… (2)
第一节　政府与市场关系的理论纷争 ……………………………… (2)
第二节　公共资源配置中的政府与市场关系 ……………………… (4)
第三节　资源配置中政府与市场关系的综合分析 ………………… (5)

第二章　政府公共资源配置分类及其统筹规划 …………………… (9)
第一节　政府职能与政府公共资源配置 …………………………… (9)
第二节　政府公共资源配置属性的分类 …………………………… (13)
第三节　政府社会资本协同政府与市场关系的机理与路径 ……… (16)
第四节　政府公共资源配置机制的统筹规划 ……………………… (20)

第三章　政府社会资本与经济、社会秩序治理 …………………… (23)
第一节　政府、市场、社会之间的关系 …………………………… (23)
第二节　政府社会资本与经济秩序治理 …………………………… (24)
第三节　政府社会资本与社会秩序治理 …………………………… (28)

第四章　政府社会资本与创新驱动发展 …………………………… (35)
第一节　政府社会资本与科技创新 ………………………………… (35)
第二节　政府社会资本与国家级新区管理体制和运营机制改革 … (45)
第三节　政府社会资本与中国特色营商环境评价 ………………… (51)

第五章　政府社会资本与企业制度创新 …………………………… (57)
第一节　利益相关者集体选择与企业形成逻辑 …………………… (57)
第二节　政府作为政府社会资本投资者与其他投资者共享企业所有权 … (59)
第三节　政府社会资本所有权的确认基础 ………………………… (61)

第四节 政府社会资本所有权的特殊安排 ………………………………(63)
第五节 政府社会资本与企业混合所有制改革 ……………………………(68)

第六章 政府社会资本与企业社会责任治理 ……………………………(83)
第一节 政府社会资本对企业社会责任履行的促进作用 ……………………(83)
第二节 政府社会资本促进企业社会责任履行对国家治理的影响 ……………(85)
第三节 政府社会资本与社会民生治理 ………………………………(87)
第四节 政府社会资本与文化治理 …………………………………(89)
第五节 政府社会资本与生态治理 …………………………………(91)

第七章 政府社会资本与政企关系重构 ………………………………(94)
第一节 改革开放以来中国国企改革及政企关系的回顾与总结 ……………(94)
第二节 中国特色政企关系的基本框架 ………………………………(100)
第三节 政府作为政府社会资本所有者与企业的关系 ………………………(107)
第四节 政府作为公共管理者与企业的关系 ……………………………(110)

第八章 政府社会资本与财税体制改革 ………………………………(113)
第一节 我国财税管理体制改革演进脉络 ………………………………(113)
第二节 我国中央和地方政府财税利益关系的变迁 ………………………(115)
第三节 深化财税体制改革的难点和问题 ………………………………(119)
第四节 政府社会资本促进财税体制改革的思路和意义 ……………………(121)

第九章 政府社会资本与财会监督体系优化 ……………………………(124)
第一节 国家监督体系与财会监督 …………………………………(124)
第二节 财会监督的内涵与体系划分 ………………………………(125)
第三节 国家监督体系中财会监督体系存在的问题 ………………………(134)
第四节 政府社会资本对财会监督体系优化的作用 ………………………(136)

第十章 未来展望 ……………………………………………(141)
第一节 政府社会资本制度的选择 …………………………………(141)
第二节 国家治理制度变迁的分析框架 ………………………………(143)
第三节 永远在路上 ……………………………………………(147)

参考文献 ……………………………………………………(148)

引 言

党的十八届三中全会提出“全面深化改革的总目标是完善和发展中国特色社会主义制度，推进国家治理体系和治理能力现代化”，国家治理首次被作为党中央的重大命题而提出。党的十九届四中全会通过的《中共中央关于坚持和完善中国特色社会主义制度推进国家治理体系和治理能力现代化若干重大问题的决定》把国家治理提高到与坚持和完善中国特色社会主义制度的高度加以强调：“中国特色社会主义制度是党和人民在长期实践探索中形成的科学制度体系，我国国家治理一切工作和活动都依照中国特色社会主义制度展开，我国国家治理体系和治理能力是中国特色社会主义制度及其执行能力的集中体现。”但是，我国的国家治理体系和治理能力现代化不仅涉及经济、政治、文化、社会、生态文明和党建等各个领域，需要系统改革和不断完善，而且要充分体现中国特色社会主义的制度优势，没有现成模式可供借鉴，改革和创新的任务更重。正如习近平在关于《中共中央关于坚持和完善中国特色社会主义制度 推进国家治理体系和治理能力现代化若干重大问题的决定》的说明中指出的：相比过去，新时代改革开放具有许多新的内涵和特点，其中很重要的一点就是制度建设分量更重，改革更多面对的是深层次体制机制问题，对改革顶层设计的要求更高，对改革的系统性、整体性、协同性要求更强，相应地建章立制、构建体系的任务更重。

国家治理能力在本质上是国家拥有的治理资源及对其进行合理配置和有效使用的能力(薛澜等，2015)。资源配置相关的体制机制、法律法规安排是国家治理体系的重要组成部分。党的十八届三中全会明确指出：“经济体制改革是全面深化改革的重点，核心问题是处理好政府和市场的关系。”因此，如何处理政府与市场的关系也是国家治理体系和治理能力现代化建设的核心问题。虽然党的十八届三中全会已明确“政府的职责和作用主要是保持宏观经济稳定，加强和优化公共服务，保障公平竞争，加强市场监管，维护市场秩序，推动可持续发展，促进共同富裕，弥补市场失灵”，但是，毋庸置疑，在资源配置尤其是公共资源配置中政府与市场的关系尚待进一步理顺，政府在维护经济、社会秩序方面的作用有待加强，与创新驱动发展相适应的体制、机制亟待完善，兼顾效率与公平的产权制度和企业制度改革尚未到位，与高质量发展相适应的社会责任治理有待深化，与国家治理体系相适应的财税管理体制和国家监督体系需要进一步优化，等等。

本书以资源配置中的政府与市场的关系为主线，以政府公共资源配置的分类为切入点，在将公共资源配置区分为政府公共产品和政府社会资本的基础上，重点对政府社会资本在中国特色国家治理体系创新和发展中的应用进行系统、深入的分析，为坚持和完善中国特色社会主义制度、推进国家治理体系和治理能力现代化提供理论的启示和借鉴。

第一章　资源配置中的政府与市场关系

第一节　政府与市场关系的理论纷争

一、国外关于政府与市场关系的理论纷争

政府与市场在资源配置中的作用，一直是经济学家争论的焦点，并已成为划分经济学理论流派和基本经济制度的“分水岭”。以斯密为代表的自由放任主义坚持“看不见的手”可以自发调节，无须政府干预。凯恩斯则认为“看不见的手”也会失灵，必须利用政府这只“看得见的手”干预。20世纪五六十年代，凯恩斯经济学得到了西方国家的普遍推崇，并形成凯恩斯主义。在凯恩斯主义的不断发展中，逐渐形成了以美国萨缪尔森为代表的新古典综合派与以英国罗宾逊为代表的新剑桥学派两大分支学派。新古典综合派主张“混合经济”的理论；新剑桥学派则认为政府主要的经济职能是分配。

20世纪70年代，西方各国的经济发展陷入停滞，既看到市场不足又看到政府缺陷的新自由主义得以兴起。以弗里德曼为代表的货币主义学派、以科斯为代表的产权理论学派和以布坎南为代表的公共选择学派等迅速发展。20世纪80年代末、90年代初，新自由主义的经济改革带来了一系列更为严重的问题，倡导政府干预的凯恩斯主义再次引发了经济学界的关注。2007年美国发生金融危机以来，奉行政府干预的凯恩斯主义又重新出现。2010年“诺贝尔经济学奖”获得者彼得·戴蒙德主张政府干预，支持财政刺激。2014年，《21世纪资本论》作者托马斯·皮凯蒂指出：摒弃政府调节的新自由主义大大加重了资本主义世界财富和收入分配的不平等，反倒是重视政府干预的凯恩斯主义盛行时期有关国家的收入不平等才没有扩大。另一位诺贝尔经济学奖得主萨缪尔森也认为，完全的自由放任与社会不平等的扩大有着必然的联系。2014年，诺贝尔经济学奖得主斯蒂格利茨建议中国在市场与政府的关系上不宜过分偏向某一方，而应走中间道路。2016年，新加坡国立大学郑永年教授指出：东亚经济体的成功是同时发挥了市场和政府两方面的作用，政府和市场的有效配合使得东亚社会仅仅用了三十多年的时间走完了西方一百多年的历程。由此可见，即使在西方，人们仍然在探讨政府和市场的关系该如何处理。

二、国内关于政府与市场关系的理论纷争

不论是改革开放之前，还是改革开放至今，我国政府与市场在资源配置中作用的理论和

实践都与西方国家有很大差异。当然，这是我国由改革开放前实行计划经济逐步调整到目前的中国特色社会主义市场经济体制所决定的。

傅殿才（1995）指出，在传统的计划经济体制下，计划与市场的关系问题实际上是不容争论的，只能实行全面的、无所不包的计划经济。当时的理论界普遍认为，计划和市场是性质完全不同的两种资源配置方式，分属于社会主义和资本主义的两大完全对立的社会基本制度范畴，只有计划才是社会主义的东西，而市场则完全是资本主义的东西，社会主义国家绝对不能有。

党的十一届三中全会以来，我国对计划经济体制进行了调节，在计划经济的框架内适度扩大市场作用，确认了经济体制改革的基本原则——“计划经济为主，市场调节为辅”。不过，这一阶段的改革仍坚持计划的主导地位。党的十四大正式拉开了市场经济改革的帷幕，政府与市场在资源配置的职能划分上发生了根本性的转变。在这一阶段中，市场机制不断强化，成为独立的体制性因素和资源配置的基础性力量。

楚永生（2003）认为，政府与市场在某种程度上是两种配置资源和协调社会经济活动的主要机制或制度安排。对两种资源配置机制或制度安排不同程度和不同方式的选择与组合，将会导致资源配置效率高低与成本收益大小的差别。在市场经济条件下，政府与市场在配置资源方面都有各自独立发挥作用的范围和领域，同时也存在二者作用交叉的地带。在政府与市场都能发挥配置资源作用的情况下，政府与市场配置资源的边界就取决于成本与收益的比较。一般而言，在同样情况下应遵循市场优先原则，须确立市场在资源配置方面的基础性地位。赵良庆（2004）提出：一方面，在经济运行过程中发挥市场激励约束机制和市场配置资源的基础性作用；另一方面，要求建立和完善社会主义市场经济制度的实现的有效形式，也就是构建一种最有利于促进发展生产力的政治法律制度和政府管理制度。冯俏彬和贾康（2010）指出，失灵而替代的单向思维，强化了对两者冲突的认识。但在真实世界中，政府与市场从来共同作用，尽管在某些历史时期，其中某一方曾居于更为显眼的地位。另外，近几十年来，纯公共产品与纯私人产品的联结部分不断地发生着多样化的升级发展，从而使政府与市场愈益相互渗透融合。

尽管我们在经济理论上也受到了西方经济思潮的影响，但是马克思主义政治经济学以及中国特色社会主义理论在我国改革开放以来的经济理论和改革实践中都取得了主导地位，并逐渐形成了中国特色社会主义市场经济的话语体系。党的十八届三中全会提出“市场在资源配置中起决定性作用和更好发挥政府作用”之后，持“市场决定论”的国内外新自由主义者纷纷用新自由主义理论对此进行错误解读。对此，程恩富（2013，2014）旗帜鲜明地提出“要分清两种市场决定性作用论”，指出两种决定论的本质区别主要体现在“市场决定性作用”和政府的规划配置作用在功能上的良性互补、在效应上的协同和在机制上的背反。洪银兴（2016，2017）指出，中国特色社会主义政治经济学是当代中国马克思主义政治经济学，其话语体系包括三个方面：一是马克思主义政治经济学尤其是《资本论》提供的政治经济学话语体系；二是中国特色社会主义经济创新的话语体系；三是批判地吸收世界成熟的经济学理论。洪银兴还对市场决定资源配置的条件下，政府经济功能的“四强”进行了论述。卫兴华、逄锦聚、顾海良、胡培兆、顾钰民、李建平、蒋永穆等（2017）都对此进行了论述。洪银兴（2020）再次强调，相应的政治经济学不能只研究制度，还需要研究经济运行和经济发展的问题，由此政治经济学的理论体系就会形成经济制度、经济运行和经济发展（其中包括对外经济）三大部分。党的十九大报告对中国特色社会主义进入新时代的论断以及党的十九届四中全会公报对社会主义制度与市场经济有机结合的显著优势的总结均是对中国特色社会主义市场经济话语体系和实践成功的充分肯定。

第二节 公共资源配置中的政府与市场关系

一、国外关于公共资源配置中的政府与市场关系

在公共资源配置（即公共物品供给）方面，萨缪尔森（1954）将公共物品定义为“每个人对这种产品的消费，都不会导致其他人对该产品消费的减少”。布坎南（1965）提出了俱乐部物品，按布坎南的解释，私人物品是俱乐部成员数为1的物品，纯公共物品是成员数为无限大的物品。尽管对公共物品的界定有差异，但他们都认同公共物品应由政府来提供。

科斯（1974）首先提出公共物品的私人提供，其理由是市场机制与政府手段都会出现失灵，需要比较政府与私人提供公共物品的优劣，并有倾向性地选择私人提供。在此基础上，巴泽尔（1997）认为公共物品并非物品自身的属性，而是人们根据界定物品产权是否能带来净收益而选择界定某一物品的产权。Marmolo（1998）也认同公共物品并非物品自身的属性，但认为供给方式的不同才是根本标志。

在公共资源配置方式上，“政府—市场”二分法占据了主流。前者更注重分配功能（或公平），后者更注重配置功能（或效率），由于无法证明“政府失灵”一定小于“市场失灵”，因此，主流经济学无法将分配因素从公共物品提供过程中剥离出去。2009年“诺贝尔经济学奖”获得者埃莉诺·奥斯特罗姆则认为：极少有制度不是私有的就是公共的，公共财产制度本身是一种排他性私有产权的形式——只是私有财产权利不应该被等同于个人产权。在此基础上，她提出了公共池塘的自主治理方式。Shao 和 Zhou（2016）指出，投票的机制并不能保证其结果总是符合公共物品提供的有效水平。Dekela 等（2017）则指出：当总收益超过所造成的损害时，若以社会中获益的部分补偿利益受害群体而同时不损害获益群体的利益，便可能导致公共物品供给的帕累托改进。

二、国内关于公共资源配置中的政府与市场关系

我国学者对公共资源配置的认识与国外学者也有较大的不同。何秉孟（2014）指出：“市场的决定性作用”仅仅限于资源配置的一般性资源，并不包括地下资源及其他关系国计民生的必须由国家控制的战略性资源、特殊资源。周绍东（2015）则提出了公共产品过度供给问题，特别是在支持科技创新、产业转型升级、高端人才引进培育等方面。洪银兴（2016）指出：对涉及国家安全和生态安全的，涉及环境保护方面的，涉及全国重大生产力布局、战略性资源开发和重大公共利益等项目，以及基本公共服务的配置，政府不应只是进入，而且应该充分并且强有力地发挥作用。宋磊和谢予昭（2019）发现，中国式“政府—市场”关系经历了以行政思路解读市场逻辑、以行政措施培育市场机制、以政策调整引导市场主体、以行政力量补充市场作用等不同的阶段，具有鲜明的中国特色。新时代，平衡政府与市场之间的关系仍是全面深化改革的核心问题（时家贤、袁玥，2019）。陈云贤

(2019) 开宗明义地提出，中国特色社会主义市场经济是有为政府与有效市场相结合的经济，林毅夫 (2020) 强调，有效市场的发育需要有为政府的正确干预。

在公共资源配置方式方面，张琦 (2015) 建议要告别“政府—市场”的二分法，要以新的理论框架来研究现实中的公共物品问题。洪银兴 (2016) 指出政府配置公共资源主要是政策路径，包括：利用收入分配政策促进社会公平主义；通过产业政策和负面清单引导产业结构转型升级；通过财政和货币政策调节宏观经济运行。林毅夫 (2017) 的新结构经济学倡导有为政府，他认为有为的政府需要处理先行者的外部性和软、硬基础设施完善的协调问题，实现因势利导。洪银兴 (2018) 指出，对于政府作用的领域不应局限于市场失灵、产权保护、宏观调控这些传统经济学假设中，结合中国国情，在公共资源配置领域中还需政府发挥重要作用。方福前 (2019) 指出，不同于新自由主义将政府和市场对立起来，中国社会主义市场经济体制改革的特色是让市场在资源配置中起决定性作用和更好地发挥政府作用。

第三节　资源配置中政府与市场关系的综合分析

政府与市场关系的表现形式是不断变化的，它取决于不同的历史时期和社会阶段。不管市场经济处于什么阶段、社会形态如何不同，完全的自由放任和完全的政府干预都是不可行的，仅仅依靠政府或市场中的一方无法实现资源的有效配置。在社会主义市场经济中，充分发挥政府效能以及让市场在资源配置中起决定性作用是唯一出路。在社会主义初级阶段发展市场经济，既可以体现制度优势，又可以带来瞩目的治理效能，实现“有为的政府”与“有效的市场”的相互补充。

在国家治理体系现代化、社会主义市场经济体制改革的大背景下，深入认识“市场决定与市场失灵”及“国家调节与政府失灵”，是创新中国特色国家理论体系的基础。在发现和认识政府失灵和市场失灵的基础上，处理好政府与市场关系的核心问题是使市场在资源配置中发挥决定性作用，以及政府效能最大化，形成政府“有形之手”与市场“无形之手”的相互协调。

一、市场决定与市场失灵

市场的决定作用最先起源于西方国家的古典经济学理论，它强调经济自由、无国家干预。18 世纪中叶，伴随着英国工业革命的兴起，资产阶级的力量逐渐壮大。告别了早期的资本短缺，市场经济蓬勃发展，一直以来主张重商主义的国家政策逐渐无法适应当时社会经济发展的需求，以亚当·斯密为代表的自由放任主义开始兴起。自由放任主义将自由放任作为经济政策的核心，强调市场自身的调节作用，认为市场用“看不见的手”就完全可以支配社会经济。政府没有必要也不应该干预市场经济，只需要做好保卫国家安全、建立健全司法制度、提供公共事业的工作即可，政府只是“守夜人”的角色。在亚当·斯密之后，英国经济学家西尼尔也是自由放任主义的拥护者，他指出政府的唯一合理基础是与人方便，政府的义务就是竭尽所能地增加被统治者的福利。“萨依定律”无疑也是市场决定论、自由放任主义下的产物，它强调“资本主义市场经济一般不会出现任何过剩问题，能自动达成供需平衡”。显然，这一时期的西方国家完全依靠市场调节社会经济，国家对经济的参与度为零，政府只承担政治社会职能。

20 世纪 70 年代，随着凯恩斯主义带来的滞涨问题，经历了政府全面干预的西方国家开始重新将市场决定论奉为圭臬。新自由主义思想的兴起意味着市场决定论的回流，它虽然允许国家进行少部分干预，但仍指出市场是完全自由的竞争，提倡继续自由放任的市场经济与发挥“看不见的手”的力量，主张私有化与个人主义。从自由放任主义到新自由主义，虽然政府干预程度有所增加，但市场仍然是调节社会经济的第一手段，市场在资源配置中的决定性作用毋庸置疑。

然而，市场决定论并不是完美无缺的，单纯只依靠市场手段并不能保证经济长期平稳运行，不论是 1929 年爆发的经济大危机还是 2007 年席卷全球金融市场的金融海啸都是过度依赖市场自发调节引发市场失灵的直接证明。针对上述的市场失灵情况，福利经济学家认为，依靠政府解决市场缺陷无疑是最好的方式，这也是大多数人的共识。事实上，在两次金融危机爆发后都出现了政府干预经济说与强调国家调节作用的学说理论。查尔斯·林德布洛姆（2003）认为，“抛开专政残暴的政府与主张自由的政府之间的区别，一个政府同另一个政府的最大不同，在于市场取代政府或政府取代市场的程度”。查尔斯·沃尔夫（2007）认为政府与市场之间的选择是复杂的，不是纯粹在政府与市场间的选择，而经常是在这二者的不同组合间的选择以及资源配置的各种方式的不同程度上的选择。但是，政府干预应该到何种程度？政府与市场两种手段之间应如何协调配合？完全依靠政府调节经济是否就没有缺陷？这一系列问题还需要我们对国家调节及其缺陷进行具体分析。

二、国家调节与政府失灵

最早的国家干预经济始于 20 世纪初，自由竞争的资本主义逐渐向垄断资本主义过渡，1929 年爆发的经济危机快速席卷了西方世界，这极大震撼了西方经济学界，也打破了一直以来的“斯密神话”，为凯恩斯政府全面干预主义的出现奠定了现实基础。凯恩斯认为单纯只依靠“看不见的手”放任私人经济制度自发调节，无法解决经济危机中出现的问题。只有扩大政府职能、以政府的宏观公共政策弥补市场缺陷，才能矫正市场经济的偏差。在之后资本主义发展的黄金时期里，凯恩斯主义一直被奉为经典理论，人们普遍认为以政府职能的扩大、政府干预可以有效解决市场失灵问题。

相对西方国家的全面干预或全盘否定，我国对政府经济职能的认识与应用循序渐进，大致可以分为三个主要阶段。20 世纪 50 年代，我国社会主义处于萌芽阶段，与之相对应的是高度集中的计划经济时期，此时普遍认为政府具有分配和监督职能，并以分配职能为主。1978 年召开的党的十一届三中全会，正式标志着我国进入了经济转轨阶段，政府经济虽仍然占据主体地位，但也逐渐形成了多种经济形式并存的结构。这一时期最为典型的就是政府三职能论，即认为政府有分配、调节和监督三种职能，其中仍以分配职能为基础，在之前对国民经济进行分配和调节的基础上，新引入了监督职能，对国民经济平稳运行进行合理监督。总体来说，在改革开放前，我国在逐渐认识到市场作用的同时不断完善政府职能，但仍始终坚持以政府为主导的经济运行机制。

然而不论是我国还是西方国家，以国家干预为主的经济政策在历史舞台上的存在都是立谈之间，虽然风靡一时却最终被市场经济所取代，究其原因是国家调节的失灵。正如导致市场失灵的核心是外部性，导致政府缺陷的根本原因是内在性。政府部门追求自身利益而非社会公众的集体利益，因为存在经济人假设，政府部门人员在进行决策时也会将自身或本集体的利益置于首位，取代公共利益。不同于市场和私人企业较为单纯单一的目的，政府的目标相对要复杂得多：一方面，要履行好非经济职能，如维护社会稳定、保证人民生活水平、提高人民生活幸福度；另一方面，政府的经济职能也要发挥作用，既要促进经济增长，又要保证足够的税收收入。从某种程度而言，政府追求的目标有时会相互矛盾，在这种情况下政府只能权衡利弊。同时，因为每一项政策的制定都要充分反映民意，需要花费大量的民意调查、反映、再修订时间，这就造成了政府在出台政策或实施某一项目的低效率。割裂成本与收益的正常联系是导致低效率的另一重要原因。政府的主要收入来源就是税收，不同于企业的收入取决于其提供产品的情况，政府收入具有非价格性质，与政府完成任务的质量情况并没有直接联系；并且，政府成本的增加可以为其下一年的预算增加带来支持，低效率也成为在所难免的事。在决策方面，公共决策虽然方法众多却没有最佳方式，决策机构庞大、层级过多也为政策的准确高效率下达、执行造成了障碍，信息不完整造成的偏差都会导致决策失误。

三、市场决定与国家调节：功能互补与组合应用，兼顾效率与公平

由此可见，有关政府与市场的关系一直是许多理论学派研究的焦点问题，我们不能否定任何一种理论曾出现的正确性，因为每一种政府经济职能理论在某一特定时间的出现都经过了实践的检验，并取得了一定的成功，可以在当时作为政府与市场关系的主导思想在历史的洪流中站住脚跟。但是我们也要意识到，政府的经济职能因为社会形态的不同而不同，即使在同一种社会形态下，不同的历史阶段、国家发展情况也会导致政府经济职能的不同定义和作用。同时，我们也要清楚地认识到，不管市场经济发展处于什么阶段、社会形态是如何不同，万能的市场和万能的政府都是不存在的，完全的自由放任和完全的政府干预都是极端的想法，仅仅依靠政府或市场中的一方无法实现资源的有效配置。所以，在国家治理体系现代化、社会主义市场经济体制改革的大背景下，我们既要认识到既有的政府缺陷和市场缺陷，也要适应如今我国的国情和经济发展，正确定位政府经济职能，处理好政府与市场的关系。

通常而言，当市场与政府的配合运作既有利于经济运行均衡于最优经济水平，又可以有利于国民经济的各个领域运行均衡于最优公平程度时，称为最优的市场和政府组合。实际上，正如习近平总书记在十八届中央政治局第十五次集体学习时发表讲话指出的，“在市场和政府作用的问题上，要讲辩证法、两点论，看不见的手和看得见的手都要用好，努力形成市场作用和政府作用有机统一、相互补充、相互协调、相互促进的格局”。市场与政府是一对优势互补的力量，单纯只使用其中的某一种力量都会造成整体失衡，政府与市场这两种力量需要互相促进、弥补对方劣势并监督对方的运行，从而实现市场与政府的完美配合，维护经济平稳运行。刘国光（2015）认为，资源配置有宏观、微观两种层次，还有许多不同领域的资源配置。在资源配置的微观层次，即多种资源在各个市场主体（企业、机构、家庭、个人）之间的配置，市场价值规律可以通过供求变动和竞争机制促进效率，发挥非常重要的作用，也可以说是“决定性”的作用。但是，在资源配置的宏观层次，如供求总量的综合平衡、部门地区的比例结构、自然资源和环境的保护、社会资源（财产、收入）的公平分配等方面，以及涉及国家社会安全、民生福祉（住房、教育、医疗）等领域的资源配置，

就不能都依靠市场来调节，更不用说“决定”了。市场机制在这些宏观层次和重要领域存在很多缺陷和不足，需要通过国家干预、政府管理、计划调节来矫正、约束和补充市场的行为，用“看得见的手”来弥补“看不见的手”的缺陷。

但是，在对政府与市场进行组合应用的过程中，我们也要意识到一种有效的组合只有在特定的历史阶段和范围内才显示效率，而这种效率并不一定能保证经济福利在社会成员中的公平分配。如果说政府的经济职能是追逐效率，那么政府的政治社会职能的最终目标一定是维护社会的公平稳定。效率与公平一直以来是经济发展的两大问题：效率是生产效率、劳动效率，正如农夫用胡萝卜加大棒驱使驴前行一样，市场用利润和亏损引导企业有效率地生产；公平则是指平等地分配，属于分配领域。

我国的社会主义市场经济曾一度以效率优先、兼顾公平，然而随着经济的不断发展、社会的不断进步，效率与公平日益成为并重的两大标准。在资源配置的过程中既要强调效率，又要注重公平；通常而言，我们将市场视为追逐效率的载体，依靠政府来维护公平。政府与市场是实现资源配置的两大主体，计划与市场也是资源配置的两种重要手段。根据公共物品理论，具有非排他性、非竞争性的公共物品、公共资源由政府配置，而市场资源由市场配置。我们假设市场是无法完全提供公共物品的，只有政府才能很好地提供公共物品。然而在实际生活中，政府既无法轻易对公共物品进行估计，也没有办法消除人们对公共物品的“搭便车”行为，导致了公共物品的低效率。同时，公共物品的非排他性和非竞用性也为市场带来了很多问题：当很多人搭便车时该如何收费？价格该如何制定？若没有正确的价格引导，产量又该如何确定？一般而言，政府会通过税收的方式让所有人强制为搭便车行为买单，然而因为选择需求的存在使这样的做法似乎也并不是那么让人信服，也违背了公平性。因此，政府公共资源配置的属性和构成对政府与市场的关系将产生重要影响，也在很大程度上影响了宏观的公平和效率。

综上所述，政府干预并不是纠正市场失灵的灵丹妙药，市场失灵也不是政府干预的充分条件。市场和政府都有其缺陷，我们在现实中的实际选择就是如何合理地处理两者关系、如何将两者巧妙地组合应用。这一选择是复杂的，不仅仅是定义市场与政府的边界、确定二者的工作范围，更是在资源配置不同程度上的选择。

第二章　政府公共资源配置分类及其统筹规划

与其他国家相比，中国在资源配置中最大的特色是政府公共资源配置，无论是政府公共资源配置的规模，还是政府公共资源配置的广度和深度，都是其他任何国家不能比拟的。党的十九届四中全会提出“公有制为主体、多种所有制经济共同发展，按劳分配为主体、多种分配方式并存，社会主义市场经济体制等社会主义基本经济制度，既体现了社会主义制度优越性，又同我国社会主义初级阶段社会生产力发展水平相适应，是党和人民的伟大创造。必须坚持社会主义基本经济制度，充分发挥市场在资源配置中的决定性作用，更好发挥政府作用，全面贯彻新发展理念，坚持以供给侧结构性改革为主线，加快建设现代化经济体系”。显然，我国国家治理的各种制度的建设和发展必须与坚持和完善中国特色社会主义制度相适应，必须充分体现“公有制为主体、多种所有制经济共同发展，按劳分配为主体、多种分配方式并存，社会主义市场经济体制等社会主义基本经济制度”的制度优势，必须深入认识和把握我国资源配置特别是宏观资源配置中政府与市场关系的特色。但是，我国理论界对我国政府公共资源配置的特色认识严重不足，许多人将政府的职能限定在仅仅提供公共产品，政府配置的公共资源都被认为是公共产品，并将其与市场化配置对立起来。中国特色国家治理理论创新必须从概念到应用全面纠正这种错误认识。本章将首先对政府公共资源配置进行分析，按照配置属性将其分类为政府公共产品和政府社会资本，在此基础上，对政府社会资本协同政府与市场关系的机理和改革路径进行深入分析，并对政府公共资源配置的统筹规划进行设计，为国家治理的创新提供理论基础。

第一节　政府职能与政府公共资源配置

在构建和谐、平衡的政府与市场关系时，加快转变政府职能是当务之急。转变政府职能，不是由一种职能转变为另一种职能形式，而是充分发挥经济职能中的市场调节，注重政治职能与经济职能的有效组合。自党的十八届三中全会以来，我国不断强调市场在资源配置中的决定性作用，同时也明确指出要更好地发挥政府作用。然而，要回答在资源配置中市场该如何发挥决定性作用、政府又怎样更好地发挥作用，需要我们首先厘清政府的职能和作用的边界。

一、政府职能

政府作为国家的代表，其性质、职能、作用等是政府理论研究的范畴。具有代表性的政府理论观点主要有6种，分别是：(1) 反政府干预理论；(2) 有限政府论；(3) 全能政府理论；(4) 有为政府理论；(5) 相机抉择论；(6) 社会嵌入论。习近平总书记在十八届中央政治局第二十八次集体学习时的讲话中指出“之所以说是社会主义市场经济，就是要坚持我们的制度优越性，有效防范资本主义市场经济的弊端。我们要坚持辩证法、两点论，继续在社会主义基本制度与市场经济的结合上下功夫，把两方面优势都发挥好，既要‘有效的市场’，也要‘有为的政府’，努力在实践中破解这道经济学上的世界性难题”。换言之，政府通过提供公共产品可以弥补市场失灵，具有调节、引导和维护社会公平的公共管理职能（Asquer，2018）。

政府职能是政府依法在政治、经济和社会层面管理时应承担的责任和功能要求，按其发挥作用的领域分类可以分为政治职能、社会职能与经济职能。通常人们认知中的政府职能是政府非经济职能部分，如为了维护统治、巩固政权而保卫国家安全、维护国家基本政治制度、加强法制建设等，也有为了维护社会稳定而提供的文化教育和各项社会服务、社会保障等。与政治社会职能不同，政府的经济职能主要包括经济调节、基础设施建设、市场监管等宏观上对国民经济进行规划、协调、服务、监督的功能，其强弱主要取决于市场调节与国家调节的力度组合。若一个国家更多地依赖于市场自发调节，其经济职能就相对较弱，也就是所谓的“小政府”；反之，若一个国家政府干预较多，采取大量经济管理与社会控制的财政、货币政策，其经济职能自然较强。

实质上，政府经济职能与政府非经济职能都是政府职能的有机组成部分，各自有其独立的职能体系。政府的政治社会职能与经济职能有极大不同，不仅体现为具体内容、相关体系的不同，更体现为目标价值的不同。政治社会职能追求公平，其最终目标是实现社会价值的最大化；而经济职能的核心为效率，以经济价值的实现为最终目标。显然，政府职能的目标追求具有双重性，但二者绝不存在发展的先后顺序。我们要兼顾效率与公平，在保证公平的前提下追求效率，做到两手抓、两手硬，实现社会价值与经济价值相互促进、共同发展。

从以亚当·斯密为代表的自由放任主义强调市场自身的调节作用，用“看不见的手”支配社会经济，政府只作为“守夜人”保卫国家安全、建立健全司法制度、提供公共事业；到因席卷西方世界的经济危机而快速兴起的以凯恩斯为代表的政府全面干预主义，强调以政府的宏观公共政策弥补市场缺陷，矫正市场经济的偏差；再到既看到市场不足又看到政府缺陷的新自由主义，包括货币主义学派、产权理论学派、公共选择学派、新制度主义学派……在不同的历史时期，西方国家的政府经济职能不断发生变化，政府干预市场的程度也根据当时主导理论的不同而不同。

相对西方，我国对政府经济职能理论的研究，时间上较为短暂，理论上也较为单薄，大致可以分为高度集中的计划经济时期、以政府经济为主的多种经济结构并存时期以及社会主义市场经济时期三个主要阶段，政府职能也从简单的分配、监督二职能到分配、调节、监督三职能，再到社会主义市场经济体制下，政府既要在宏观上调节经济活动，使国民经济有效平稳运行，又要扎实推进基础设施建设、创造良好的经济发展环境。张杰（2017）提出，积极实施和推进以转变政府职能、优化政府机构设置和职能配置为主的党和国家机构改革，是当前理顺和协调好政府和市场关系的主要改革领域和重要突破口。

事实上，政府与市场是一对优势互补的力量，市场失灵引发了对政府干预的需要，然而不论是市场还是政府都有其先天缺陷，单纯依靠其中的一种力量都会带来极端主义的问题。

统计资料表明，同一国家的政府职能会随时间的变化而改变，不同国家的政府职能存在较大的差异。坦茨（2014）指出：无论在何时何地，无论是经济学家还是政治学家，都很难就政府职能达成一致。现行解决政府失灵的理论研究大致可以分为公共选择学派和产权学派两大类。其中，公共选择学派致力于研究政府应对市场失灵的种种表现，其研究重点是政府，强调以政治程序解决问题；产权学派则是强调以市场化的过程、通过明晰产权解决问题。而我们提出的政府社会资本是有别于这两种理论的，它将政府视为政府社会资本的投入者，通过差异化的投资对市场进行引导，通过对企业的投资获得一定的所有权和产权，并且以明晰产权界限真正做到“有所为有所不为”。其供给形式既包括政府为每家企业提供的普遍性共有服务，如行业许可、占地批准、法律制度保护等；又包括根据不同企业的特点和发展前景提供的差异化服务，如特殊的行业扶植政策、重点项目的资金投入等。对于日常完全可以由市场决定的事务，简政放权交给民间资本，凡是涉及公共利益的部分，政府可以拥有一票否决权。可以说，政府社会资本更多地介于公共选择与产权理论之间，强调政府投入但最终以产权形式体现，既有公共选择理论的集体主义、政治程序思想，又有产权理论的市场化思想，是两种理论的精华萃取与融合。

二、政府公共资源配置

公共资源作为人类社会公有、公用的自然资源与社会资源，具有竞争性但无排他性的特点，即任何一个人都可以免费使用，但一个人使用该类资源会相应减少其他人对它的使用。公共资源配置是政府履行其职能的重要手段。

中共中央办公厅、国务院办公厅 2016 年 12 月印发了《关于创新政府配置资源方式的指导意见》（中办发〔2016〕75 号），该意见指出：在社会主义市场经济条件下，政府配置的资源主要是政府代表国家和全民所拥有的自然资源、经济资源和社会事业资源等公共资源。2017 年 12 月，国务院办公厅发布的《关于推进公共资源配置领域政府信息公开的意见》（国办发〔2017〕97 号）进一步明确：公共资源配置，主要包括保障性安居工程建设、保障性住房分配、国有土地使用权和矿业权出让、政府采购、国有产权交易、工程建设项目招标投标等社会关注度高，具有公有性、公益性，对经济社会发展、民生改善有直接、广泛和重要影响的公共资源分配事项。

由于政府存在中央政府和地方政府之分，因此，政府公共资源配置也有中央政府的公共资源配置与地方政府公共资源配置之分。哈耶克等根据受益的空间范围，将政府提供的公共产品分为全国性公共产品和地方性公共产品，并主张中央政府应负责全国性公共产品的供给，而地方政府应负责地方性公共产品的供给。斯蒂格利茨、郭庆旺等学者也认为，对于覆盖范围横跨多个辖区或及于全国的全国性公共产品，由中央政府供给是有效率的，因为全国性公共产品的受益范围是全国，由中央政府提供具有规模经济的优势。而如果由地方政府提供，则由于提供过程中会产生正外部性，这会导致地方政府“搭便车”的问题，进而很可能导致全国性公共产品供给不足的现象。

由于公共资源本身的特殊性质，因此，公共资源配置的公平性受到社会的普遍关注。陈丹、唐茂华（2008）指出，公共资源配置不公是当前中国社会的普遍现象，这集中反映在教育、医疗卫生服务乃至道路基础设施等诸多领域。刘细良、樊娟（2010）指出，当前我国公共资源“市场化”配置功能尚不完备，政府仍拥有较大的垄断配置权。由于制度“缺席”与权力失约，政府干预失灵就会产生“非生产性租金”，在“官本位”文化影响下，受个人机会主义行为倾向驱动，容易出现权力腐败现象。周驰（2013）指出，公共资源配置市场化改革是全社会关注的焦点话题，其难点在于如何形成决策权、执行权、监督权既相互制约又相互协调的格局，应从完善管理体制、运行制度、监管机制和法律机制四方面入手，以此“四轮”为驱动，在更深层次和更广领域来推进公共资源配置的市场化，从而实现资源高效利用和源头治腐的双重效应。

三、政府公共资源配置方式

改革开放以来，随着市场化改革的不断深化，市场在资源配置中的作用日益增强，政府配置资源的范围和方式也在不断调整。

周雪飞、景平（2015）指出，受计划经济、传统体制的影响，我国公共资源配置长期仰赖“长官意志”“部门意志”和行政化配置。他们认为，2002 年之前，我国公共资源配置主要实行的是政府各部门“自行配置”的分散化、多头式行政管理模式，即公共资源交易管理分散在财政、建设、国土、国资等政府部门，虽然有利于发挥各行业主管部门的专业管理优势，但“长官意志”盛行，且公共资源交易市场被人为分割。2002 年 1 月，中纪委“实行经营性土地使用权出让招标拍卖、建设工程项目公开招标投标、政府采购、产权交易进入市场”等四项制度提出后，逐步形成了“行政主管部门设立事业性质的交易中心、自我委托、自我交易、自我监督”的公共资源“同体监督”的政府配置模式，以及“国资部门制定规则、交易交由第三方市场独立机构‘产权交易所’实施、多部门联合监管”的公共资源“管办分离”的市场配置模式。2015 年 7 月，国务院常务会议决定“整合建立统一的公共资源交易平台，以管理创新促进资源配置高效透明”；2015 年 8 月，国务院办公厅下发《关于印发整合建立统一的公共资源交易平台工作方案的通知》。这标志着新一轮公共资源配置改革正式启动并步入“深水区”——打破“行政化配置，部门利益博弈”的藩篱，实现政府的“自我革命”，进而走向真正意义上的“市场化配置”。

为了解决政府配置资源中存在的市场价格扭曲、配置效率较低、公共服务供给不足等突出问题，中共中央办公厅、国务院办公厅《关于创新政府配置资源方式的指导意见》（中办发〔2016〕75 号）指出，对于适宜由市场化配置的公共资源，要充分发挥市场机制作用，切实遵循价值规律，建立市场竞争优胜劣汰机制，实现资源配置效益最大化和效率最优化。对于不完全适宜由市场化配置的公共资源，要引入竞争规则，充分体现政府配置资源的引导作用，实现政府与市场作用有效结合。对于需要通过行政方式配置的公共资源，要遵循规律，注重运用市场机制，实现更有效率的公平性和均等化。虽然该《意见》也明确了“法律明确规定由全民所有的土地、矿藏、水流、森林、山岭、草原、荒地、海域、无居民海岛、滩涂等自然资源，建立明晰的产权制度、健全管理体制，对无线电频率等非传统自然资源，推进市场化配置进程，完善资源有偿使用制度。对于金融类和非金融类经营性国有资产，要建立健全以管资本为主的国有资产管理体制，优化国有资本布局，推动国有资本合理流动、有序进退和优化配置，提高国有资本配置效率和效益。对用于实施公共管理和提供公共服务目的的非经营性国有资产，坚持公平配置原则，积极引入竞争机制提高配置效率，提高基本公共服务的可及性、公平性”，但是，其对不适宜市场化配置、完全适宜市场化配置和不完全适宜市场化配置的公共资源的界定不够清晰，专家学者的认识也不完全一致。

以既可能涉及经济资源，也可能涉及社会事业资源的科技创新资源配置为例。根据政府与市场在科技创新资源配置中的不同地位和作用，科技创新资源配置中的政府配置和市场配置可有三种不同的组合方式。第一种组合：大市场，小政府。李立、邓玉勇（2000）从市场角度指出，目前我国科技体制改革的重点就是要建立科技资源的市场配置模式。这种模式应包括：经费的市场化来源、过程的市场化组织、机构的市场化运作以及科技成果的市场化转化等。师萍（2001）引入新制度经济学理论，考察了制度和市场对科技创新资源配置的影响。研究认为，科技资源配置体系可划分为科学技术核心、专业技能系统、制度界面、技术市场四个组成部分，而制度和市场则是系统行为的主要决定因素。刘友平（2004）分析了美国、日本和韩国等国家的科技创新资源配置模式，以及实现资源优化配置采取的措施和经验，指出市场才是科技创新资源配置的主体，资源的配置应完全由市场主导，国家只有监管和辅助的作用。第二种组合：大政府，小市场。李龙一（2003）认为，在我国，政府在科技创新资源配置的多元主体中占据主导地位，而市场发挥的作用有限，政府主导科技创新资源配置的方式主要分两种：以财政金融政策为主的科技政策和以政府补贴为主的科技计划体系。彭华涛（2006）运用产权理论和科斯定理，分析指出当政府管制成本小于市场交易成本时，以政府调控来实现区域科技创新资源配置效率远高于运用市场机制配置区域科技创新资源。韩寅（2015）对技术创新过程中的市场失灵机制进行了理论分析，并发现除了经济学意义上的市场失灵原因外，技术创新活动本身的性质也是导致市场失灵的原因，作者认为政府在弥补市场失灵方面应该发挥重要的作用，并提出：根据技术创新的不同阶段，提供相应的政策、财政支持手段；加大力度建设科技基础设施、公共研发平台等公共性的支持机构；弥补市场在整合资源过程中的不足，更好地协调市场和政府在技术创新过程中的作用。第三种组合：政府与市场协同配合。朱雪祎等（2007）结合区域创新系统概念，分析了市场和政府在区域创新系统中的不同作用，对创新各个环节中市场失灵状况和政策对策进行了研究。李瑶（2014）认为，在科技创新的全过程中，即知识创新、技术孵化、技术应用三个阶段，政府和市场在每个阶段的投入和侧重都不一样，应该相互协调、优势互补。

由此可见，虽然从总体上来看，资源配置只有市场配置和政府配置两种方式，但是在公共资源配置中，什么样的公共资源配置适宜以市场化配置方式，而什么样的公共资源配置适宜政府主导的方式或政府与市场协同的方式，还需要进行更为深入的研究。

第二节　政府公共资源配置属性的分类

如前所述，政府和市场作为两种不同的资源配置方式。不论是从不同学派理论分歧的焦点来看，还是从中国特色社会主义市场经济体制看，政府公共资源配置都是关键和核心所在。对政府公共资源配置进行分类并以此为基础研究国家治理的创新发展是本书理论逻辑的核心所在。

一、政府公共产品与政府社会资本

公共资源是指所有权由全体社会成员共同享有的、有消费竞争性但无排他性的资源（A. 奥斯特罗姆，2000），包括自然资源、经济资源和社会事业资源。许多公共资源具有公共产品的特征，但政府配置的公共资源并不限于公共产品。对于那些无法由市场提供的公共产品，例如土地、矿产、水等自然资源须由政府明晰产权才能提高供给效率，实现受益的公平性和均等化；但是对于可以由市场提供的公共资源，须在确立国家所有权地位的基础上，将所有权、使用权和收益权相分离，通过国有资本授权经营体制，实施政府直接授权的国有资本投资运营模式。这部分公共资源更具有公共资本的属性，由于产权分明，经济主体通过市场交易提高投资效率并获得回报。

公共产品是“每个人对这种产品的消费，都不会导致其他人对该产品消费的减少”，纯粹的政府公共产品具有非排他性、非竞争性的特点。布坎南（1965）将产品供给比喻为俱乐部，当俱乐部成员只有1个时，这种产品就是私有产品，而当俱乐部成员无限大时，则该产品就成为了纯公共产品。由此可见，公共产品和私有产品并非产品本身的特征，而是由对其分享的制度或规则决定的。巴泽尔（1997）明确指出：公共产品并非产品自身的属性，而是人们根据界定产品产权是否能带来净收益而选择界定某一产品的产权。

从我国社会经济发展实际和各级政府在市场经济运行过程中所扮演的角色来看，政府的经济职能除了收入分配职能①、经济稳定与发展职能②和市场管制职能③外，还包括政府资源配置职能，即政府通过公共资源配置引导社会资源流动，形成一定的产业结构、区域经济结构等经济结构，优化资源配置结构，提高资源使用效率。改革开放以来，我国政府的公共资源配置规模越来越大，但其中有相当多的部分并非公共产品。无论是各种经济特区、开发园区、产业园区的建设，还是各种招商引资的优惠条件以及对重点产业、重点企业的政府倾斜和专项支持，其背后都伴随着庞大的政府公共资源配置。显然，并不是所有企业都能入驻经济特区、开发园区、创新或产业园区等，更不是所有企业都能够享受政府给予的特殊政策和专项支持，这意味着政府配置的公共资源中有相当大的部分并不属于公共产品。纯粹的公共产品应具有非排他性、非竞争性的特点，但现实中政府所配置的上述公共资源显然不符合这些特点。

从企业这一社会组织的微观角度来看，在每家企业的形成和发展过程中，政府都或多或少地投入了具有排他性、竞争性的公共资源，例如，授予每家企业独一无二的“名号”或“代码”的使用权，赋予其在特定空间或区域开展营业活动的许可权，赋予其开展特定营业活动的许可权以及给予企业的各种专项支持政策（如建设用地、基础设施配套等的优惠政策，人才引进、招商引资的专项支持政策）等。政府为企业提供的这些公共资源具有显著的个性化特征，其在每家企业的资源配置中更符合资本的特性，不应该将其与公共产品相混淆。

在实施创新驱动发展战略的新时代，上述具有部分的排他性和竞争性特征的政府公共资源配置将越来越多，这些公共资源配置虽然体现了社会主义市场经济所具有的集中力量办大事的优势，但也会带来腐败、社会不公等负面效应，因此，追本溯源，本书将政府配置的公共资源按照其属性的不同，区分为政府公共产品和政府社会资本两部分。前者是指政府为国

---

① 指政府通过各种政策工具，参与一定时期国民收入的初次分配与再分配，实现收入在全社会各部门、各地区、各单位，以及各社会成员之间进行合理分割，缩小收入差距，体现社会公平。

② 指通过干预、调节国民经济运行，达到物价稳定、充分就业、国际收支平衡等目标，实现经济发展的目的。

③ 指通过用法律明确界定和规范市场主体间的权利、义务关系，从而为市场经济的正常运行提供必要的保障。

防、公安、司法、公共交通等公共基础设施、义务教育、基础科技、公共医疗卫生等具有非排他性、非竞争性的政府公共资源配置；后者是指政府为招商引资、科技创新而专门建设的经济特区、开发园区、创新或产业园区等特殊基础设施，面向引入企业或创新企业的特殊许可、政策优惠和专项支持等具有部分的排他性和竞争性特征的政府公共资源配置，其在企业等社会组织之间的配置更具有个性化和资本性的特征。

政府公共产品具有公共性的基本特征，与政府的“公权力”（政权）相对应，而政府社会资本是介于纯公共产品和私人产品之间的准公共产品，具有部分的排他性和竞争性。只有将政府社会资本从公共产品中剔除后，公共产品才真正具有了社会公众平等分享的特征，进而更好地发挥社会公共管理职能，实现其社会目标；与此同时，政府通过政府社会资本投资，引导和协同市场的资源配置，履行经济发展职能，并更好地实现其经济目标。不同于政府公共产品具有的公共性基本特征，政府社会资本具有私有性的基本特征，应界定政府对所配置的公共资源的所有权，这将为从根本上化解当前理论和实践中的认识分歧和现实困境奠定科学的基础。

二、政府社会资本的具体特征

除不同于政府公共产品的公共性而具有私有性的基本特征外，政府社会资本具有地方性、非匀质性、公益性和引导性等具体特征。

政府社会资本的地方性体现在地方政府根据当地发展特点与实际情况对企业提供不同的政府社会资本投入。从这一角度来说，政府社会资本的投入也是赋予企业个性化特征的过程。从企业形成时政府许可企业名称的使用、营业执照的颁发和特许经营权的许可到在企业经营中根据企业发展情况、行业特点为企业量身定制相关政策和专项支持，可以说正是政府社会资本的个性化提供才使整体市场充满多彩活力。

不同于政府对公共产品的供给是平均匀质的，政府社会资本具有非匀质性的特征，政府不是均等地对每一个主体进行投资，而是通过差异化的投资来均衡供需关系、弥补市场缺陷。因此，对于“俱乐部成员”来说，政府社会资本具有非排他性，凡是范围内的“俱乐部成员”，可以无差异地享受政府社会资本带来的利益好处。正如准公共产品通过身份认证和货币价格机制来划分边界，政府社会资本首先因为其非匀质性界定了其供给对象。对于全体社会成员来说，非俱乐部成员被排斥在受益范围外，从这一角度来看，政府社会资本则是具有排他性的。

此外，政府社会资本具有引导性和一定的公益性特征。究其根本，政府对企业的投入不是单纯为了其个体利益，而是通过注入资本维护市场秩序、引导市场风向。企业作为政府社会资本的消费者，要以能够带来持续健康的经济增长、稳定的社会环境为交换条件；政府作为企业社会资本的投入者，不再是企业运营的局外人，也不是对企业发号施令的上层管理者。政府社会资本作为政府与市场的“桥梁”，让政府与企业形成了一种利益共享、责任共担的共同体关系，这一过程实质上也是追求公共利益最大化的过程。

第三节 政府社会资本协同政府与市场关系的机理与路径

一、政府政治目标与经济目标的矛盾与冲突

我国政府的职能存在“职能悖论”现象。一方面，政府公共产品供给数量与质量远不能满足人民群众公共需求；另一方面，政府越位、错位情况依然广泛存在，政府兼有“政治实体”与“经济实体”的双重身份。目前，我国公共物品的供给确实存在不足与错位不均等问题，究其原因在于政府的政治目标和经济目标之间存在着主体矛盾与经济利益冲突。

总体来看，政府拥有公共资源的总量是既定的、有限的。由于政府主体矛盾的客观存在导致不同政府目标下产生了政府主体的利益冲突。政府公共利益目标的观点来源于帕累托的福利经济学理论。该理论认为，由于政府或国家是社会的公共机构，是全社会公共利益的当然代表，所以该主体就只能以全社会公共福利最大化为其行为目标。政府经济发展目标最初起源于亚当·斯密所阐述的经济人假设，公共选择派把经济人假设引入政府的经济行为分析。政府是由个体理性经济人组成，也会有自己的私欲，他们会追求自身利益的最大化而枉顾公共利益。客观地说，政府作为行为主体不可能完全接受某种目标而排斥另一种目标。事实是，政府最终的选择经常是两种目标在现实条件下博弈的结果。

二、政府社会资本协同政府与市场关系的机理

如何处理和化解政府政治目标和经济目标之间的主体矛盾与经济利益冲突，成为摆在各级政府面前的一道难题。本书认为，结合政府的双重职能，根据不同职能目标要求对政府配置公共资源属性进行分类，将政府社会资本从公共产品中剥离出来，是化解矛盾和冲突的关键点所在。从这个视角出发，应该弄明白如下两个问题：我们该如何将政府与市场协同起来？政府与市场协同的机理是什么？

（一）通过优化所有权关系解决政府主体矛盾

政府公共产品供给与政府社会资本投资是分别基于政治目标和经济目标进行的公共资源配置：政府作为公共产品供给主体，通过提供公共产品保障市场经济正常运行，维护市场公平、稳定，降低整个社会的交易成本，实现其政治目标，进而获得政府税收收入的最大化；而政府作为政府社会资本的投资主体，基于政府经济目标，对特定的市场主体提供公共资本支持，提升被投资市场主体的竞争力，实现社会产出的更大化，政府也因此获得更多的利润回报。承认政府参与的双重身份：提供政府公共产品的公共权力主体身份和政府社会资本的所有者身份，对于解决政府作为政治主体和经济主体的矛盾有着重要的意义。

（二）通过所有权界定进一步深化现代产权理论

新制度经济学家科斯认为，产权制度是资源配置优化的基础，在交易费用大于零的现实世界中，产权的清晰界定有利于提升资源配置效率。而真正意义上的产权清晰是指在法律意义和经济意义均达到清晰。法律意义上的产权关系明确了经济主体拥有某种资产的所有权关系，是静态的物权关系；在经济活动中，虽然所有权在经济活动中发挥着基础性的制度安排作用，但是外部性问题日益凸显，产权主体在支配资产过程中会产生很大的不确定性，因

此，经济意义上的产权关系要求所有权和支配权的统一，是一个动态过程。有别于传统产权理论中仅在企业间建立产权关系，作为政府社会资本的所有者和投资者，政府具有对被投资企业经济意义上的产权主体身份。通过明确政府所有者身份，将政府的隐性股东身份显性化，政府产权主体的行为的边界得以清晰，政府的行为规范问题便会得以解决。因此，我们通过对政府双重身份界定和区分有利于明晰产权制度，实现产权制度法律意义和经济意义上的统一，有助于进一步深化现代产权理论。

（三）通过利税分流，理顺政府与市场在资源配置中的关系

从政府与市场资源配置的角度来看，利税分流改革是对政府双重主体身份和双重职能的进一步确认，也是政府公共资源配置属性分类付诸实践的制度保障。由于政府社会资本从公共产品中合理剥离，市场主体所缴纳的税负真正由政府所提供的公共物品水平来加以确定，市场主体的整体税负水平将有所下降，更好地体现了税收公平原则；而政府社会资本投资的利润分享将取决于政府与市场主体的其他股东的持股比例谈判结果，政府社会资本投资对市场主体价值创造的贡献越大，其持股比例也就越高，政府获得的投资收益也就越高。

早在20世纪80年代我国就有针对国有企业利税分离的改革，但仅限于政府对企业的物质投资，换言之，当时仍旧错误地将政府归位于“国家行政权力的执行者”这一身份。而我们提出的政府社会资本并未局限于政府物质资本的投资范畴，还包括授予每家企业独一无二的“名号”或“代码”的使用权、赋予其在特定空间或区域开展营业活动的许可权、赋予其开展特定营业活动的许可权以及给予企业的各种专项支持政策（如建设用地、基础设施配套等的优惠政策，人才引进、招商引资的专项支持政策）等。政府作为政府社会资本的投资者，与其他投资者一样，通过对市场主体的投资，理所应当享有被投资企业的剩余控制权和剩余索取权，从而进一步理顺政府与市场利益分配关系，实现政府政治目标和经济目标的协调统一。

（四）通过优化政府与市场资源配置方式，实现公平和效率的统一

公平与效率是评价社会经济制度优劣的有效尺度，是实现资源优化配置的最终目标。一种新的社会机制是否比旧的社会制度更有效取决于这种新的制度、能否为社会创造更多财富、提高经济效率，也要看是否能够对财富的分配更合理、更公平。任何一种新的制度不管缺失了哪一部分，都会丧失历史的合理性和先进性。因此，政府的职能定位应该兼顾公平和效率，二者缺一不可。

在政府与市场资源配置的过程中，对于需要通过政府配置的公共资源，政府应以公共权力主体的身份供给政府公共产品，在利税分流的基础上，市场主体所缴纳的税负真正由政府所提供的公共物品水平来加以确定，体现税收公平的同时实现更有效率的公平性和均等化；对于完全适宜市场化配置的公共资源，应充分发挥市场的作用，建立市场竞争优胜劣汰机制，政府直接的资源配置功能被降低到最低限度，通过赋予市场特定主体完整产权以激励其创造价值，实现资源配置效率最大化和最优化；对于不完全适宜由市场化配置的公共资源，政府应充分发挥其资源配置功能，以政府社会资本投资者的身份投入政府社会资本，引导社会资源配置的方向，同时要引入市场机制，实现政府与市场的有效结合。

三、政府社会资本协同政府与市场关系的改革路径

（一）改革政府公共资源的配置方式

众所周知，企业是参与市场竞争的主体。“有为政府”发挥其积极作用，也应成为参与市场竞争的主体。政府参与市场竞争具有外在可能性和内在必然性。政府天然的经济强制权决定了政府在其管辖区域内可以实现各类有形和无形资源的有效调配，政府通过提供政府公共产品履行其社会管理职能，决定了政府参与市场竞争的外在可能性。同时，政府参与市场竞争具有内在必然性。中共中央办公厅、国务院办公厅印发了《关于创新政府资源配置资源方式的指导意见》（中办发〔2016〕75 号）将公共资源按照市场化程度划分为：不适宜市场化配置的公共资源、不完全适宜市场化配置的公共资源、适宜市场化配置的公共资源。不适宜市场化配置的公共资源由政府主导并提供公共产品，实施“基本托底、公平公正、有效提升”政策；对于不完全适宜市场化配置的公共资源，政府既是政府社会资本的投资者，也是市场的引导者，实施“规划、引导、扶持”政策；对于完全适宜市场化配置的公共资源，则完全由市场主导，政府只实施“调节、监督和管理”的政策。在现实中，政府参与市场竞争过程中不同路径的选择揭示了政府参与市场竞争的内在必然性。通过对政府公共资源配置方式进行分类改革，将从资源配置的源头上促进政府与市场的协同、实现公平和效率的统一（见图 2－1）。

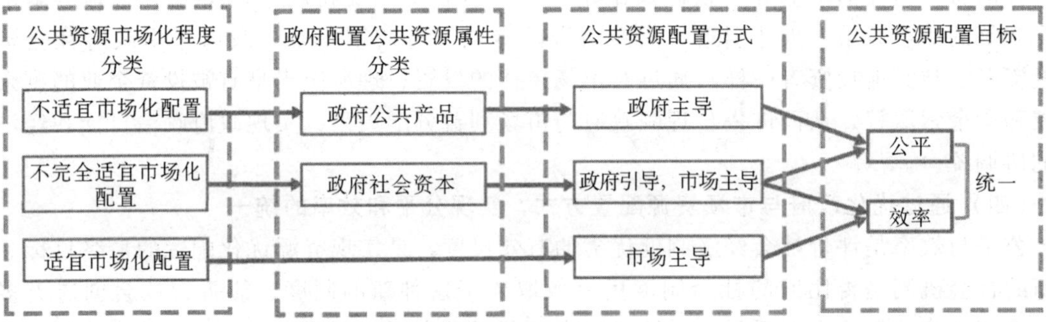

图 2－1　通过政府公共资源配置改革、协同政府与市场的关系图

（二）改革财税管理体制

与传统的政府单一作为社会公共管理者与市场的关系相对应，政府与市场之间的利益关系也只是体现为单一的税收关系（政府作为物质资本投资者直接投资的市场主体除外）。政府社会资本投资的收益与政府公共产品供给的回报相同，均只能通过税收方式得以实现。在征收税种与税率上，接受政府社会资本投资的市场主体与未接受政府社会资本投资的市场主体并无差异，市场主体须按照税法规定无条件的缴纳税收。

在这种单一税收关系体系内，当政府社会资本投资达到预定投资目标时，接受政府社会资本投资的市场主体会给政府带来丰厚的税收利益；但当政府社会资本投资未达到预定投资目标时，则会产生投资与收益主体不对称问题，因政府社会资本投资所造成的财政收入缺口实际上是由全部企业缴纳的税收来弥补的，这就会造成投资受益主体与投资回报来源的错位，变相提高了未获得政府社会资本投资市场主体的税负水平，破坏了税收公平原则。不仅

如此，税收的强制性和公共性特征决定了政府和市场主体之间在利益关系上的敌对性，政府与市场无法真正实现协同。

科学合理的财税管理体制是优化资源配置、维护市场统一、促进社会公平、实现国家长治久安的制度保障。将政府公共资源配置区分为政府公共产品和政府社会资本，为财税管理体制改革进而促进政府与市场关系的协同提供了可能。政府公共产品与政府社会资本是属性截然不同的公共资源，政府公共产品不具有资本的属性，是政府作为社会公平的维护者，凭借其特有的地位和权力通过征税来维持供给；而政府社会资本具有资本属性，是政府作为国有资产所有者，通过有效让渡资产使用权（包括无形资产与有形资产）获得收益。具有一定的排他性、竞争性并注重效率的政府社会资本与非排他的、非竞争性并注重公平的政府公共产品只有实现真正的分离，才能从根源上解决投资主体与投资回报来源上错位的问题。政府公共产品和政府社会资本，它们分别对应着政府社会管理职能和政府经济发展职能，目前单一的税收制度必然导致政府双重职能的混淆。改革财税管理体制，实行利税分流，政府公共产品投入的收益仍然由税收体系予以规范，而政府社会资本投资与市场主体的利益关系则通过税后利润分享的方式予以规范（如图 2－2 所示）。

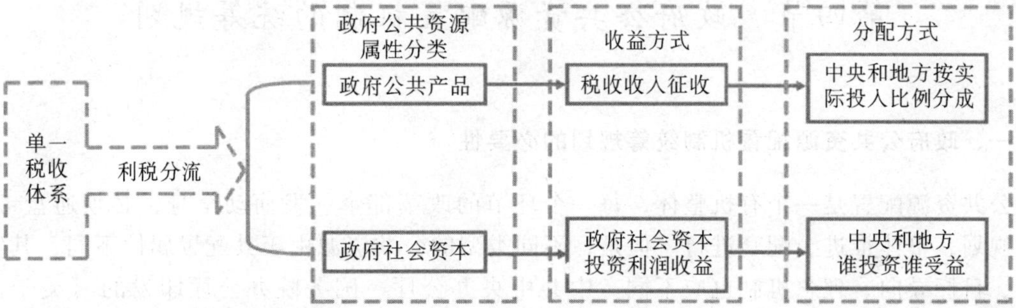

图 2－2　通过财税管理体制改革、协同政府与市场的关系图

同时，由于政府在不同企业中所投入的政府社会资本可能存在着差异，因此，政府作为政府社会资本投资者在每家企业中享有的利润分配的权利也应存在差异，不能强求一致，且在每一家企业中所享有的利润分配权利的大小也不能由政府单方面决定，而必须由政府与其他投资者的集体选择来确定，也就是通过契约来决定。通过利税分流改革，可以实现政府政权、产权的双重权力的分离，并实现税收、利润的双重利益格局。只有这样才能处理好政府与市场之间的利益关系，为政府与市场协同机制的建立提供制度保障。

四、政府社会资本协同政府与市场关系的内在逻辑

政府双重职能包括如下两个层面：在宏观层面上，政府运用公共权力通过提供政府公共产品和服务换取税收收入，进而履行政府的社会管理职能，实现其政治目标，由于对应的公共资源属于不适宜市场化配置的资源，因此应由政府来主导资源配置，保证社会公平；在微观层面上，政府运用私有权力通过付出政府社会资本与企业建立产权关系获得利润回报，履行政府的经济发展职能，实现其经济目标，由于对应的公共资源属于不完全适宜市场化配置的资源，因此应由政府来引导、市场主导的资源配置方式，两者结合起来共同实现公平和效率的统一（见图 2－3）。

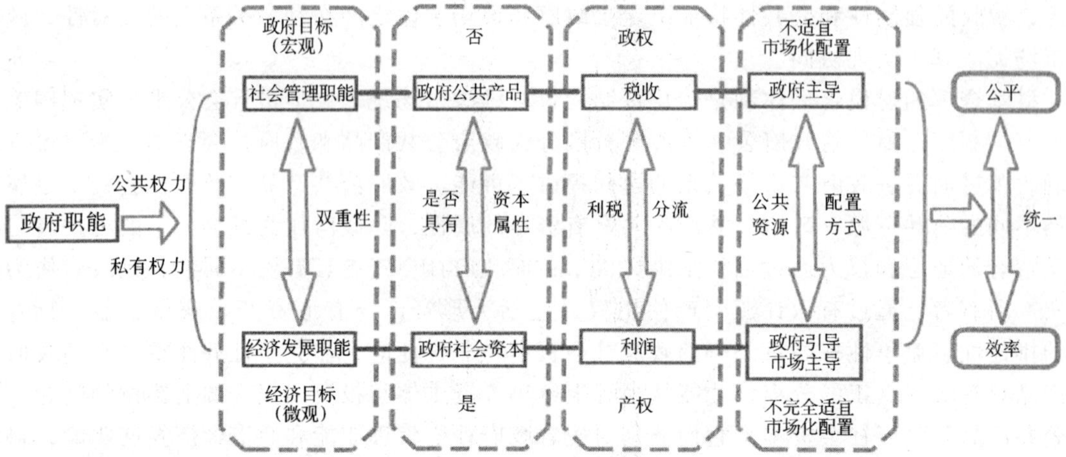

图 2-3 政府与市场关系协同的内在逻辑图

第四节 政府公共资源配置机制的统筹规划

一、政府公共资源配置机制统筹规划的必要性

公共资源配置是一个有机整体，每一个环节的改革都牵一发而动全身，必须通盘考虑、统筹规划、整体推进、配套进行。但是，不同类型的公共资源由于其配置属性不同，其实施政策、目标导向、理念机制也应不同。中共中央办公厅、国务院办公厅印发的《关于创新政府配置资源方式的指导意见》将政府公共资源分为自然资源（土地、矿藏、山岭、滩涂、海域等自然资源）、经济资源（金融和非金融类经营性国有资本）和社会事业资源（非经营性国有资产）等三大类，并提出“对于适宜由市场化配置的公共资源，要充分发挥市场机制作用，切实遵循价值规律，建立市场竞争优胜劣汰机制，实现资源配置效益最大化和效率最优化。对于不完全适宜由市场化配置的公共资源，要引入竞争规则，充分体现政府配置资源的引导作用，实现政府与市场作用有效结合。对于需要通过行政方式配置的公共资源，要遵循规律，注重运用市场机制，实现更有效率的公平性和均等化。通过创新公共资源配置方式，促进经济社会持续健康发展”的总体指导思想；同时，提出了“创新政府配置资源方式，自然资源方面要以建立产权制度为基础，实现资源有偿获得和使用；经济资源方面（主要指金融类和非金融类经营性国有资产）要突出国有资本的内在要求，明确委托代理关系的制度安排，建立健全国有资本形态转换机制；社会事业资源方面（主要指非经营性国有资产）要引入市场化手段和方法，实现更有效率的公平性和均等化，促进公共资源配置更高效、更公平、更可持续”的创新政府资源配置方式的改革目标。如何创新政府公共资源运作机制、统筹规划设计各类政府公共资源的运营管理体制和监督机制，是深化政府公共资源配置改革的重点课题，亟待深入开展研究。

二、政府公共资源配置机制统筹规划的基础

要统筹规划政府公共资源运作机制，对政府公共资源进行科学的分类是基础。将政府公共资源按自然资源、经济资源和社会事业资源进行分类并简单地将其与适宜由市场化配置的公共资源、不完全适宜由市场化配置的公共资源和需要通过行政方式配置的公共资源三大类进行政府公共资源配置方式的改革缺乏深入、具体的分析论证，甚至可能产生误导。按政府公共资源配置属性进行分类、避免政府职能的认识误区和政府公共产品与政府社会资本的概念混淆，是政府公共资源配置方式改革的基础。

政府作为国家代理人，其目标和价值追求从来都存在着经济目标（经济价值）、政治目标（社会价值）的双重性：一方面，政府通过提供政府社会资本引导市场的资源配置，从而推动经济增长，实现其经济目标；另一方面，通过提供政府公共产品来维护政权稳定和社会秩序，实现其政治目标。每个国家的政府都必须在两种目标之间进行权衡。因此，对政府公共资源配置属性进行分类，区分政府公共资源配置的公共性和政府社会资本配置的私有性，并分别与政府的“公权力”（政权）即政府的政治目标和政府的“私权利”（产权）即政府的经济目标相对应，为从根本上化解当前理论和实践中的理论分歧和现实困境奠定科学的基础。

三、政府公共资源配置机制统筹规划的基本框架

在政府公共资源配置属性分类的基础上，再将政府公共产品和政府社会资本的公共资源配置与资源配置方式相联系。对于纯粹的公共产品供给，则完全采用政府来供给，而对于政府社会资本的那部分公共资源供给，则采用产权的方式。在实现产权和公共选择有机结合的同时，使效率和公平得到兼顾，从而较好地实现资源配置效益最大化和更有效率的公平化和均等化。

在明确政府公共产品和政府社会资本以及与之相适应的公共资源配置方式之后，再通过利税分流变革财税管理体制，为政府公共资源统筹运作提供制度保障。通过利税分流管理，政府公共产品的投入的收益仍然由税收体系予以规范，而政府社会资本投资与市场主体的利益关系则通过所有权的剩余利润分享方式予以规范。同时，由于政府在不同企业中所投入的政府社会资本可能存在着差异，因此，政府作为政府社会资本投资者在每家企业中享有的利润分配的权利也应存在差异，不能强求一致，必须由政府与其他投资者的集体选择来决定，构建政府社会资本运用管理体制是必然的选择。

此外，政府作为政府社会资本的所有者，又是社会公共管理者，双重身份使政府对企业拥有多重监督权。政府作为每一家企业天然的股东，尽管只是小股东，但是却具有了参与重大决策的权力和监督的权力；而政府作为社会公共管理者，则可以对每一家企业进行行政监督。如何协调二者的监督，从而在达到监督目的的前提下尽可能降低监督成本，是政府监督体制创新的方向所在。

总之，从政府公共资源配置属性分类出发，进一步明确政府公共资源的配置范围，并在此基础上分别从政府社会资本运营管理体制、财税管理体制和政府作为政府社会资本所有者和社会管理者的双重监督体制创新三条路径，统筹政府公共资源配置机制改革是未来努力的方向（如图 2 -4 所示）。

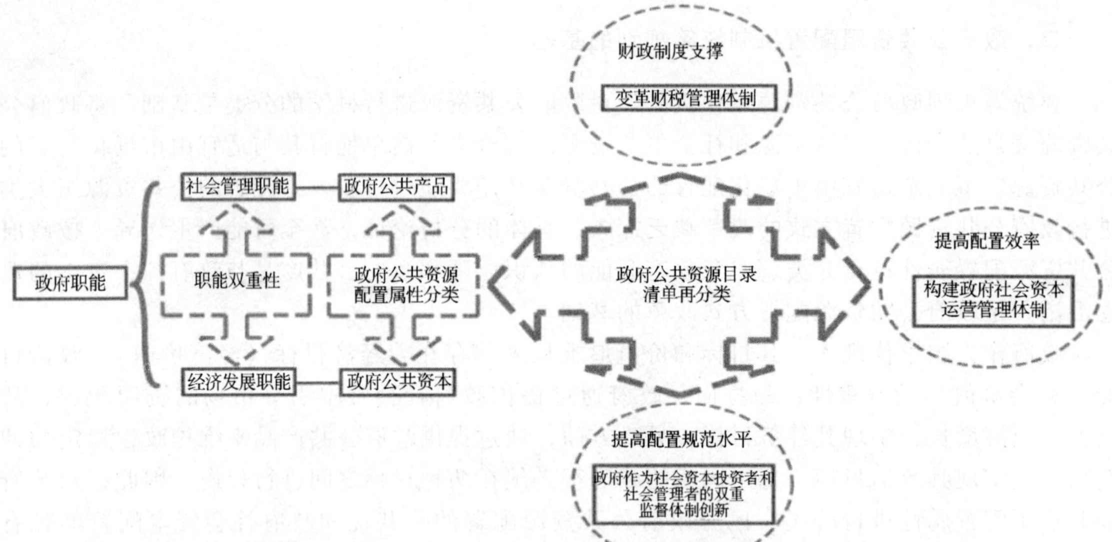

图 2－4 政府公共资源配置机制的统筹规划图

第三章 政府社会资本与经济、社会秩序治理

第一节 政府、市场、社会之间的关系

治理理论在中国的应用是一个系统化过程（彭莹莹、燕继荣，2018）。20 世纪 90 年代，西方国家公共部门的管理改革引发了中国学者对“治理”的关注，把“治理”作为一种新的政治分析框架展开讨论。治理理论与中国实践结合后，治理的目标、主体、模式等被赋予新的含义。“治理”是制度与社会的互动（俞可平，2000），是对各种要素进行权威性的控制、管理和影响；治理主体之间是上下互动、协商合作的关系；治理模式是政治行为的管理工具，运用“治理指标”评估“治理绩效”（周安平，2015）。结合马克思主义国家理论，党的十八届三中全会提出“国家治理”理论，将“治理”理念提升到新的高度。党的十九大指出，在社会主义新时代，要不断推进国家治理体系和治理能力现代化。国家治理目标是实现社会公共利益最大化的善治国家；国家治理主体是多元共治；国家治理机制是运用一系列政治、经济等制度安排和法治、有效、透明的治理手段实现治理目标（俞可平，2014；陈刚，2015），主要解决治理主体与客体之间、治理手段与治理目标之间的匹配、秩序、合法和有效性问题。

国家治理的核心是政府治理，在合理界定政府、市场、社会权力边界的基础上，形成三者相互制约、相互支撑的协调治理框架，即：一是发挥市场决定性作用，在尊重社会权利的前提下获得更多资源；二是发挥政府治理作用，在激发市场活力的同时保持秩序稳定。

一、政府与市场的关系

政府与市场关系的表现形式是不断变化的，它取决于不同的历史时期和社会阶段。不管市场经济处于什么阶段、社会形态如何不同，完全的自由放任和完全的政府干预都是不可行的，仅仅依靠政府或市场中的一方无法实现资源的有效配置。在社会主义市场经济中，充分发挥政府效能以及让市场在资源配置中起决定性作用是唯一出路。在社会主义初级阶段发展市场经济，既可以体现制度优势，又可以带来瞩目的治理效能，实现“有为的政府”与“有效的市场”的相互补充。

政府调控是目标，市场调节是途径。在国家治理体系现代化、社会主义市场经济体制改革的大背景下，发现和认识政府失灵和市场失灵的同时，处理好政府与市场关系的核心问题是使市场在资源配置中发挥决定性作用，以及政府效能最大化，形成政府“有形之手”与市场“无形之手”的相互协调。

在构建和谐、平衡的政府与市场关系时，加快转变政府职能是当务之急。转变政府职能，不是由一种职能转变为另一种职能形式，而是充分发挥经济职能中的市场调节，注重政治职能与经济职能的有效组合。市场决定与国家调节的结合是转变政府职能的关键所在，需要在宏观层面分析政府与市场的关系，深入认识“市场决定与市场失灵”及“国家调节与政府失灵”现象，为创新中国特色国家治理理论构建奠定坚实的基础。

二、政府与社会的关系

政府来源于社会但是高于社会，社会由政府管理但政府又依赖于社会，二者相互独立但又相互影响。政府是满足社会需求的工具和产物，在履行社会管理职能的同时实现政治职能。当前，社会快速发展、科技水平不断提高、国际交流日益频繁、社会公共事务复杂，给政府的社会管理带来巨大挑战和艰巨任务。

政府“掌舵”、社会“划桨”，政府是以公共服务为宗旨、以满足社会公众的意愿和喜好为首要任务，充分提供公共物品和服务，逐步建立透明廉洁、认真负责的政府运行机制，政府按照社会公众的真实意愿进行公共物资的有效配置。在公共治理模式中，政府与社会的关系是伙伴关系，政府与社会之间应该建立“小政府、大社会”的融洽协作机制。

三、政府与经济、社会秩序治理

良性秩序得益于各个利益相关者的共同努力。在政府具有经济职能和社会公共管理职能的双重职能框架下，政府被赋予双重治理责任：一是对经济秩序的治理，二是对社会秩序的治理。政府社会资本有助于建立良好的经济、社会秩序进而实现国家治理目标。经济秩序往往与社会政治秩序紧密相关，是国家安定、社会稳定的重要基础。它通过法律法规等相关制度安排，使参与者之间形成一种共同遵循的市场约定，以保证经济系统顺畅运行。市场经济秩序需要各方共同遵守和维护，当然也不可缺少外部力量的作用与协调。

第二节　政府社会资本与经济秩序治理

一、市场经济秩序的意义

（一）市场经济秩序的实质

市场经济秩序的实质是对各类经济利益主体和交易行为的规范。经济秩序反映出市场相关法律法规的实施状况，而市场法规就是为了通过有效规范市场主体和交易行为，协调市场主体与客体的经济利益关系，进而使市场有序运转并服务各交易主体。市场经济秩序是价值规律充分发挥作用的结果，是市场在调节生产、分配、交换和消费等经济活动过程中所形成的有规律、循环的状态。因此，市场经济秩序就是以规范和维护各方经济利益关系为手段，促进经济有序、稳定、持续地运行。

（二）建立良性经济秩序的作用

良好的市场经济秩序是实现一个国家或地区经济稳步发展的必要条件，对于发展社会主义市场经济、维持整体经济的有序协调运行具有重要的推动作用。当前，需要根据市场变化情况和未来发展方向，及时采取适当有效措施来理顺市场经济秩序，避免宏观经济运行中出现滞涨、失业率上升、货币大幅贬值等经济不稳定现象发生，造成市场失灵。

我国改革开放以来，从计划经济体制到社会主义市场经济体制的建立，主要作用有两个层面：从微观层面来说，鼓励了市场行为个体在自由交易、自由契约的基础上自发建立有序竞争秩序并稳步发展；从宏观层面来说，是通过国有经济对国民生产的总体协调形成符合新时代中国特色社会主义制度目标的可持续发展的经济增长进程。这种经济秩序模式的基础是平等、开放、多元和结构均衡的产权制度，成为完善我国社会主义市场经济体制的制度基础，也是构建社会主义和谐社会的国家治理体系的基本条件。

二、政府社会资本对经济秩序治理的路径

（一）引导和协同市场的资源配置

政府进行政府社会资本的投资时，通过建立与国家发展方向一致的国有资本预算支出计划，引导和协同市场的资源配置，使国有资产的投资方向按照我国提出的新时代中国特色国家治理理论体系的发展方向进行。政府社会资本确保了国有资产的投资遵循“有所为、有所不为”的原则，对一些支柱型产业以及前景广阔的高新技术、金融科技等产业中的重点骨干单位加大资本的投入力度，使国有资本在影响国民经济命脉的重要行业中形成统领地位，提升政府社会资本的运营效率，从而发挥政府社会资本在国民经济中的影响力和带动力，促进实体经济的健康均衡发展。同时，引导一些技术陈旧、债务集中的弱势企业通过收购兼并或破产清算等方式退出市场或转型，由此优化升级市场产业结构，重新配置稀缺资源。以下举例说明两种政府社会资本引导资源配置的方式。

1. 政府社会资本可为企业量身定制相关政策和专项支持

政府为招商引资、科技创新而专门建设的经济特区、开发园区、创新产业园区等特殊基础设施，面向创新型企业的特殊许可、政策优惠和专项支持，都可以以政府社会资本的形式提供，这些完备的基础设施服务，极大地加快了企业的生产经营和研发进程，从而提升社会整体的经济运行效率。将政府社会资本应用于高新技术密集型企业，进行科技金融资源的有效配置，这对我国实现产业结构升级、建设创新型社会无疑将会有至关重要的作用，极大提高社会治理的方法和手段，提升国家治理的效率；根据自身地域拥有的人才、金融、信息、技术等特点，通过出台促进区域间科技金融合作的政策、制度安排，政府相关部门将具有资源优势互补的政府利益诉求通过政府社会资本联系在一起，促进企业加大技术创新，加大市场营销，在提升科技金融资源配置效率的同时，发挥政府社会资本宏观调控与引导的作用，为我国进行国家治理提供有效的方式和途径。

2. 健全企业社会信用体系，增强资金提供者对企业的信任度

所谓信用，是指在人、单位等经济活动的参与者彼此之间基于信任而形成的社会关系。信用可以分为公共信用和私人信用。其中，公共信用是指政府信用，是社会公众对政府的信任程度，政府为了获得社会公众的满意会尽力履行自己的各项职能、建立和维护自己的信用，政府信用是社会信用体系建设的重要内容。私人信用分为消费者信用和企业信用。社会信用体系是指以法律法规为依托，以健全社会信用体系为核心，以政府的监管体系为保障，用以衡量社会主体的信用情况和优劣程度，对诚信、失信行为予以奖励和惩戒的一种国家治理体制。

产生信任危机的原因有很多，信息不对称便是最重要的原因之一。政府是信息的提供

者，企业是信息的使用者，信息不对称很可能影响政府和企业的相互信任以及对信息共享内容的认可。政府在企业中，作为所有者和经营监督者将自己的信息共享给企业，减少了信息传递的环节，提高了企业对政府的信任度，同时也有机会直接获得企业的真实信息，有利于消除政府与企业之间的信任鸿沟。

政府社会资本还可发挥信息传递的中介作用。一些民营企业在贷款时受到严重歧视，政府社会资本的投入使企业具有政府的背书，能够利用政府的影响力和公信力来提高自己的社会信用，增加自己的社会声誉，获得无形的信用保证，降低贷款的难度。政府社会资本的参与缓解了其他资金提供方的信息不对称问题，推动企业与社会多方进行融资、筹资合作。一些民营及中小型企业也可融入国家和地方的经济发展规划，政府社会资本可以成为这些企业发展的坚强后盾，缓解他们在融资、经营方面的紧张，降低契约成本，从而推动我国各种企业模式共同发展，构建国家综合治理和全面治理的新型模式。

（二）合理调节经济利益分配

利润、税收、职工薪酬等会计信息反映了投资人、政府、公众三者之间的经济利益分配关系。在政府社会资本的监督下，公平合理的分配利益有助于弥补收入差距、优化经济秩序。

政府社会资本具有对投入资本的收益权，并且可以采用多种形式取得相应收益。对不同性质及规模的企业，政府社会资本投资人可以将政府社会资本一次性转让；也可以以租赁的方式与企业签订合同收取租金，不改变资产的所有权性质，使让渡的资产投入企业的生产经营，尽快获得投资收益。政府社会资本也可以采取入股的形式，定期收取股息，参与企业的利润分配，政府社会资本享有的收益部分，政府可以自行决定如何进行分配。在企业以追求股东价值最大化为目标的当今社会，政府社会资本的引入可使企业在追逐效率的同时兼顾公平，有效地调节企业之间的差距，弥补企业的筹资融资短板和不足，支持、帮助企业更好地经营与发展。政府结合经济发展实际情况，将获得的收益集中起来由政府乃至国家统一调配，按照轻重缓急的程度将资金投资于需要重点扶持的企业和基础设施建设，让全社会都享有经济发展的成果，将收益公平合理地分配，真正做到取之于民、用之于民，以达到规范经济活动、理顺经济秩序、实现国家治理的目标。

当然，政府不是单纯的救济者，在进行重大决策时也必须以保障国家利益和维护国家秩序为出发点，政府社会资本投资也是如此。政府在进行社会资本投资时应综合考虑各类因素，比如，根据资本的特性选择合适的企业进行投资，根据企业的不同需求向其提供资源配置；同时也应建立相关评估和激励惩罚机制，设计有效的政府社会资本投资绩效评价指标，比如，政府作为股东可将所投资企业的收益率与事先预期的股东报酬率相比较，若该企业获得的收益率高于预期报酬率，则可以继续投资该企业，若低于预期报酬率，则需要分析深层次原因，或撤资和转投其他企业。

政府社会资本的参与，有效弥补了政府仅在宏观层面进行调控，无法直接监管企业利润及利润分配的缺陷，将政府从“局外人”转变成企业的“参与者”，从而使政府力量和市场机制相互作用、相辅相成，保持了经济活动的健康有序运转。同时，政府社会资本也有利于调节企业和社会收入差距、提供纠纷解决机制，改进了市场经济体制下财富与收入分配不公的问题，从而实现了市场健康、稳定运行和社会的长治久安。

（三）弥补政府行政监管的缺陷

政府社会资本在配置稀缺资源时，通过财务状况、经营成果和现金流等会计信息和监督活动影响着市场行为和决策、资本流向和配置，最终影响着国家宏观经济的运行。

政府将所持有的资源、数据等基本要素通过经营转化、授权等方式以国有资本投资公司投入企业，形成一种可辨识的、有独特性的资本，从而形成对企业的一种合法股权，不仅是向企业投入了可计量和可识别的生产经营资源，也为政府与企业建立了一种所有权关系的纽带，即政府凭借对政府社会资本的所有权成为企业的合法股东。这样一来，政府社会资本就具有了一定的市场属性：从内部秩序而言，政府可以通过政府社会资本直接了解企业的生产经营情况，例如资本流向、项目进度及预算收入支出的差异情况等，监测企业的市场活动，使其保持在合理的进度范围内，保证了政府社会资本的安全和收益；从外部秩序而言，政府也能够通过投入政府社会资本进而调控市场总需求和总供给，避免出现各种因供求失衡导致市场失灵现象，保障宏观经济的平稳运行。

在规范市场经济秩序的过程中，健全、有效的监督体制是必不可少的重要环节，但是政府监管往往具有滞后性和外部性。将政府社会资本的所有权监督纳入国家监督体系，有助于弥补政府行政监管的缺陷。政府社会资本作为国家治理监督体系的重要组成部分，可以监管企业内部资本的使用情况，当企业有重大决策事项时，提出有效的建议，及时防范一些具有极高风险和不确定性的决策；对企业的其他内部行政事务，政府作为企业日常经营活动的监督者可以形成一种威慑力，监督企业员工按照应遵行的行业准则、法律法规等的要求执行日常事务，使企业合规发展；政府社会资本投资者为确保所投资本的安全，积极开展对企业经济活动的监督，通过上述管理实现对企业的财务状况、经营成果和现金流等会计信息及重大经济决策活动的监督，一方面提高了国家对企业经济活动的监督效率，另一方面降低了监督成本，有利于企业和国家治理监督体系的改革与创新。

同时，对一些关系到我国重大民生问题、军工制造、经济安全等关键领域的企业，也会涉及许多政府社会资本的投入，政府可以通过对这些资本的产权监督进行监管和控制。如果在这类企业中设置了特定股权安排，使政府通过提高持股比例实现对企业的实际控制权和话语权，就可以确保政府在参与企业重大经济决策时，例如外资并购、国际垄断乃至恶意竞争中行使特定决策权，或是在企业进行投票时行使最终的一票否决权，实现政府社会资本的控制权诉求，从而保证国家的重大经济利益不受损害，通过监督企业的经营活动进而维护社会公共利益、实现有效的国家治理。

（四）促进公平与效率的兼顾

效率与公平一直是我国经济发展的两大问题，效率指的是生产、劳动效率，是指在没有造成浪费的情况下，能够以最有效的方式利用自身拥有的资源满足人们的需求，是指愿望的满足与资源使用之间的关系。效率通常用投入成本与产出效益之比来衡量，以更少的投入产出更多效益即为高效率，反之为低效率。在分配领域，公民的分配机会和权利、政治和经济利益都是平等的，公平指的就是这种合理有效的分配。这里的公平并不是绝对公平，而是相对公平。只有相对公平才能更好地促进经济发展、提高经济效率。

之前，效率被放在资源配置原则的首位，以效率为主导而忽视了公平的重要性，随着经济社会的不断发展，人们逐渐意识到效率与公平二者之间是相辅相成的，效率与公平相互联系、不可分割，不能只讲效率不讲公平，也不能舍弃公平把效率放在第一位。强调效率、兼顾公平是我国社会主义市场经济体制中资源配置的基本原则之一，效率是公平的前提，没有效率，也就没有公平；公平是提高效率的保障，公平为提高效率提供了持续动力，也为效率的提高营造了良好、稳定的内部环境。如果分配不公平、不合理，可能会造成收入差距悬殊，影响社会的稳定性，降低资源配置的效率。

政府作为社会服务者也是管理者，通过各种政治、经济、立法、司法等手段履行自己的职能，目标是维护社会稳定、缓和社会冲突、促进社会的良好发展。政府社会资本概念的提出，将公共资源配置明确区分为公共产品与政府社会资本。公共产品是指该商品的使用无法排除他人参与分享，是居民生活中必不可少的产品，具有大众性与普及性、低利润与无利润等特点。政府为国防、公共交通等建设的公共基础设施即常见的公共产品。政府社会资本既包括企业实际得到的政府直接投入，如直接给予企业的专项补助以及基础配套设施等，也包括虽然未直接投入企业但是企业实际收益的政策和支持，如经济特区内的企业享受的特殊优惠政策和配套条件等。公共产品的提供是为企业创造良好、公平的市场环境，降低交易成本，激发企业价值创造活力，实现企业的可持续发展。政府社会资本的投入是对某些特定的行业企业提供资源，改变原有的资源基础，提高企业的竞争力和发展活力，实现企业产出效益的最大化，为企业的进一步发展创造条件，政府也因此分配更多的利润，获得更多的经济价值。由此可见，政府社会资本可以实现公平和效率兼顾的目标。

协同治理是参与者自主的、有目的地在跨部门、跨政府或者公共、私人、公民团体之间对长期挑战达成共识，并以此为基础进行协商管理和政策制定的过程。一般由政府或其他的机构发起，参与者不仅包括政府还包括其他非政府的利益相关者。希克斯把协同治理划分为四个类型：政策协同、项目协同、服务供给中的协同和面向个体的服务协同。从政府治理的角度来看，政府作为社会管理者和国家代理人，负责维护社会的公平稳定，实现社会价值，同时又要积极推动经济增长，增加经济价值；从企业治理的角度来看，政府作为政府社会资本的所有者，作为公司股东需要与公司的其他所有者一起，共同管理、监督企业的运营，希望追求公司的价值增长，从而增加自己的经济利益，实现自己的经济价值。

过去，政府提供的所有公共资源都被视作公共产品。政府社会资本理论认为，纯粹的公共物品应当完全由政府来供给，对于政府社会资本的那部分公共资源供给，应当采用产权的形式予以确认。通过这种区分，公共产品由公众平等分享的特征才得以表现出来，厘清政府社会资本投资政府的产权主体地位，明确政府与各利益相关者的权利和义务，构建良好的政企关系。政府社会资本基于比较效率原则，目的在于提高特殊行业企业的竞争力，实现政企协同，共同创造社会价值与经济价值，在兼顾效率与公平的同时，做到两手都要抓、两手都要硬。由于政府社会资本的出现，政府不再只是弥补市场失灵的工具，在维护社会公平的过程中也参与市场活动并引导效率提升。

第三节　政府社会资本与社会秩序治理

一、社会秩序的含义及作用

（一）社会秩序的含义

秩序是一种相对稳定的状态，《新华字典》将“秩序”一词界定为“有条理、不混乱，而且符合社会规范化的状态”。秩序的动态性表明了秩序并不是一成不变的，除了要在自然、社会中形成固定、有规则的配置关系外，还应该遵循社会运行过程中的一致性和连续性。当“秩序”的内涵应用到社会中，就形成了社会秩序，即人为秩序——一种根据外部规则由治理者所缔造和构建的秩序模式和实践应用。社会秩序关注的基本主题是众多系统要素组成的社会在动态运行中形成的各种关联关系。

社会秩序是人们社会生活中所存在各种各样关系的一种有序化的状态，并按照特定的社会规则来对社会各要素之间的关系做出约束，协调个体之间、个体与组织之间以及组织之间的有序状态，社会秩序追求的是综合表现而非各个具体领域的单独呈现。

（二）维护社会秩序的作用

良好的社会秩序是推动人类生活发展的原动力，也是世界各国展现国家治理能力和治理手段的标志，通过建立良好的社会秩序最终实现政府管理和社会发展的目标。“失败国家指数”（Failed States Index）是根据社会、经济、政治以及军事指标对世界各国的治国理政能力进行评分的指数，在评价指标的选取中着重以社会稳定性为基准，采用12项相关指标进行评分，以此评选出“最失败国家”的排名顺序，其中社会形势动荡不安的索马里在2007—2012年连续六次被评为最不安全的国家。

建立良性的社会秩序对国家执政者而言有着十分重要的意义。相较于西方国家“人人平等”式的自由秩序体系，我国采用“法治+德治”的理念作为维护秩序的精神内核。在诸子百家时期，“礼”不仅仅是一种人们言行上的表现，还是人们所普遍遵守的伦理规范，在上下级之间做到“君使臣以礼，臣事君以忠”，在平辈之间做到“己所不欲勿施于人”，凭借对于道德上礼义的制约，儒家认为贵贱上下决定了人的地位，“别贵贱，序尊卑”成为当时用来强化政治、维护社会秩序的重要等级制度。东汉时期，在吸收、继承先秦和儒学思想的基础上提出了“三纲六纪”的思想来处理社会关系，构成了以“君统”和“宗统”为纽带的社会秩序的核心。到了现代社会，社会秩序依然发挥着重要作用，主要体现在以下两个方面。

1. 社会秩序对资源的整合作用

社会公众需要依靠集体实现社会整体利益，良好的社会秩序在整合各种社会资源要素和力量的基础上确保整体利益价值最大化，有效促进国家的良性发展。社会秩序整合的内容包含各类不同阶层、不同社会行为、不同利益目标的客体，他们对资源的占用、自身的状态、价值诉求有着不一样的认知，通过一定的社会规则这条“纽带”将这些资源和价值整合起来，并转化成社会秩序的价值核心。这种“价值网”通过各自主体的活动和社会机制影响着社会的均衡和有序，发挥着社会秩序对资源的整合作用。

2. 稳定的社会秩序保障了社会生活的正常运转

社会生活需要以一种正常、稳定的状态来持续运行，任意的局部动荡都有可能引发整个社会的“崩盘”，维护平稳的社会秩序是正常社会生活不可缺少的重要环节。当社会秩序出现一定程度上的紊乱、社会秩序系统内的各种要素无法发挥正常功能时，就会产生偏离社会规范的现象，势必引发社会失序。如果无法保障社会公众常态和谐的社会生活，那么政府的公共管理和治理能力低下可想而知。自新冠肺炎疫情发生以来，从中央政府到地方政府、从企业到个人，每一个社会主体都在全力奋战，政令的相继实施和超常态化的社会秩序保障了人民群众的基本生活需求，确保了国家社会秩序平稳有效运转，各类生产企业有序复工。政府制定的治理政策发挥了权威的作用，以安全高效的社会秩序网络实现了社会生活和秩序的协同、和谐发展，积极推进了国家创新治理体系的建设。

政府通过政府社会资本，为企业经营活动提供了特定的物质保障，其中涵盖的物质资本、人力资本等投入在为企业提供资源的同时也在帮助企业树立一种主动承担协调、维护秩序的社会责任观念，这也是企业在履行和维护社会秩序方面应尽的义务。拥有政府社会资本的企业应该成为维护社会秩序的重要力量，而政府社会资本所有人也通过社会秩序的治理推动国家治理体系和治理能力现代化不断深化、创新。

二、政府社会资本与社会秩序治理中的政府主导和多元共治

人类社会的发展是一个不断被修正的过程，每一次进步都伴随着统一和差异的更替，新的社会秩序则在差异中产生。在我国改革开放的进程中，随着不同区域的经济放开，我国的多元化主体从原来小差异主体逐步分化成多种利益主体。为了改变原来“管得过死”的旧体制，各级政府职能部门采用放权让利的方法，鼓励自主经营，于是在国家和社会这两大主要利益体之外还出现了地方部门、企业和个人的利益主体。既然出现了多元主体，那么不同主体之间的经济利益、社会利益博弈便会影响着社会秩序的稳定和发展。每一方参与博弈的社会主体都有寻求最大化利益的倾向，多元主体之间的博弈策略可以分成民生之上的政府策略、利润和责任双重驱动下的企业策略、公益推动的社会组织策略以及受到支配可以随时调整的公民策略（赵军锋，2020）。我国所形成的“党委领导、政府负责、社会协同、公众参与、法治保障”的管理格局说明多元利益主体共同参与的决策对于消除个体之间冲突、营造在平稳中变革的社会秩序的重要性。政府社会资本的进入首先形成政府和企业、组织之间的治理协作网络，促使企业在责任约束下满足自身业绩目标，公民依据企业和政府之间的产出绩效进行自己的动态调整，这种活动趋势又会影响政府制定的规制和策略，进而再次通过政府社会资本对主要利益主体产生影响。通过多元化协作网络的构建使每个主体之间的相互影响和合作，逐渐以协同手段来维持社会秩序的良性运行。在这个运行网络中，多元化主体的参与并非代表着政府治理功能的衰退，这是改变资源垄断，以政府社会资本作引导，主动帮助利益主体增强行动自主性，避免以往传统的“引导”和“被引导”的关系所带来的缺陷和弊端。政府社会资本充分吸纳了多元主体的中坚力量，意图以协作方式来共同影响着秩序网络的耦合性，从政府“一己之力”转为多向合作，在政府行使具有权威性、强制性的社会管理权力时又能让其他成员共同参与（包括各类社会组织、企事业单位和公民个人），发挥每一个利益主体的长处，形成一张具有整合性的多元化治理网络，促进国家治理体系的完善。

（一）多元化治理下的政府监督职能完善

良好的社会秩序得益于多种治理制度的整合，而构建具有中国特色的国家治理体系需要多元主体治理的制度设计。传统的治理在整体上偏向于社会治理的规范，主要为了防范社会违法违规现象的出现，并未从社会和国家角度来对社会活动进行监督，出现了监督弱化的现象，政府监督的主体唯有政府及政府职能部门，难以独当一面。政府监督与社会监督之间没有形成一个相互联系、相互协调的有机整体。每一种监督都应有自己明确的职责权限和分工，充分发挥多元主体的监督作用，有效帮助政府落实现代化治理体系的建设，营造稳定、有序的社会格局。政府社会资本参与下的多元主体监督让监督在治理层面被赋予了新的政治定位——从“政府管理”进一步上升到“促进社会公平、实现国家长治久安”的“国家治

理”层次。

（二）监督和治理相结合的政府企业网络

政府社会资本进入企业的过程本身就蕴含着政府主体的力量，由政府牵头引入企业，在企业内部的生产经营过程中对企业发展战略、规章制度的完善提出建议，直接提升了企业的运营效率，将过去的事后监督为主转变成事前、事中和事后共同关注的模式。当政府社会资本对企业发挥监督治理作用的同时，也能确保政府社会资本的安全和政府税收收入。从深度意义上来说，政府社会资本参与下的监督治理真正实现了社会参与和社会利益的结合，以监督保障治理，推动了现代化国家治理机制的构建。

虽然多重监督可能会产生一些问题，如各部门之间的重叠会使主要监管部门和次要部门相互混合重生，导致政府监督效率低下，但政府社会资本重建的“亲”“清”新型政企关系使得政府在追求投资、获取经济利益的同时完成公共社会管理者这一角色所赋予的社会治理任务，进而延伸到其他社会领域中，在诸如文化、经济、社会、生态等领域构建政府、企业以及其他个体之间的监督与合作关系。通过有效措施让被监督企业明确经营和责任目标，让政府治理和企业监督相互结合，形成监督和治理相结合的政企网络，提升国家治理活动的有序与效率。

政府社会资本参与下的治理有利于监督制度、治理规则以及治理系统之间相互配合、相互支持并实时调整，有助于实现良善的社会秩序。政府监督职能目标之一是维护广大人民群众的根本利益，同时监督能力的完善也是中国特色社会主义国家治理体系的执行能力的重要表现，建立高效的监督和治理相结合的政企监督网络对维护社会秩序、发挥国家治理功能至关重要。

三、政府社会资本与社会秩序的建立与维护

（一）政府社会资本与社会秩序的建立

现代社会处于复杂的生态环境中，面临的复杂公共事务要比以往的社会发展阶段更为严峻。政府社会资本在获得经济利益的同时也承担着维护社会秩序稳定的责任，致力于建设全方位共同合作的治理主体体系。当前我国正处于改革的深化时期，切实需要建立一种安全稳定的社会主义政治秩序，而这有赖于全方位治理格局的建设，需要改变过去“政府一元化管理”向“政府为主导、多元主体共治”的模式转变。

随着政治、经济、文化、社会、生态环境的日益变化，我国的行政管理体制和政府职能的转变使许多社会治理事务逐渐从政府落到企业身上，政府的角色不再是简单的“守夜人”，政府的治理方法和手段日益创新，政府社会资本就是其中之一，政府社会资本成为联系政府和企业之间的新型纽带，将政府与企业绑定成利益共同体。政府通过政府社会资本的运作方式既可以让企业在政府所制定的社会秩序规则制度中实现利益目标，也给予企业表达自己的意见、建议和诉求的机会和途径。由于政府社会资本的投入，一方面使政府在参与秩序制定的过程中能够充分表达人民群众的心声，另一方面又以规则来制约，提升合作效率。

（二）政府社会资本与社会秩序的维护

从政府在社会运行机制中的地位和作用来看，政府社会资本有利于控制社会风险和提高政府管理效率。政府在社会系统运行过程中通过财政政策、货币政策等发挥经济治理职能，通过加强国家法制建设、维护基本政治制度和社会秩序稳定等实现社会治理职能，这些政治

社会职能所要达到的目标是满足社会效用最大化或者价值最大化。政治社会治理职能和经济治理职能的结合让政府有了双重治理目标，既要兼顾效率又要追求社会公平。在追求社会价值最大化的政治治理过程中，单单仅靠政府单一主体无法保证社会秩序有序、高效地运行，需要多方主体的共同合作。在政府社会资本的框架下，企业责无旁贷地需要在社会秩序维稳工作中发挥自己的社会治理作用。政府社会资本不仅仅是投入的生产经营资本，而且蕴含着和谐、信任等要素的“理念性”社会资本，政府社会资本中的合作信任关系培养了企业的治理主体意识、社会责任意识，让政府和其他利益主体遵循着互惠互利的合作形式分别达成各自的目标，和谐的治理主体关系促进了社会政治治理的有效性，展现了政府社会资本对社会秩序的维护和政治治理的优化。

1. 防范社会冲突和风险，规范社会秩序的运行

社会冲突是现代社会运行的风险之一，由于社会冲突和风险产生的原因复杂以及较难提前预测导致防范风险和冲突任务艰巨。贝克曾指出现代社会的风险已经具备了“人”的特性，冲突和风险与人的行为息息相关，人类做出的很多决策和行为都会对社会产生重大影响。另外，虽然制度是用来约束人们的社会行为、发挥规避风险的作用，但这些制度可能会激励冒险者行为，如企业在二级市场的筹资融资等。政府制定的政策和制度安排应该起到完美的“社会人”监督作用。在企业外部，政府的一举一动都可能成为未来的机遇或者风险，产生的后果影响是无法提前预料到的。在企业内部，过分强调追求股东利润最大化的动机会使利益相关者的合法权益受到损害，企业遵守商业道德和社会公德的内部驱动力不足，导致社会冲突和风险出现。倘若外部政府仅以单方面的命令和号召很可能无法让企业形成一种强制性动力，但是辅之以政府社会资本的形式则可以引导双向沟通机制的完善。

为了应对社会冲突，政府社会资本可以让政府和企业之间建立双方对话协商机制，将政府社会资本这一“社会人”的外部监督作用充分发挥出来，实现政府对企业监督体系的创新。采用政府社会资本投资的“加盟”方式，进行政府和企业其他资本投资者之间的集体利益选择，这种作为企业资本投资者的政府和企业之间的关系在二者之间以一种合作化的方式进行协调——从研发投入到技术创新，从材料采购到最终产品的生产，每一个环节政府社会资本所有人都可参与进去，从而降低企业社会风险的发生度。政府社会资本可以帮助在企业组织中形成各职能部门分工负责的纵向垂直领导、横向分工、政府社会资本资助下的组织管理体制，在争取不损害企业以及实现政府自身“利益最大化”的情况下积极降低社会冲突和风险。

将政府社会资本和重大风险防范机制相互连结起来，改进相关重大决策、重大改革的评估机制，在企业内、外部建立一套按照规定程序运行的风险管理和应对系统，根据风险评估结果投入不同政府社会资本，从企业自身的风险应对出发，由点到面，逐步过渡到整个社会领域中，进一步规范社会秩序运行。

2. 运用政府公共权力加强法治，实现社会秩序善治

西方国家的“法治”着重于保障人权的实现，而我国所实行的依法治国方略不仅保证国家权力的正常运行，还发挥着保障国家长治久安的作用。2003 年，国家提出“法治政府”，强调合理运用政府权力，在法律的框架体系下规范政府的行为，做到“权从法出”。随后进一步提出国家、政府、社会和法治的一体化，与“人治社会”相比，“法治社会”是能够同时实现民主、自治和法治的社会运行状态，这种社会运行系统中的主体具有多元化、

广泛性的特征，都要以法律规范作为引导。这种法治不单是强制性的法律治理，更关键的是要以“良法”达到“善治”的状态。所谓善治，其实质在于“善”，重点在“治”，即通过政府和公众的合作来实现依法治国、发展现代化国家治理体系。“善治”方式下的法治政府有利于协调法治社会秩序，从而推动和谐社会的建立。

政府权力是国家政治权力强有力的代表，能够维持社会正常运转，提高人民群众的公众利益，拥有公共权力的法治政府履行的社会服务职能可以在法治社会中更好地发挥作用。另外，从政府的属性和角度来看，政府的目标——向社会提供公众服务，与特定企业所承担的社会责任——满足人民生活健康需求、促进社会公共福利的目标一致。政府向企业投入政府社会资本，是一种重新配置有限资源的方法和手段，可以保证企业提供公共产品和服务的可持续性，在政府、社会、企业、公众之间形成新型良性的关联关系和社会秩序。

善治之“善”是良好的治理结构，善治之“治”是良好的治理手段，政府社会资本框架下社会秩序应以善治为导向，促使多元主体在良性互动中寻求整个社会的好状态、好政府、好治理。政府社会资本作为一种“善治”的合作管理手段实现了“有法可依”下的“良法善治”，为法治下的国家治理体系和治理能力现代化提供了新的视角。

3. 发挥“派驻监督”制度作用，提升社会秩序治理效率

派驻监督机制是中共中央纪律检查委员会深入贯彻实施党中央完善中国特色社会主义制度、推进国家治理体系和治理能力现代化所提出的一项任务举措，党的十九届四中全会和中纪委四次全会强调将派驻监督机制成果转化为提升治理效能的重要手段。派驻监督是依托党内监督的组织体系强化监察信息和监督成效，通过监察的全覆盖和法律威慑力来增加监督的整体效能。不同于普通的外部监督，派驻监督具有“嵌入”的特征，它是一种派驻组织内的“外部监督”，一方面要发挥好全天候、近距离的“驻”的优势，另一方面又要起到“派”的作用，展现权威性，有效开展监察管理活动。政府社会资本进入企业的同时也把政府的公共管理职能引入企业，使成为企业股东的政府充分发挥自己的治理职能，而且政府社会资本是一种长期投入资本，深深“驻扎”于企业之中，与企业经营管理深度融合，增强了企业的软实力。一“派”一“驻”相结合的社会治理模式，让政府社会资本被看作一种治理手段并寄以厚望，也是提升社会治理效率、创新国家治理体系在政企主体之间的一种探索。

4. 改进治理机制，创新社会秩序治理体系

治理是指为了实现共同的目标，由治理主体经营管理事务，联合行动以缓解矛盾、协调利益的各种方式的集合。治理包括国家治理和公司治理。国家治理指的是以国家强制力来管理国家和人民。公司治理分为广义和狭义两种定义，狭义的公司治理是指股东价值观，是为保障投资获取收益采取的各种手段。广义的公司治理是指利益相关者观，是为保障利益相关者的权利和利益做的各种努力。治理是体制、机制和制度三个方面的集合，结合国家治理机构、治理法律、原则、规范等，涉及多个部门的共同行动，是国家与企业的机构设置、层级关系、权责归属相结合的结合体。机制是指事物的内部各组成部分的机理以及相互关系，事物内部各组成部分是至关重要的，这是机制产生和存在的必要条件。如何协调解决各个组成部分之间关系并协调一致是机制的主要任务。机制具有一定的社会性，常见的机制有激励机制、监督机制等。机制的运行形式分为三种类型，行政——计划式运行机制、指导——服务式运行机制、监督——服务式运行机制。公司治理机制是对企业的经营管理模式的治理，主

要包括激励、监督机制。

党的十九届四中全会提出了国家的各种治理机制的健全和完善，包含协同机制、协作机制、协商机制和协力机制。从协作机制来看，要发挥市场在资源配置中的决定性作用和发挥政府的宏观调控的作用，鼓励社会力量共同构建国家治理体系，这需要社会主体的共同参与，以政府为主导，发挥政府、社会、企业的协同治理。

政府社会资本让政府拥有了双重身份，不仅是社会管理者亦是企业的投资者，政府作为政府社会资本的所有者与其他的资本提供者共同经营管理企业，所以政府在企业中享有的政府社会资本的所有权比例就应该由集体选择来确定，并非由政府这一单方面来确定。政府和其他资本的投资者出资比例不同，那么他们享有的权利、承担的责任和分配利益的大小自然也不相同。不同权利、责任和利润在政府和其他资本提供者之间分配也会有不同的激励监督效果。政府社会资本是对治理机制中激励机制和监督机制的改进。之前的政府是独立于企业的组织形式之外的政府，传统治理是自上而下式的治理，具有强制性。政府社会资本让政府不仅以社会管理者的角色对企业进行行政监督，以解决市场失灵的问题，创造公平的竞争环境，而且又能够以股东的角色，具有了参与重大决策的权利和监督权，监督企业的生产经营全过程，提高企业的经营效率。双重身份下让政府拥有了多重监督权，监督形式更加多样化。

推进国家治理体系和治理能力现代化是政府社会资本的实践目标，不仅改进了治理机制，也对治理体系发挥了约束作用。政府社会资本使政府从单纯的监督者转向资源的供给者和企业的监督者，创新了社会秩序治理体系。

5. 融入科技监管手段，拓展社会秩序治理思路

随着新技术革命的兴起，许多政府社会资本都投资在一些科学技术先进、投资规模大的项目，这类项目完成后由公司建设和运营，建成后能够改善周边投资环境，提升城市形象，同时还会提供长期稳定的现金流，不仅为当地居民提供良好的公共服务场所、满足人民群众不断增长的健康及休闲需要，还能增强城市综合实力、竞争力和辐射带动功力，增进经济、社会协调发展，促进服务型政府的职能转变，顺应国家治理的改革方向。

高新技术企业获得大量政府社会资本注入后，需要将政府的公共管理行为与高新技术企业的经营目标紧密相连，在关注企业高质量发展的同时还应该提防新技术尤其是数字技术带来的超越政治权力的社会问题。2018 年的美国大选爆发了 Facebook 操纵用户数据的丑闻，其中的“剑桥分析”将一种新技术介入美国总统的选举过程。Facebook 技术人员通过把用户数据分析和选举行为联系起来，借此对选举进行强有力的干预，极大地改变了总统选举中的辩论机制，重新构建了投票人和候选人之间的关系。高新技术的产生正影响着社会公众的意识形态，放大了政府和社会系统运行的冲突，极易出现社会问题、引发整个社会秩序的混乱。因此，政府社会资本在投资数字化产业链的同时也应积极学习和利用高新技术和方法，借用科技的力量防范社会风险，在入股的政府与科技企业之间建立更加密切的合作关系，监管社会风险、融入科技手段、拓展社会秩序治理思路。

第四章　政府社会资本与创新驱动发展

改革开放40多年以来，中国特色社会主义实践进入了新时代。创新，是新时代我国治国理政核心理念之一，是引领发展的第一理念、第一动力，是建设现代化经济体系的战略支撑。实施创新驱动发展战略，是党中央立足全局、面向未来作出的“双轮驱动”，即“科技创新和体制机制创新两个轮子相互协调、持续发力”的重大决策部署。作为创新驱动发展战略的基本构成与实现资源配置的两大主体，政府与市场的关系重构是新时代推动创新驱动战略不可或缺的组成部分。自党的十八届三中全会到党的十九届三中全会，我国不断强调市场在资源配置中的决定性作用，同时也明确指出要更好地发挥政府作用。习近平总书记在党的十九大报告中指出，“看不见的手”和“看得见的手”都要用好，努力形成市场作用和政府作用有机统一、相互补充、相互协调、相互促进的格局，推动经济社会持续健康发展。如何处理好科技创新和体制机制创新过程中政府与市场的关系，对创新发展战略的顺利实施具有重要的影响。本章将从科技创新、国家级新区管理体制和运营机制、营商环境三个方面阐释政府与市场关系的协同。

第一节　政府社会资本与科技创新

一、科技创新中政府和市场资源配置协同研究的现状与不足

如果我们根据政府与市场在科技创新资源配置中的不同地位和作用，把科技创新资源配置分为“政府主导型”和“市场主导型”两种形式，那么这两种形式又包括“大”“小”两种情况，因此政府配置和市场配置可形成三种不同的组合方式。

第一种组合：大市场，小政府。第二种组合：大政府，小市场。第三种组合：政府与市场协同配合。综观国内外现有的研究成果不难看出，全球范围内对于创新，特别是科技创新普遍给予高度重视，对于政府与市场资源配置方面的研究也极大丰富。但是已有研究仍然存在不足，归纳起来有以下三点：

1. 大多数研究都是在公共管理范畴对政府和市场关系进行讨论，而少有在政府经济发展目标的和社会公共管理职能框架下的研究。在现代社会，无论是市场还是政府都不能进行单边控制，因此政府和市场协同研究应该在经济发展目标和政府社会管理的双重目标下进行研究。

2. 大多数研究关注的是传统政府和市场双方政策性调整以及各自边界的调整，而忽

视了对政府和市场双方权利属性和内涵的创新研究。对市场和政府的研究大多是在探讨政策、制度来规范政府公共权力的行使，而鲜有除公共权力以外的私有权力，即政府社会资本。

3. 大多数对于科技创新中政府和市场资源配置的研究，未能提供政府和市场协同的具体模式。已有的关于科技创新过程中政府和市场资源配置的研究虽然在不同阶段的创新链条上都有探讨，但面对政府失灵和市场失灵尚没有一个完善的政府和市场协同的模式。政府与市场的协同该如何保证“效率”和“公平”的统一，少有研究对此问题给出令人满意的回答。

二、科技创新中政府和市场资源配置协同研究的突破口

科技创新中的科技资源是支撑科技活动的总称，科技资源是一切科技活动的物质基础。科技资源的配置是政府和市场协同的对象，科技资源主要是指科技人力资源、科技物力资源、科技财力资源和科技信息资源。

科技资源的配置方式有政府主导和市场主导：政府主导资源配置具有制定和实现科技发展总目标，从战略高度、全局角度调节科技资源配置，弥补短期科技资源配置短板，注重投资周期长，战略意义大的新兴产业，监管权威高效等优势，具体采用实施科技计划、财政拨款方式实现资源配置，但政府资源配置也存在挤出效应、选择性偏见、低效、寻租行为、政府行为目标与社会公共利益存在差异、不完全信息、经济政策的局限性；同时，政府行为存在外部效应，可能造成资源配置的非效率等劣势。

市场主导资源配置通过价格来传导供求信息，通过价值规律配置科技资源，使可转化为生产力的知识、技术和仪器设备等通过市场行为实现流通、交易和生产。具备核心技术或知识产品的机构和个人，在市场活动中产生了源源不断的创新活力和动力，在市场竞争中找到了各自的定位与职能。在以提高技术创新能力为前提的配置行为中，市场行为发挥了决定性作用，特别是在人力资源的影响因素中更为重要，因此应注重科技人才的培养和知识资源的积累、创造，构建健康的市场经济人才竞争规则与社会环境。但市场资源配置也存在着难以克服的劣势，比如创新活动往往会产生正外部效应（创新的个人收益小于社会受益），科技知识在研发、创新、许可以及产业应用中容易被竞争对手以假名、模仿、抄袭和复制等方式侵权，从而导致科技创新主体的投入得不到回报，或减少主体的投资回报，从而削弱了科技投资和创新的积极性或利益驱动力。由于科技知识自身具有外部性、可复制性、可共消费性、可学习性以及不确定性等属性，科技创新容易扩散到社会上，被社会所共享，或被其他竞争者学习、模仿或抄袭，科技创新者不能完全收获其投资和创新的科技成果价值，市场调控科技创新的利益分配功能失灵，发挥不了市场机制应有的作用。

在科技资源配置的过程中，需要处理好政府和市场在资源配置中的关系。当然，无论是政府配置还是市场配置皆各有利弊。若政府完全取代市场，政府大包大揽，事无巨细，变成无所不能的“万能政府”，造成政府职责错位，政府对社会经济过度干预，无法达到帕累托最优状态，就会陷入“政府失灵”的弊端；若市场完全取代政府，政府完全放手，任由市场经济自身调节，政府只须充当“守夜人”的角色，政府又变成“无为政府”，就会陷入“市场失灵”的弊端，这是另一种极端。据研究，以上两种极端方式在美国和日本科技资源配置中各有实践，虽然在一定阶段起到了积极的作用，但是长远来看，这两种模式最终会影

响科技资源的配置效率。习近平总书记在党的十九大报告中强调：要瞄准世界科技前沿，强化基础研究，实现前瞻性基础研究、引领性原创成果重大突破；加强应用基础研究，拓展实施国家重大科技项目，突出关键共性技术、前沿引领技术、现代工程技术、颠覆性技术创新。因此，对于科技创新中政府和市场资源配置的协同是未来研究的主要方向。

要重新塑造政府与市场的关系，首先就要跳出有关政府和市场孰大孰小的思维定式。从政府公共资源配置属性分类角度看，并非所有政府提供的公共产品都符合均等化原则。政府社会资本是政府为企业实实在在投入的具有个性化的基础设施、企业名号、经营许可及特别政策等，这些投入并非真正的公共产品，更具有资本的属性。只有将政府社会资本从公共产品中剔除后，公共产品才真正具有了社会公众平等分享的特征。因此，我们将政府社会资本与政府提供的纯公共产品区分开来，是重新塑造政府和市场科技资源配置协同的突破口之所在。

三、科技创新中政府和市场资源配置的协同机制

（一）基础研究创新

基础研究是科技创新的源头。科学技术的源头一般来源于高校和其他科研机构，研究对象是科学知识，并将科学知识投入产业链和创新链的上游环节。近几年，基础研究正在进入从量变到质变、从点的突破到全面提升的发展阶段，学科交叉融合趋势日益明显。信息网络、人工智能、生物技术、清洁能源、新材料、先进制造等领域颠覆性技术不断涌现，基础研究的突破将带动相关产业飞跃式发展，同时，基础研究到产业化的周期越来越短，成为技术创新和产业发展的重要源头。据美国科学基金会（NSF）统计，近年来美国企业申请专利的科学基础 73% 来自政府支持的基础研究；过去 25 年，美国经济增长的 50% 归功于以基础研究为动力的研究和开发。

基础研究成果大都具有纯公共产品的性质，是向全社会成员提供的且在消费上具有非竞争性、受益上具有非排他性和非分割性的物品。这些物品具有周期相对较长、风险较大、见效较慢和回报不确定等特点，所以应由政府发挥主导作用。

为保证基础性研究活动顺利进行，政府应以社会管理者的身份，以政府社会公共利益为目标，不断加大公共产品投入，并相应地采取税收方式集中资源来为此融资，实现政府的社会价值。此时，政府更关注其社会价值，政府直接资源配置的功能被降低到最低限度。鉴于基础研究的重要性，政府应制订基础研究规划，统筹谋划国家实验室、大科学装置等重大科技创新载体建设；不断加大基础研究经费投入，设立专项研究基金，逐步提高基础研究在全社会 R&D 经费支出中的占比；广泛引进优秀的基础科学研究人才，并营造良好的科研环境和政策环境。从市场角度看，由于基础性研究的社会收益高于个人收益，若全部由市场价格机制进行配置，则会产生利益至上的不当引导，从而影响基础研究工作人员的积极性，降低基础研究工作的效率，对国家科技创新产生不利影响。虽然由政府主导基础研究创新，但是市场也应发挥其价值规律作用，通过市场机制使高校和其他研究机构的研究成果与市场动态相结合，使研究成果更能适应市场主体的变化，从而提高资源配置的效率。

（二）应用研究创新

应用研究的科技成果侧重于解决科技发展中的技术应用问题。科技成果是在充分基础研究的前提下进行的技术发明与应用创新，具有风险小、见效较快等特征，政府应选择战略性

的重大科技项目重点投入。又由于技术发明不符合公共产品均等化原则，因此不能认定为纯公共产品。除此以外，一些重点研究的项目对于单一企业来说，存在着适用性有限、回报周期太长而不愿投入的现象，因此，这部分重点投入应采取政府社会资本投入并确认政府社会资本所有权的方式，且在不涉及国家安全的重点领域充分调动民间资本的积极性，政府社会资本主要体现为引导性，市场的资源配置则发挥主导作用。

就资源配置的侧重来说，市场调节对一般经济资源配置发挥主导作用，既着眼于提高微观效率，也关系到宏观经济整体发展，而政府引导功能既要抓住重点领域技术发展，也要致力于维持重要资源配置的长期均衡。政府主要是进行引导性投入，对一些战略性、公共性的重大科技项目投入政府社会资本，并确认政府社会所有权，实现政府较高的经济价值。例如，2018 年 8 月国家科技创新“十三五”规划提出，启动“科技创新 2030——重大项目”、量子通信和量子计算机、脑科学与类脑研究、深海空间站、天体一体化信息网络、航空发动机及燃气轮机、国家网络安全空间、深空探测及空间飞行器在轨服务与维护系统、煤炭清洁高效利用、智能电网、大数据、智能制造和机器人、重点新材料研发及应用、“人工智能 2.0”等领域重大科技项目。除此之外，政府可以建设面向全社会、资源共享的创新技术平台，对前瞻性、共性的关键技术进行联合攻关，还可以通过政府补贴，其中包括财税优惠政策、财政拨款、融资担保和贷款贴息、政府采购以及政府兴办公共 R&D 部门，还应建立科技中介机构，如科技评估机构、科技咨询机构等，从而促进交易双方的合作，促进科技成果转化率的提高。

在一些发达国家，市场机制较为成熟，以市场为主导的资源配置应用较为广泛，很大程度上促进了应用研究创新的发展，但在我国现阶段的应用研究创新领域，市场的发展并不健全，也就是说与市场紧密相关的企业要么尚未成为市场的主体，创新动力不足，要么企业实力相对较弱，积累不足导致的创新能力不足。因此，我们要根据自身的特点，在市场应该发挥作用的领域，培育市场的主体，着手引导市场进入。新技术的发明需要大量的投入：一方面市场通过供求规律和价值规律使高校和科研机构的研究方向与企业需要相结合，弥合知识创新和技术创新之间的断层，使孵化出来的新技术具有市场前景，能够被推广应用，实现其产业化发展；另一方面，由于政府对于基础研究投入有限，一些高新技术的发明与应用只能由实力较强的企业担任，比如华为公司在一些世界尖端技术研究领域，需要内部成立科研部门展开技术研究并推广应用。市场将科技人力财力资源引导到经济效益高的科技活动主体，从而促进科技创新活动的良性循环。

总之，政府和市场在基础研究和应用研究领域的投入强度和发挥的作用都是不同的，政府和市场应该根据各个领域的规律，相互协调、优势互补，共同促进科技资源配置效率的提高。

四、科技创新中政府和市场资源配置协同新探索——以深圳市为例

作为中国经济改革前沿和对外开放的“窗口”，深圳有着其他城市无可比拟的创新优势。

深圳经历了发展三个阶段：第一阶段是从经济特区成立到 1992 年邓小平“南方谈话”之前，利用改革开放先行先试的优势，依靠“三来一补”快速实现工业化；第二阶段是从 1992 年“南方谈话”到 2005 年，政府充分发挥“有形之手”引领产业转型发展，本土企业

充分发挥市场的“无形之手”率先在全国乃至全球布局高新技术市场；第三阶段是2006年至今，作为首个国家创新型城市试点城市，以高新技术产业进一步增强国际竞争力，一批高新技术企业成长为国家领军企业或细分市场巨人（如华为、中兴、腾讯、比亚迪等），文化创意产业迅速崛起，科技金融要素市场和产业蓬勃发展、辐射服务全国。

近年来，深圳市不断深化科技资源配置改革。开展财政科技资金投入方式改革，建立无偿与有偿并行、事前与事后相结合的财政科技多元化投入机制，通过银政企合作、科技保险、天使投资引导、股权投资等支持方式，撬动银行、保险、证券、创投等资本市场各种要素资源投向科技创新。实施科技创新券制度，以普惠性政策提高全社会的创新积极性。从科技资源配置方式来看，深圳市政府与市场资源配置组合在不同领域有不同的组合方式：在基础研究创新方面，政府主导科技资源配置；在应用研究创新方面，市场主导资源配置，对于重点项目应用研究则由政府引导。总体来说，在“政府 + 市场”的双重作用下，率先从外资依赖到自主创新转型发展，大力发展民营经济和科技金融的区域性自主创新体系，走出了一条以政府引导、民营经济为主体的自主创新发展之路。

（一）政府主导发力基础研究补短板

由于建市时间较短，深圳缺少由国家投入的大型科研基础设施，高等教育资源也十分稀缺，基础研究和源头创新被视为深圳科技创新的“短板”。近几年，深圳密集出台政策鼓励基础研究，努力补齐基础研究短板，源头创新能力不断增强。

1. 强化基础研究政策规划

几年来，深圳相继制订、出台了全国首部国家创新型城市总体规划，率先发布了促进科技创新的地方性法规，并接连出台自主创新“33条”、创新驱动发展“1 + 10”文件、战略性新兴产业及未来产业发展规划等一系列政策文件，从财政金融支持、人才支撑、创新载体建设、科技服务业发展等方面，全面加大对自主创新的支持力度，形成了覆盖自主创新体系全过程的政策链。

在创新资源的优化配置上，深圳市政府出台了一系列具体政策来强化战略性基础研究的方向。比如，2009年印发的《深圳生物产业振兴发展政策》提出：自2009年起，深圳将在7年内投资35亿元设立生物产业发展专项资金，重点发展生物医疗、生物农业、生物能源等产业领域，将深圳建设成为我国乃至全球重要的生物产业基地；2011年出台的《深圳新材料产业振兴发展规划（2011—2015年）》和《深圳新一代信息技术产业振兴发展政策》提出培育和建设关键新材料研发和基础研究，设立专项资金资助提升信息技术产业核心技术攻关和创新能力；2016年4月，深圳市人大批准了《深圳市国民经济和社会发展第十三个五年规划纲要》，指出深圳要增强源头创新能力，在基础性和战略性科技领域，布局建设一批具有国际先进水平的科技基础设施，形成重大源头创新与前沿突破的强力支撑。加快核心技术创新，瞄准世界科技发展前沿，集中支持事关发展全局的基础研究和共性关键技术研究，实施前沿技术攻关“登峰计划”，推进颠覆性技术创新。

2. 统筹重大科技载体建设

深圳主动争取国地联合的方式组织重大科技计划专项，实施关系全局和长远的重大创新项目，为深圳的科技创新赢得主动性和制高点。2017年，深圳市提出实施“十大行动计划”，其中包括布局十大重大科技基础设施、设立十大基础研究机构、组建十大诺贝尔奖科学家实验室、实施十大重大科技产业专项等聚焦基础研究的重点行动。2018年以来，深圳建成了深圳市格拉布斯研究院、中村修二激光照明实验室、科比尔卡创新药物开发研究院、瓦谢尔计算生物研究院、盖姆石墨烯研究中心等多家诺奖科学家实验室。国家超级计算深圳中心、大亚湾中微子实验室和国家基因库也在持续发挥作用。国家、省、市级重点实验室、工程实验室、工程（技术）研究中心和企业技术中心等创新载体数量达到1688家，覆盖了国民经济社会发展的主要领域。

3. 引进高校和其他研究机构

高校、科研院所是基础研究的主体和重要支撑。在深圳大学、南方科技大学的基础上，深圳创新合作办学模式，新建了香港中文大学（深圳）、中山大学（深圳）、深圳北理莫斯科大学、哈尔滨工业大学深圳研究生院等一批高水平院校，开展基础研究的成员不断增多。2018年以来，深圳市为深圳量子科学与工程研究院、深圳华大生命科学研究院、深圳数字生命研究院三家基础研究机构正式授牌；由北京大学深圳研究生院与清华大学深圳研究生院合建的“省部共建肿瘤化学基因组学国家重点实验室”获得国家科技部批复正式建立。它是全国首家以化学基因组学为核心技术，在肿瘤领域依托高校进行基础药物研发的国家重点实验室；深圳网络空间科学与技术广东省实验室、深圳第三代半导体研究院在同一天成立。2018年将从多个方面发力推进基础科学研究，包括启动大科学装置群建设，推进国家超算深圳中心二期、国家基因库二期等重大科技基础设施建设，高标准建设网络空间科学与技术实验室和健康科学实验室等重大科研平台，新启动2家诺贝尔奖科学家实验室和2家基础研究机构建设，新增国家省市级重点实验室、工程实验室等各类创新载体100家以上，新增国家级高新技术企业2000家以上，新建10家以上新型研发机构。

4. 加大基础研究经费投入

一个地区的创新能力，与研发投入紧密相关，创新能力强的地区，研发投入强度往往较高。2012年，深圳全社会研发投入占GDP的比重为3.81%，2016年升至4.1%，呈逐年攀升之势，投入强度居全球前列（见图4－1）。从各国统计数据来看，2016年全球只有以色列、韩国两个国家超过4.2%。

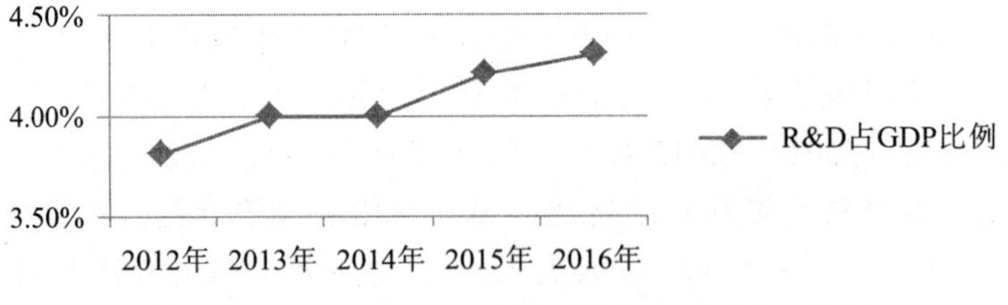

图4－1 2012—2016年市级研发投入占GDP比例

资料来源：2017年深圳市年鉴。

深圳市在基础研究投入方面注重充分发挥财政资金的主导作用，引导社会科技资源投入基础研究。2012年深圳市R&D经费488亿元，2016年则达到843亿元。随着R&D经费的快速增加，深圳用于基础研究资金的投入也逐年增加，从2012年的2.3亿元增加至2016年的24.3亿元，基础研究占同期R&D的经费比例从2012年的0.48%增加到2.89%（见图4－2）。

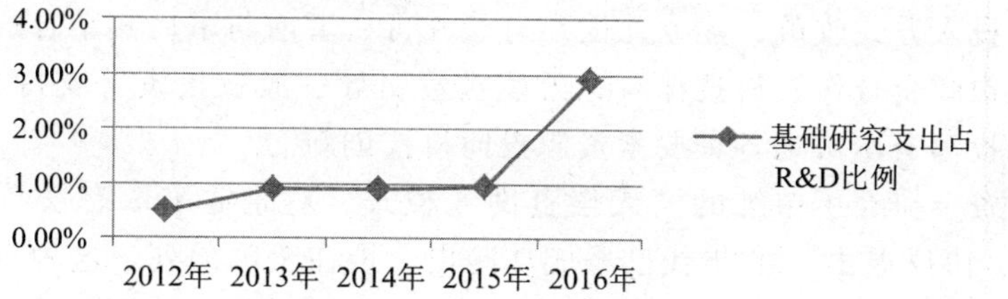

图4-2　2012—2016年市级基础研究支出占R&D比例

资料来源：2017年深圳市年鉴。

在这五年间深圳市的基础研究总额增长了11倍，基础研究支出占R&D的比例翻了5番。虽然与同期国家数据相比还有差距，但是纵向相比进步较大，这有赖于深圳市政府对基础研究资金投入的政策导向，比如，在2015年深圳市开始探索基础研究的重点项目形式，以基础研究布局项目进行经费安排，引导相关研究机构基于学科发展、社会需求开展基础研究。同年，深圳市部署了79个基础研究布局项目，投入经费2.37亿元，占到基础研究项目总投入的60.6%；2016年7月发布的《关于促进科技创新的若干措施》中，除了规定对大学的科研条件平台和基础研究予以相对稳定的科研经费支持外，还明确将对承担国家、省、市级工程实验室、重点实验室、工程（技术）研究中心、公共技术平台、企业技术中心、制造业创新中心等各类创新载体建设任务的，给予最高1000万元或3000万元的支持。

5. 广泛引进基础研究人才

高精尖的创新人才和丰富的高校资源是建设创新型城市的必要条件。深圳多年来一直将吸引人才、培育人才作为提高自主创新能力的重要工作，先后制定了《深圳市人事局加快高科技产业人才建设和引进的若干规定》《关于进一步扶持高科技产业发展的若干规定》和《关于促进人才优先发展的若干措施》等多项政策来吸引海外高端人才。通过设立各种高层次人才奖项、与国内外高校联合办学，大力吸引、培养高端创新型人才。建立虚拟大学园、大学城等高校科研创新机构，以充分利用高校资源的科技力量，对创新人才实施带薪培训和学术休假制度，为创新企业培育所需人才。

深圳接连出台高层次专业人才“1+6”政策、引进海外高层次人才“孔雀计划”等政策，创新科技人才管理模式，不拘一格引进人才，构筑平台培养人才，优化环境使用人才。在政策利好的吸引下，深圳再现“孔雀东南飞”盛况，累计引进国家“千人计划”人才228名、省“珠江人才计划”创新团队44个、市“孔雀计划”创新团队86个、海归人才7万多人。全市“留”字号企业已突破3900家，超亿元产值的有数十家。

（二）“政府+市场”模式协同应用研究创新

1. 政府引导重大项目研究

一方面，2014年深圳市财政委员会印发《深圳市科技研发资金投入方式改革方案》，方案中提到改革的基本原则是优化结构、创新方式，准确把握财政专项资金对科技研发的投入导向，探索有偿资助方式，全面撬动银行、保险、证券、股权基金等资本市场各种要素资源投向科技创新，全力打造适合不同类型、不同发展阶段创新型企业的科技政策“组合拳”，全方位营造综合创新生态体系。2015年，深圳市不断优化财政科技资金投入结构，50%以上投入前沿技术、共性技术和核心技术项目攻关，围绕前沿技术、新兴产业和交叉领域，组织实施重大科技攻关项目290项，集中力量突破技术瓶颈，积极抢占科技制高点；同时，开展财政科技资金投入方式改革，建立无偿与有偿并行、事前与事后相结合的财政科技多元化投入机制，通过银政企合作、科技保险、天使投资引导、股权投资等支持方式，撬动银行、保险、证券、创投等资本市场各种要素资源投向科技创新。

可见，财政资金摒弃了单纯的“无偿资助”模式，对企业采取有偿与无偿相结合的方式，“有偿参股、协议退出”的步伐已经成功跨出，走在全国前列。这种有偿与无偿相结合的政府财政资金投资方式与二元创新体制有相似之处但又不同，深圳市财政资金投入有偿机制与银政企合作、科技保险、天使投资引导、股权投资等方式有关，而二元创新体制形成了政府与企业之间的双重关系：在基础研究创新领域，政府作为公共产品的提供者与每家企业的基础研究创新之间的关系，这部分关系的性质是政府无偿资助，企业义务纳税；而在应用研究创新领域则是政府作为政府社会资本的提供者与企业的应用研究创新之间的关系，这部分关系的性质是政府有偿资助（确认政府社会资本所有权），企业则以项目的盈利回报政府（向作为股东的政府分配利润）。双重政企关系将在实现效率与公平兼顾的同时，从而形成政府的政权（税收）、产权（利润）的双重权力、利益格局。

另一方面，创新成果转化能力继续提高，成为城市创新能力提升的重要动力。从 0 到 1 是源头创新，是具有重大颠覆性质的基础研究、科学发现、技术发明。出现了新研究成果后，面临一个从 1 到 N 的过程，其中 1 到 10 是产业化，10 到 50 是市场化、规模化。三者之间存在逻辑递进关系。一种是注重基础研究、重大科技发明的源头创新，另一种是将技术、专利进行市场化的产业创新。据统计，深圳有 3 万多家科技型企业，国家级高新技术企业累计达 1.12 万家，从中涌现出一大批拥有自主知识产权的创新产品，但市场对这些刚从实验室里走出来的新产品还需要一个接受适应的过程。如果这个市场化过程不通畅，即意味着创新的夭折。换言之，在实现 0—1 的质变后，需要 1—N 的量变，完成市场化检验，才能完整地呈现科技创新的全生命周期，充分释放科技创新的实际效能。在促进科技成果转移转化的过程中，当科研机构完成了从 0 到 1 的科技创新与突破后，需要企业及时将创新技术进行应用，然后将融入了该技术的首台/套创新产品推向市场。这个产业链条在某种程度上既决定了企业的生死存亡，也会影响源头创新的积极性。

深圳市制定的《关于促进科技创新的若干措施》专门在“完善成果转化激励机制”部分，提出创新政府采购机制，逐步推行科技应用示范项目与政府首购相结合的模式，促进创新产品的研发和规模化应用，推行创新产品与服务远期约定政府购买制度。与此同时，深圳还通过举办中国（深圳）创新创业大赛、中国国际高新技术成果交易会、深圳国际 BT 领袖峰会等专业展会，为各类科技成果搭建产业化商贸平台。被称为“中国科技第一展”的高交会已经在深圳举行了 19 届，是深圳科技成果转化平台的重要代表。2017 年高交会吸引了来自 102 个国家和地区的 59.2 万人次观众参观，共有 1704 项新产品和 539 项新技术首次亮相，一大批拥有关键技术、核心技术的前沿创新产品在高交会上找到了伯乐，实现了科研成果“1—N”的高效转化。

2. 市场主导应用研究创新

作为改革开放先行者，在应用研究领域（不涉及国家安全的重点领域），深圳利用较为完善的市场机制促进创新资源的优化配置，驱动自主创新和高新技术的快速发展。

一方面，市场决定创新要素配置，市场决定企业生存发展，因而也就最终决定产业发展方向。市场牵引了产业结构优化升级，新兴产业不断涌现。市场的需求使高校和科研机构的研究方向与企业需要相结合，克服知识创新和技术创新之间的断层，使孵化出来的新技术具有市场前景，能够被推广应用，实现其产业化发展。据统计，深圳战略性新兴产业增加值从2012 年的 3878.22 亿元增至 2016 年 7847.72 亿元，年均增速 15.9%，占 GDP 的比重从29.9% 增至 40.3%。

深圳已成为国内战略性新兴产业规模最大、集聚性最强的城市。对于全球正在兴起的虚拟现实产业，深圳已抢先一步进入标准制胜的轨道。在 2017 年 IEEE 标准协会理事会议上，深圳提交的 5 项国际标准提案获准正式立项，这是该领域首次由中国企业主导国际标准的制定。统计显示，仅 2016 年，深圳企业参与国际标准的制、修订就达 249 项，近年累计近1400 项，每年增长 20% 左右。在超材料、虚拟现实、无人机、人工智能等未来产业领域，深圳企业均在国际标准制定中扮演着重要角色。

另一方面，龙头企业发挥“排头雁”作用。统计表明，从 17 世纪到 20 世纪 70 年代，在被国际权威专家认为改变了人类生活的 160 项重大创新中，80% 以上是由企业完成的。不断强化企业创新的主体作用，使一些行业“巨人”在深圳已然形成蔚为壮观的“雁阵”。人们熟知的“六个 90%”，言简意赅地对深圳创新驱动发展模式进行了归纳——90% 的创新企业是本土企业；90% 的研发机构在企业；90% 的研发人员在企业；90% 的科研经费来源于企业；申请的专利 90% 来自企业；90% 以上的重大科研项目、发明专利来源于龙头企业。深圳已形成梯次创新企业链，科技型企业超过 3 万家，国家级高新技术企业 8037 家，5 年增加近 6000 家，成为中国企业参与国际竞争的先锋。一批具有国际竞争力的创新型龙头企业迅速崛起，华为、中兴分别成为全球最大和第四大通信设备制造商；腾讯成为全球最大的互联网公司之一；比亚迪成为全球最大的新能源汽车企业；研祥智能是全球第三大特种计算机研发制造商。同时，高成长性的创新型中小企业不断涌现，大疆占全球消费级无人机市场80% 的份额，产值 8 年增长 1 万倍；优必选产值 2017 年增长 6 倍；超多维成长为国内最大的裸眼 3D 技术提供商；等等。

（三）对深圳模式的思考

近年来，深圳市政府在科技创新中作了许多积极有益的探索，特别是在 2015 年建立无偿与有偿并行、事前与事后相结合的财政科技多元化投入机制；实施科技创新券制度，以普惠性政策提高全社会的创新积极性。政府为追求效率，通过银政企合作、科技保险、天使投资引导、股权投资等支持建立有偿机制；同时，又通过向企业发放科技创新券的方式兼顾公平。以上措施虽然在一定程度上推动了深圳市科技资源配置的改革，政府在追求财政投入效率的同时兼顾了公平，但仍然没有真正实现效率和公平的统一。一方面，政府作为政府社会资本投资者可以直接与企业建立所有权关系，并取得股权和分红，实现政府的经济利益即“有偿”，不需要绕过企业并与除企业以外的第三方建立新的合作关系，这种做法本身就是非效率的。另一方面，虽然政府通过发放科技创新券的普惠方式来拉动中小企业发展的初衷是美好的，但政府的财政投入有限，又由于中小企业基数庞大，这种政府买单方式可能会“石沉大海”，严重影响财政资金使用效率。政府应“把好钢用在刀刃上”，合理利用有限的资金对重点项目采取政府社会资本投入并确认政府社会资本所有权，且在不涉及国家安全的重点领域充分调动民间资本的积极性。

五、政府公共产品与政府社会资本协同的二元创新体制

从政府公共资源配置属性分类来看，在基础研究创新领域中政府起主导作用：政府以社会管理者的身份通过不断加大公共物品投入，实现其社会价值；在应用研究创新领域由市场主导，政府引导：政府以政府社会资本投资者身份通过对重点领域项目投入政府社会资本来引导资源配置，实现政府的经济价值。政府与社会组织进行一系列活动时，政府属于强势地位，使得众多组织在享受这一资源时分布不均，从而引发社会不公，并由此降低政府的社会价值。由于信息的不对称性，使远离政府社会资本的组织难以获得，使不同的拥有者获利不同，长此以往不利于政府和市场建立持久、稳定的和谐关系。当政府社会资本的不均衡性超出一定限度、利益结构的非对称性超过社会结构本身时，就会产生政府社会资本投资的负面影响。

可见，政府的经济目标和政治目标存在着一定的冲突和矛盾，需要做出权衡。那么如何兼顾政府的经济目标和政治目标，来实现政府资源配置效率和公平的统一呢？我们可以建立一种“政府公共产品和政府社会资本协同的二元创新体制”，这种体制将在转变政府职能的同时，形成政府与作为国家重要创新主体的企业之间的双重关系，即在基础研究创新领域，政府作为公共产品的提供者与每家企业的基础研究创新之间的关系，这部分关系的性质是政府无偿资助，企业义务纳税；而在应用研究创新领域则是政府作为政府社会资本的提供者与企业的应用研究创新之间的关系，这部分关系的性质是政府有偿资助（确认政府社会资本所有权），企业则以项目的盈利回报政府（向作为股东的政府分配利润）。双重政企关系将在实现效率与公平兼顾的同时，形成政府的政权（税收）、产权（利润）的双重权力、利益格局。“政府公共产品和政府社会资本协同的二元创新体制”如图 4－3 所示。

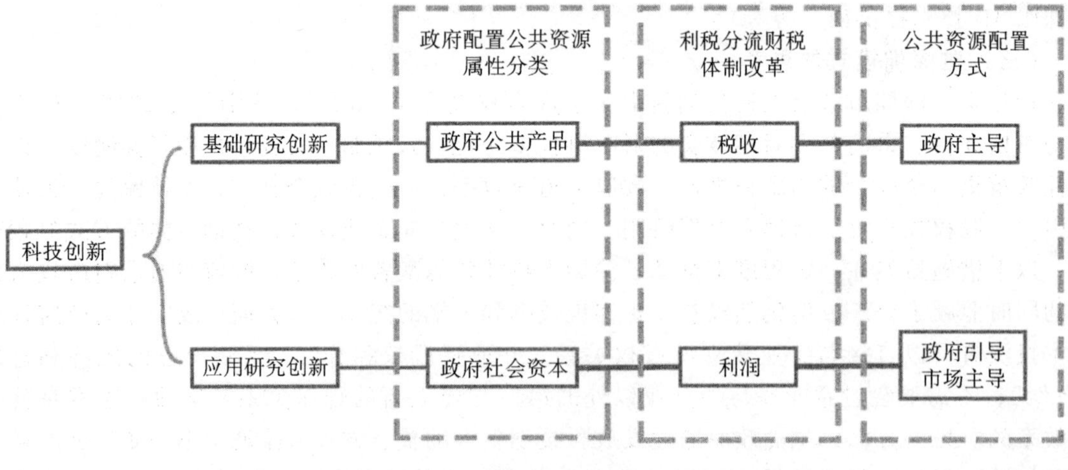

图 4－3 政府公共产品和政府社会资本协同的二元创新体制

第二节　政府社会资本与国家级新区管理体制和运营机制改革

一、国家级新区管理体制和运营机制改革的意义

国家级新区是由国务院批复设立的以相关行政区、特殊功能区为主要内容的综合功能区，是国家区域协调发展总体战略的重要组成部分。作为继深圳等经济特区之后中国区域经济发展又一块重要的“改革试验田”，国家级新区被赋予“先行先试”的特殊权限，并相应给予一系列的优惠政策支持。其不仅肩负着培育新的经济增长极、辐射带动周边地区经济发展的重任，还对进一步深化改革和扩大开放探索新路径、积累新经验、提供新模式具有重要意义。

管理体制和运营机制直接影响到管理的效率和效能，决定着区域发展方向和发展效益，对于国家级新区的发展有着重要的影响。2015 年国家发展改革委印发的《关于促进国家级新区健康发展的指导意见》和 2019 年国务院办公厅印发的《关于支持国家级新区深化改革创新加快推动高质量发展的指导意见》均明确指出，应优化管理体制和运营机制，科学确定管理权责，持续增创体制机制新优势。党的十九届四中全会《关于坚持和完善中国特色社会主义制度，推进国家治理体系和治理能力现代化若干重大问题的决定》提出的总体要求和各项目标任务，更为国家级新区管理体制和运行机制的创新和改革指明了方向。

二、国家级新区管理体制和运营机制改革的现状与问题

国家级新区担任着先行先试的任务，在管理体制的设计上有较大的自主权，目前在现有的 19 个国家级新区中，共有 14 个新区采用了管委会的管理体制。“管委会 + 公司”运营管理模式作为新区的一种典型运营载体，是一种能够获取高绩效的“经营策略”。自 20 世纪 90 年代以来，国家级新区建设发展取得了显著成效，国家级新区以“管委会 + 公司”为代表的独特政府管理体制和运营机制发挥了重要的作用。但是，随着国家级新区的发展与演进，“政府—企业”权力的混同以及控制权力机制的缺失也导致了权力滥用的高风险，这一管理体制与新区经济社会发展的需求变迁不相适应的问题逐渐显现出来，突出的表现在：(1) 政府公共产品和政府社会资本的混淆导致的政府和市场关系创新不足。不论是“双轮驱动”中的制度创新，还是国家级新区的改革发展，都需要突破共同的管理制度瓶颈。在制度创新端，如何才能抓住“牛鼻子”，牵一发而动全身，对于冲破旧制度的藩篱、探索新模式，激发新时期发展的动力和活力具有重要的意义，对于理顺政府和市场的关系更具有十分重要的指导意义。(2)“清”而不“亲”、“亲”而不“清”的政企关系。通过体制机制创新，如何让“有为政府”发挥作用的同时加速政府行政体制改革和政府职能转变，有效遏制权力暗箱操作、政企利益输送等腐败现象。如何以科学合理的制度消除权力设租和寻租空间，打破政企之间结成的不正当的利益共同体。如何构建新型的“亲”“清”政企关系，让权力始终在阳光下运行，对于促进国家级新区健康、高质量发展具有十分重大的意义。(3) 财税管理体制不可持续，“公平”与“效率”不能兼顾。如何深化新区税收制度改革，实现税负公平、调节有度的税收制度体系以及如何在实现税收“公平”的前提下兼顾“效

率”，这就需要从根本上改变现行财税收入结构，只有实现利税分流才能建立科学的、可持续的国家级新区公共财政管理体制，让国家级新区继续成为体制改革的“示范窗口”。

三、国家级新区管理体制和运营机制改革的目标、任务与思路

纵观国家级新区的发展历程，前30年国家级新区已经基本完成重大布局，但仍存在国家级新区建设中部分管理体制机制落后的现象，比如，出现了不同程度的形式主义、效率降低等问题，新区发展的市场化新机制还尚未形成。自2020年开始，国家级新区将迎来新的30年，未来国家级新区的主要任务是释放潜能、激发动能、实现引领。在高质量发展的背景下，国家级新区新一轮发展改革需要充分释放体制机制活力，形成新型市场化管理组织架构，真正实现动力变革、效率变革、质量变革。因此，从国家级新区的管理体制的普遍问题出发，积极探索国家级新区新型“管委会＋公司”运营管理模式，以政府职能和政企关系为突破口，各个击破国家级新区管理面临的三大难题，提出建立一套基于政府公共管理权和政府社会资本所有权的政企关系理论和政府社会资本配置结构和资本配置效率的评价指标，在实现政权和产权协同、建立“清”“亲”的政企关系的同时，为继续深化国家级新区管理体制改革、进一步推动高质量发展提供质量保障和制度支撑。

国家级新区管理体制和运营机制改革的总体目标为：创新国家级新区管理体制，探索“管委会＋公司”运营管理新模式，创新政府社会资本配置评价体系，为深化国家级新区管理体制改革、推动高质量发展提供质量保障和制度支撑。

国家级新区管理体制和运营机制改革的基本任务和思路如下：

1. 解决政府公共产品和政府社会资本混淆导致的政府和市场关系创新不足的问题

旧术无法治顽疾，破解方法唯有创新。从国家治理层面来看，政府和市场作为两种不同的资源配置方式，政府与市场的作用及其相互关系是不同学派分歧的焦点。不论是从政企关系的根源来看，还是不同学派理论分歧的焦点来看，政府公共资源的配置都是关键所在，因此也是探索国家级新区管理体制和运营机制改革创新的逻辑起点和拟解决的关键问题。不论是“双轮驱动”中的制度创新，还是国家级新区的改革发展，都需要突破共同的管理制度的瓶颈。在制度创新端，如何才能抓住“牛鼻子”，牵一发而动全身，集政治与经济、宏观与微观的改革于一体，非政企关系改革莫属。

因此，从政府公共资源配置属性分类为切入点创建新型政企关系理论并付诸于实践，澄清长期以来政府公共资源配置等同于公共产品的概念混淆和理论误区，将政府公共资源配置按其配置属性区分为政府公共产品和政府社会资本，并以此为基础构建政府社会公共管理权和政府社会资本所有权与企业之间的双重政企关系，对于冲破旧制度的藩篱、探索新模式、激发新时期发展的动力和活力具有重要的意义。

2. 改革“清”而不“亲”、“亲”而不“清”的政企关系

习近平在党的十九大报告中指出要构建“亲”“清”的政企关系。一来“清”而不“亲”的政企关系不是“有为政府”所提倡的，是我们需要摒弃的；二来“亲”而不“清”的政企关系也是我们不希望看到的。要通过管理制度创新，加速政府行政体制改革和政府职能转变，有效遏制权力暗箱操作、政商利益输送等腐败现象。以科学合理的制度消除权力设租和寻租空间，打破政商之间结成的不正当的利益共同体。

构建新型的“亲”“清”政企关系关键在于要从政府公共资源配置属性分类出发，深刻

认识管委会作为政府的委派机构，应从社会公共管理职能出发，将政府公共资源配置中属于政府公共产品的部分按“公共服务均等化”原则由公共财政预算进行配置，而这部分公共资源配置所形成的政府与企业的关系体现的是政府作为社会公共管理者与企业之间的行政管理关系，政府在每一家企业中的利益（体现为税收征缴）具有强制性、均衡性的特征。在此基础上，进一步讨论政府作为公共管理部门与企业的关系。构建政府官员和企业家互动监督机制，使权力始终在阳光下运行。

至于政府在每一家企业成立时所投入的其他私人资本提供者难以取代的政府社会资本，应该与其他资本提供者一样，赋予政府对其所投入的政府社会资本相应的所有权，从而每家企业都是政府提供的政府社会资本和其他资本提供者提供的其他形态资本混合的产物。从这个意义上来说，混合所有制成为所有企业的普遍形式，真正成为中国特色社会主义基本经济制度的微观基础。

3. 解决财税管理体制不可持续、“公平”与“效率”不能兼顾的问题

如前所述，在当前的财税管理体制下，政府社会资本投资的收益与政府公共产品供给的回报相同，均只能通过税收方式得以实现。在征收税种与税率上，接受政府社会资本投资的市场主体与未接受政府社会资本投资的市场主体并无差异，市场主体须按照税法规定无条件地缴纳税收，这不仅破坏了税收公平原则，而且政府为企业无偿提供的政府社会资本（包括有形和无形的）亦没有实现政府的投资“效率”，是不可持续的。鉴于此，应将政府公共资源配置中属于政府社会资本的部分按“效率优先”的原则由国有资本预算进行配置，这部分公共资源配置所形成的政府与企业的关系体现的是政府作为政府社会资本所有者与被投资企业之间的产权关系，遵循市场的一般价值规律，即“多投多得、少投少得”的原则。在此基础上，政府应进行利税分流的财税管理体制改革。通过利税分流管理，政府公共产品的投入的收益关系仍然由税收体系予以规范，而政府社会资本投资与市场主体的利益关系则通过剩余利润分享的方式予以规范。在资本运营管理体制下，只有确认了股权关系，政府在投资时才会更加关注其资本配置和投资效率，为高质量、可持续的国家级新区运营提供质量保障和制度支撑，也为我国财税体制改革的推进提供经验借鉴。

四、国家级新区管理体制和运营机制模式设计——以新、旧动能转换开发区为例

党的十九大报告指出，我国经济已由高速增长阶段转向高质量发展阶段，正处在转变发展方式、优化经济结构、转换增长动力的攻关期，建设现代化经济体系是跨越关口的迫切要求和我国发展的战略目标。当前，中国经济作为世界经济的重要组成部分，应积极应对新一轮工业革命背景下知识化、信息化、经济全球化的新挑战和新机遇，实现新、旧动能转换，推动经济实现高质量发展。从经济发展的实际来看，实现新、旧动能转换是中国经济社会发展动力转换的内生要求，具有重要意义。

（一）现行“管委会＋公司”模式的弊端

“管委会＋公司”是新、旧动能转换开发区特有的运营管理模式，是开发区政府经营行为的一种典型的组织化载体。在这种组织架构下，公司的主要领导和成员经常与管委会交叉任职，形成了“两块牌子、一套班子”。其中，管委会是开发区政府的派出机构，代表地方政府行使公共权力；公司则由开发区政府成立，受管委会直接领导，主要承担融资平台的功能。“管委会＋公司”运营模式使开发区政府将土地、金融、财政有效融合起来，形成解决

公共服务供给、城市基础设施建设以及土地资本化运作的“一揽子”方案。从全国范围来看，“管委会＋公司”运营模式集政府与公司双重身份于一身的组织架构在破解资源动员和整体协调等难题上展现了独特的优势，但正是由于其身份的双重性，控权困境等弊端也初现端倪。

一方面，投资公司职能性质界定不清，出现考核监管困难问题。投资公司应具体负责开发区建设与管理、投融资、招商引资、产业培育以及科技创新、闲置土地清理回收等工作。但公司部分职能性质界定并不清，有些职能属于公共性服务，比如，开发区社会发展公益项目；有些具有准公共服务的性质，比如，开发园区特色景区观光项目的开展；有些则属于经营性产品，比如，商品房小区的开发等；此外，还包括对属于管委会掌握的公共资源的市场化运作。不同性质的职能定位集成于一身，每种职能对公司的行为要求都不尽相同，客观上造成了对公司职能予以监督考核的困难。目前，在我国相关法律规定没有对“公行为”与“私行为”进行明确界定的情况下，由于难以界定投资公司这类组织中的行为究竟属于“公共行为”还是“私人行为”，纪检监察部门对监察手段的应用经常会受到影响，很多在政府体制下行之有效的手段和办法，放到对投资公司这类组织的监管上往往难以奏效。另一方面，管委会的权力过于集中。政府基于其强大的“政治身份”具有非常规动员与协调能力，在对内、外部资源的汲取与整合过程中形成一种“破坏性的整合权力”，在解决非常规问题时具有特别的效率。但是在投资公司内部，由于政治机制与行政机制的混合，且政治机制发挥主导作用，比如，投资公司表面上通过市场机制实现对土地的经营，但这种“市场机制”并没有在资源配置中起基础作用，只是充当了让土地向资本变现的通道，政治权利仍然是决定土地供应数量与土地价格水平的决定因素，无形中增加了权力寻租的风险。反过来，在公司面对来自政府体制内的制约与监督时，公司身份又成为“管委会＋公司”架构类组织规避监管的“挡箭牌”。这种模式使管委会权力过于集中、权力寻租与滥用、规避监督问题难以避免。

（二）“管委会＋公司”新模式的构建

我们从政府配置公共资源属性分类出发，将政府配置的公共资源区分为政府公共物品和政府社会资本。从源头上厘清开发区管委会和投资公司各自的职能界限，让管委会和投资公司的职能各归于位、各司其职，充分发挥它们各自的优势并扬长避短，建立“亲”“清”的新型政商关系。管委会的基本职能是政治职能，通过提供公共产品，将精力放在行政审批、城市管理等监督管理事务上，不断增进社会福利，维护开发区社会稳定和秩序，保障开发区的社会公平。管委会凭借其社会公共管理权与公司建立行政关系，确立管委会的社会公共管理权意味着管委会是一个超然主体，每一家公司都应纳入其管理的范畴。将政府公共资源配置中属于政府公共物品的部分按“公共服务均等化”原则由公共财政预算进行主导配置，这部分公共资源配置所形成的政府与企业的关系体现的是管委会作为社会管理者与公司之间的行政管理关系，政府在每一家企业中的利益（体现为税收征缴）具有强制性、均衡性的特征。

将政府公共资源配置中属于政府社会资本的部分按“效率优先”的原则由国有资本预算进行配置，这部分公共资源配置所形成的政府与企业的关系体现的是管委会作为政府社会资本所有者与被投资企业之间的产权关系，遵循市场的一般价值规律，即“多投多得、少投少得”的原则，这意味着投资公司和企业其他投资者形成了利益共同体，共享盈余，共担风险。管委会以投资公司为媒介对外投资，引导社会资本进入，并与被投资企业建立产权纽带，便可以通过高效率的产权投资获得源源不断的利润收入。这样一来，投资公司成为被投资公司的股东，拥有对被投资公司经营情况的知情权，也就可以实现对被投资公司的监督，提高政府投资的效率，获得更多的利润回报，从而创建“管委会+公司”运营新模式。

现行“管委会+公司”运营模式下，平台公司并未与其他被投资公司建立起股权的纽带，政府通过平台公司几乎无偿为企业注入资金、提供免费的资源和良好的营商环境，甚至是提供税收返还等优惠政策，表面上看这似乎是政府为了吸引企业入驻而理所应当提供的免费资源，殊不知从根源上便建立了并不平等的政企关系。

通过政府社会资本在“管委会+公司”管理运营过程中的功能分析，在国家级新区实行新型资本运营管理体制，确认管委会作为政府社会资本投资者身份应与其他资本投资者共享被投资企业所有权，同时平台公司与被投资公司之间建立股权关系，这意味着平台公司和企业其他投资者形成了利益共同体，共享盈余，共担风险。

（三）“管委会+公司”新模式的配套制度设计

基于政府社会资本所有权的政企关系使管委会与被投资企业融为一体，赋予政企关系“亲”的特征；而基于政府社会公共管理权的政企关系则使管委会与区内企业之间泾渭分明，赋予政企关系“清”的特征。两类政企关系不仅会影响其各自的目标实现，而且也会彼此产生影响。建立“亲”“清”的政企关系，需要建立基于政府社会资本所有权的政企关系与基于政府社会公共管理权的政企关系的协调机制，两种政企关系双管齐下、同频共振、同向发力，实现政企相互信任、相互促进、互帮互助、合作共赢。

在现行“管委会+公司”运营管理模式中，管委会与被投资企业的地位并不对等，新区管委会为了吸引企业入驻往往按照“核定基数、超收分成、激励发展”的财税管理原则，采取超额税收返还的激励机制，变相减少了原本并不宽裕的新区地方政府的财政收入，税收收入折损现象普遍发生。平台公司与企业之间没有股权纽带造成现行财税体制下的不可持续性。

在新型“管委会+公司”运营管理模式下，对政府配置公共资源按其属性进行分类后，就实现了政府公共产品和政府社会资本供给的分类管理，对政府社会资本管理体制进行改革便成为内在诉求。通过利税分流管理，政府公共产品的投入的收益关系仍然由税收体系予以规范，而政府社会资本投资与市场主体的利益关系则通过剩余利润分享的方式予以规范。管委会与被投资企业仍然通过税收维持财政收入；平台公司与被投资企业之间通过股权建立联系，形成利润纽带，获得利润来源，将源源不断的“活水”引入国有资本预算体系，为国有资本再投资添动力。这样一来，管委会与平台公司均可获得相应的利税收入，进而构建利税分流、可持续的财政管理体制。因此，只有对我国现行单一的财税管理体制进行变革，才能处理好两类政企关系，为新型“管委会+公司”运营管理模式下政府社会公共管理权的政企关系与政府社会资本所有权的政企关系的协调机制提供制度支撑。

除此以外，还应包括投资平台在被投资企业中的黄金股制度设计、企业注册登记制度和管理办法改革设计、政府许可负面清单修订、政府公共财政预算与国有资本预算体系改革设计以及政府社会管理绩效与政府经济发展绩效综合评价体系的完善等方面的管理制度研究。

国家级新区“管委会+公司”的新型运营模式如图4-4所示。

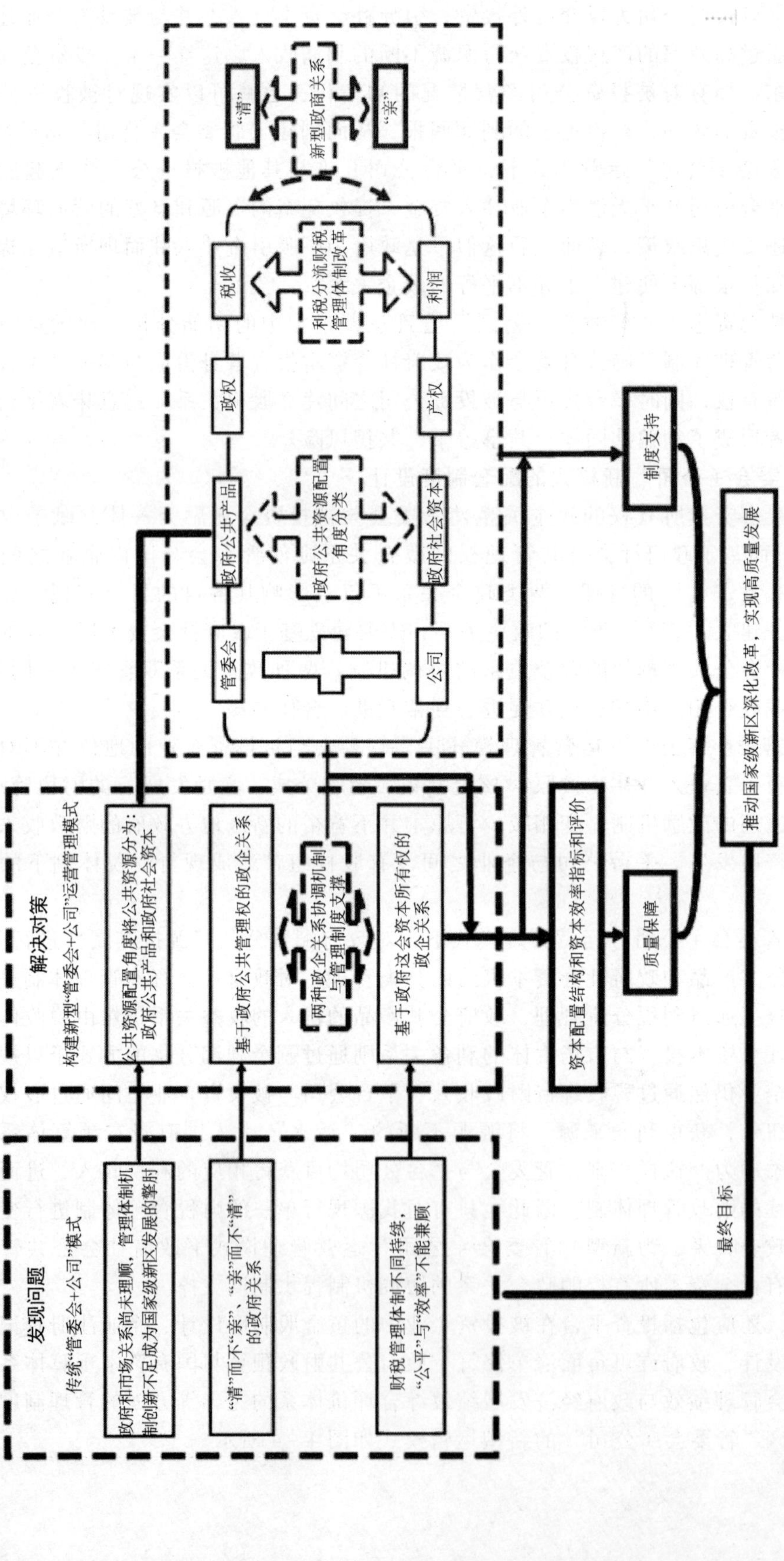

图 4－4　国家级新区"管委会＋公司"的新型运营模式

第三节　政府社会资本与中国特色营商环境评价

一、营商环境是治理体系和治理能力现代化的综合反映

何为营商环境？世界银行认为，营商环境是企业活动从开办到结束的各环节中所面临的外部环境状况（World Bank，2019），具体指一个经济体内的企业在开办企业、金融信贷、保护投资者、纳税等覆盖企业整个生命周期的重要领域内需要花费的时间和成本等的总和。宋林霖和何成祥（2018）指出，营商环境涉及政治、经济、法治、社会、生态等一般环境与政企关系、劳动力市场、金融机构等具体环境。娄成武和张国勇（2018）将营商环境定义为一个区域的市场主体所面临的政务环境、市场环境、社会环境、基础设施环境等要素构成的综合发展环境，是政府与市场、社会共同提供的一种具有制度特征的特殊公共产品。黄新华和曾昭腾（2020）指出，营商环境既包括地理区位、资源禀赋、基础设施等有形的硬环境，也涵盖政务服务、制度规则、人文法律等无形的软环境。营商环境是政府与市场的共同交集领域，二者的"握手"是优化营商环境、促进经济体良性运行的关键所在。《优化营商环境条例》中提到，营商环境是指企业等市场主体在市场经济活动中所涉及的体制机制性因素和条件。优化营商环境应当坚持市场化、法治化、国际化原则，以市场主体需求为导向，以深刻转变政府职能为核心，创新体制机制、强化协同联动、完善法治保障，对标国际先进水平，为各类市场主体投资兴业营造稳定、公平、透明、可预期的良好环境。

营商环境是一个国家和地区的重要软实力，是经济体系和经济活力的"风向标"，也是国家核心竞争力之一。党的十九届四中全会为推进国家治理体系和治理能力现代化作出了新的重要部署，而营商环境是治理体系和治理能力现代化的综合反映。

党的十八大以来，商事制度改革、简政放权等都释放了市场主体的发展红利。2013 年，党的十八届三中全会首次提出"建设法治化营商环境"，以推进全面深化改革。2017 年，李克强总理在全国深化"放管服"改革电视电话会议提出"营商环境就是生产力"的重要论断，强调必须营造更有吸引力的国际化、法治化、便利化营商环境，降低制度性成本，培育提升我国国际竞争新优势。2018 年 11 月，习近平总书记在首届中国国际进口博览会上提出"营商环境只有更好，没有最好"。2019 年 10 月，国家发展改革委将北京、上海作为标杆城市，要求全国努力改善营商环境、激发市场的经济活力。同月 23 日，国务院总理李克强签署国务院令，公布《优化营商环境条例》，该条例自 2020 年 1 月 1 日起施行。

世界银行《2020 年营商环境报告》显示，2019 年度中国营商环境总体评价为 77.9 分，较 2018 年上升 4.26 分，排名由 2018 年的全球第 46 位上升至 2019 年的第 31 位，是东亚及太平洋地区唯一一个进入 2019 年世界银行营商环境报告"10 大最佳改革者"名单的经济体。

二、国内外营商环境评价体系的回顾与评述

良好的营商环境，是建设现代化经济体系、促进高质量发展的重要基础。科学合理的评价体系攸关营商环境的持续优化（张三保等，2020），国内外对营商环境评价体系的探索未

曾间断。

（一）国外营商环境评价体系回顾

1979年世界经济论坛发布的《全球竞争力报告》，是最早构建的面向全球经济体的营商环境评估体系。主要从制度、基础设施、宏观经济环境、健康保障与基础教育、高等教育与职业培训、商品市场效率、劳动力市场效率、金融市场成熟度、技术就绪指数、市场规模、商业成熟度及创新能力等方面进行评价。

经济学人集团旗下的经济学人智库（EIU）每五年发布一次《营商环境排名》，综合过往表现与未来五年的预判，通过政治环境、宏观经济环境、市场机会、政府对自由市场及外国投资的政策、外贸和外汇管制、税收、融资、劳动力市场和基础设施等10个方面，共91个二级指标，对82个国家的营商环境进行排名。

2001年，世界银行成立Doing Business小组，构建营商环境指标体系，从2003年至今，世界银行连续发布年度《全球营商环境报告》。该评价指标体系从最初的5项一级指标、20项二级指标完善到现在的11项一级指标（实际适用10项指标，其中劳动力市场监管指标未引入评价系统）、43项二级指标（实际适用41项指标，其中就业监管灵活性指标和工作质量控制方面的灵活性指标未引入评价系统），从开办企业、获得施工许可、获得电力、登记财产、获得信贷、投资者保护、税收、跨境贸易、合同执行和办理破产等角度衡量一个国家或地区营商环境的优劣。该评价体系通过简单平均法对上述指标进行赋权，使用标准化案例收集一国最大商业城市（对于人口超过1亿的经济体的覆盖面扩展至第二大商业城市）的指标数据，采用“前沿距离法”对所收集数据进行标准化，从而计算各国营商环境便利度得分并进行排名。

2002年，Korner在对中、欧营商环境的测量中，提出以清廉指数、综合治理指数、捕捉指数、透明度指数和公司治理风险指数为框架，对经济体营商环境进行测量。Mehmet Civelek等在构建中小企业营商环境质量测量模型中，提出相比其他测量主体过于关注构成营商环境的主要要素，他们更加侧重分析要素之间的联系以及要素对营商环境的影响，认为国家、社会、金融市场和银行、商业风险决定营商环境的质量。除此之外，全球创业观察（GEM）和经合组织（OECD）分别发起的创业环境评估报告也为投资者评估各经济体营商环境提供了一定程度的参考。

国外的诸多评价体系中，世界银行的营商环境评价体系影响最广，已覆盖世界190个经济体。但是，除了国情差异导致的适应性差之外，该评价体系同时存在其他局限性。例如，过分强调政府监管对企业产生的负面效应，而事实上，监管可以在很大程度上减少企业的交易成本（Arrunada，2010）；过于侧重政府审批环节的数量与时间，且未涵盖市场规模、基础设施等因素（张三保等，2020）；数据来源主要是有限公司，而并不考察其他经济实体；部分指标对社会经济效益影响不显著或存在消极影响（Gillanders，2012）。最重要的是，其价值取向深受西方新自由主义的影响，忽略政府对商业监管的积极作用，未充分考虑不同经济体之间的现实差异等（娄成武、张国勇，2018）。有鉴于此，李克强总理在2018年年底的国务院常务会议上决定，按照“国际可比、对标世行、中国特色”原则，开展中国营商环境评价。

（二）国内营商环境评价体系回顾

在我国，营商环境起源于市场化指数研究（樊纲等，2001）和投资环境研究（盛从峰等，2003；邓宏兵等，2007），市场化指数涵盖了政府与市场的关系、非国有经济的发展、产品市场的发育程度、要素市场的发育程度、市场中介组织发育和法律制度环境5个方面（王小鲁等，2018），对1997—2016年我国30个省份的企业经营环境进行比较。盛从峰等（2003）从市场状况、综合成本、支持能力和投资风险4个方面建立地区投资环境竞争力评价理论指标体系，对我国各省市区投资环境竞争力进行评价；邓宏兵等（2007）以城市区位条件、基础设施条件、经济环境和社会环境4个方面为一级指标，构建中国省域投资环境竞争力评价指标体系，对全国31个省份的投资环境进行动态分析与评价。

自2016年起，中国贸促会开始建立独具特色的中国营商环境评价指标体系，目前已建立起由基础设施环境、生活服务环境、政策政务环境、社会信用环境、公平竞争环境、知识产权保护环境、科技创新环境、人力资源环境、金融服务环境、财税服务环境、口岸服务环境以及企业设立和退出环境12个一级指标及51个二级指标组成的一套较完整的营商环境评价指标体系。

国民经济研究所主持完成的《中国分省企业经营环境指数2017年报告》，基于问卷调查形式，对我国各省、自治区、直辖市的企业经营环境进行研究；《中国城市企业经营环境评估报告——方法与数据》利用统计数据对中国4个直辖市、26省会城市（不含拉萨市）以及5个计划单列市进行研究。2017年，粤港澳大湾区研究院发布了第一份中国城市营商环境报告，选取中国北京、上海、广州、重庆等35座城市进行营商环境指数排名。粤港澳大湾区研究院给出的营商环境评价指标主要分为软环境、生态环境、商务成本、城市基础设施、城市社会服务、市场环境5大类。其中，中国城市营商环境指数总排名第一的是广州，由于各座城市的资源、人才、环境等的差异，5类指标指数排名第一的城市也不尽相同。中国战略文化促进会、中国经济传媒协会、万博新经济研究院和第一财经研究院将硬环境指数和软环境指数作为营商环境指数评价体系的一级指标。其中，硬环境指数（权重为40%）具体包括自然环境和基础设施环境2个二级指标、11个三级指标；软环境指数（权重为60%）具体包括技术创新环境、人才环境、金融环境、文化环境和生活环境等5个二级指标、24个三级指标，对我国经济总量排名前100城市的营商环境进行调查分析，并发布《2019中国城市营商环境指数评价报告》。

李志军等（2019）综合政府效率、人力资源、金融服务、公共服务、市场环境、创新环境6个指标，对4个直辖市、5个计划单列市、27个省会城市以及其他254个地级市的营商环境进行了评价和分析。政商关系是营商环境的主要内容，聂辉华等（2019）从政商“亲近”与“清白”两个维度进行体系设计与指标细化，对中国285个城市的政商关系进行评估与比较。

张三保等（2020）将“十三五”规划纲要关于营商环境建设的4个方面——市场环境、政务环境、法律政策环境、人文环境，确定为中国省份营商环境评价指标体系的一级指标，下设12个二级指标和24项评估内容，构建中国省份营商环境评价指标体系。

由此可见，近20年，结合国情，我国开展了分层级的营商环境评价体系的有益实践，构建起多套省份及城市营商环境评价体系，随着营商环境的加快建设，多家机构开始发布指数报告。然而，纵观目前的评价体系，虽然综合了市场和政府的作用，但是更多地是将政府看作公共产品的提供者，通过评估其提供公共服务的能力来衡量其集聚资源的引力。实际上，在我国，政府并非一个超然物外的管理者，政府的作用绝不仅限于提供均等化的公共服务，多种个性化的、非均等的、倾斜性的服务赋予了营商环境新的色彩和活力。辐射全国的专项经费、产业支持政策引导资源跨行业流动，各类地方政府出台的服务于招商纳贤、战略转型、创业引领等特色政策已逐步形成营商环境的区位名片。在数据背景下，我们必须承认市场主体掌握的信息是有限的，而政府借助其拥有的海量信息和宏观视野，通过多种途径协调各方，在优化营商环境和促进资源优化配置方面或将起到前所未有的作用。因此，构建中国特色的营商环境评价体系势在必行。

（三）综合评述

综合国内外营商环境评价的研究，主要存在以下缺陷：

1. 没有充分体现“有为政府”和“有效市场”的结合

好的营商环境应起到促进资源优化配置的效果。党的十八届三中全会提出“经济体制改革是全面深化改革的重点，核心问题是处理好政府和市场的关系，使市场在资源配置中起决定性作用和更好发挥政府作用”。因此，在中国特色社会主义市场经济体制下，政府“有形的手”和市场“无形的手”对营商环境的形成和优化都至关重要。良好的营商环境需要“有为政府”和“有效市场”的平衡作用机制共同塑造（倪外，2019）。改善营商环境是一项涉及政府职能、经济体制、法律法规、社会民生、对外开放等众多领域改革的系统性工程，集中体现为政府与市场的关系问题（黄新华、曾昭腾，2020）。然而，纵观已有的营商环境评价体系，并没有很好地兼顾、平衡这两大力量。

2. 忽视政府公共产品与政府社会资本的作用差异

国内、外主流研究的共识将政府公共资源配置的主要功能视为提供公共物品，或投资于市场失灵的公共领域，这磨灭了中国与西方国家在政府公共资源配置上的主要差异。实际上，中国政府的公共资源配置并非全部为公共产品，正如皮凯蒂在《21 世纪资本论》的中文版“自序”中指出的，“中国是一个极大的特例，公共资本占国民资本的一半左右（约1/3—1/2）。实际上，如前所述，政府的作用绝不仅限于提供均等化的公共服务，个性化的政府社会资本供给在特色营商环境的培育过程中发挥了重要导向作用，而恰恰是此类特色才使各地的营商环境迸发出不同的活力。例如，2017 年杭州市政府提出建设“数字杭州”，结合当地发达的电商基因，目前在政府和市场的协同交互下，杭州已经成为标志性的“智慧城市”“互联网之城”，借数字经济发展特色营商环境。再如，深圳经济特区成立 40 年来，超前的战略布局和优惠的各类政策，吸引优质资源汇入，沉淀出优越的营商环境，深圳也成长为“创业之都”和现代化治理的标杆城市。因此，现有的营商环境评价体系忽视政府经济职能对特色营商环境的塑造，本质上缺失了对营商环境中最具个性化部分的衡量，这是营商环境评价研究的一大缺憾。

3. 中国特色体现不足

虽然国内营商环境评价研究不断涌现，在体系设计时对中国国情有所考量，但却忽视了中国与西方国家在政府公共资源配置权力和规模上的巨大差异，对中国特色社会主义市场经济体制对营商环境优势特色的影响关注不足，这无疑是营商环境评价体系的最大弊病。尤其在数据先行的时代下，党的十九届四中全会首次提出土地、知识、数据等生产要素参与分配，而政府在这些资源的信息掌握、引导和提供中，作用可能更为突出，故其对营商环境的影响路径将更为多样。因此，立足中国特色社会主义市场经济体制，区分政府公共产品和政府社会资本，构建中国特色的营商环境评价和建设的理论体系极为必要。

三、政府双重职能、政府公共资源配置与营商环境

市场和政府是资源配置的两大核心力量，有效市场和有为政府是追求的理想状态。如图4－5所示，有效市场和有为政府都能对资源形成一定程度的引力，从而促进资源流动过程，资源流动的同时带来了营商环境的优胜劣汰。此时，具有优异营商环境的地区由于更多高质量资源的加入，成效激发动力，催生了更高的营商环境建设需求；而营商环境落后的地区，也被压力倒逼出营商环境建设需求，二者都形成了再反馈机制，即追求更有效的市场和更有为的政府。由此，市场和政府作用的发挥、资源配置过程和营商环境建设三者之间，形成了环环相扣、循环提升的反馈传导机制。

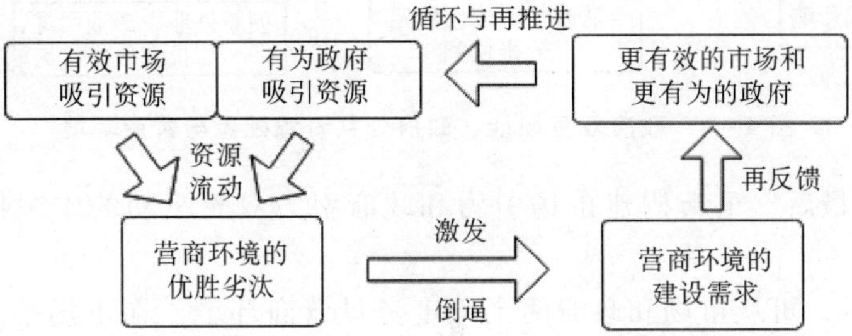

图4－5　市场、政府与营商环境

如前所述，政府职能具有二重性，履行政治社会职能和经济职能分别以公平和效率为配置原则和目标，并以此指导资源配置行为。形成政府公共产品和政府社会资本两种公共资源，也衍生出两类政府与市场关系，政府公共产品主要用于服务和监管市场，政府社会资本则主要用于战略规划和市场引领。基于此，政府公共产品主要影响基础营商环境，即为市场主体营造合法合规、安全稳定、公平便利的市场环境，随着区域互联和协同发展，政府公共产品供给对各地营商环境的影响差异将逐步缩小，基础营商环境将走向趋同。政府社会资本则侧重于营造特色营商环境，即激发创新创业活力、实现产业引导、优化投资效率等。从宏观层面来看，政府无疑拥有广阔视野和长远规划；从微观层面来看，政府拥有海量数据信息，除了宏观视野和微观支撑外，政府还拥有多层多面的体制机制，故能实现宏、微观的衔接。通过引导资源跨行流动、跨域调配，以行业突破、区域提升带动全局优化，从而赋予营商环境新的活力。因此，现阶段发挥好政府社会资本的战略引导作用，对形成营商环境的个性特色和区位优势来说非常重要。政府双重职能、政府公共资源配置与营商环境的关系如图4－6所示。

四、市场引力和政府引力双轮驱动的中国特色营商环境评价体系构建

对新经济发展来说，市场竞争是必不可少的，但如果没有有为政府的因势利导，会有企业家无法自己克服市场失灵问题的存在，从而延缓甚至丧失新技术、新产业涌现的机会（林毅夫，2020）。因此，营商环境的优劣首先在于其对资源吸引程度的高低，即营商环境的本质是对资源的引力。其次，在综合考虑市场和政府对资源配置的作用后，我们认为，营商环境是有效市场和有为政府的资源引力的合力。再次，在区分政府双重职能的基础上，将政府公共资源划分为政府公共产品和政府社会资本两部分，这分别对应政府基础引力和政府

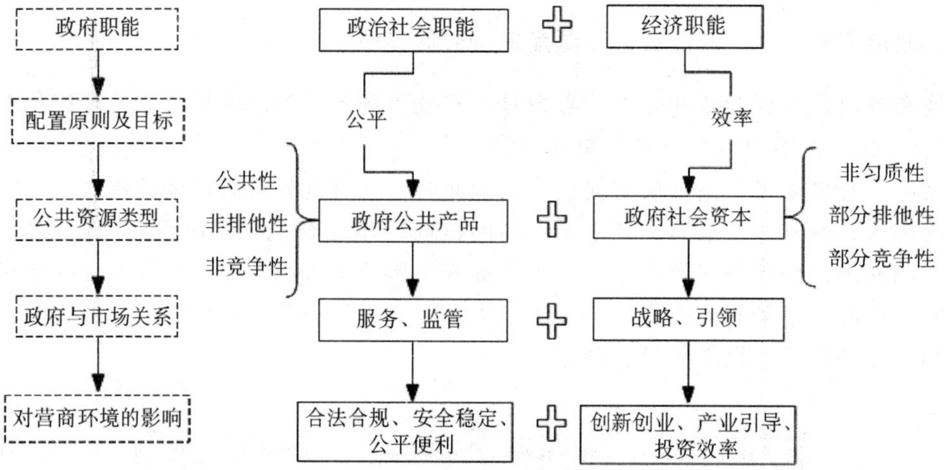

图 4－6　政府双重职能、政府公共资源配置与营商环境

特色引力两部分。最后，重新构建市场引力和政府引力双轮驱动的中国特色营商环境评价体系。

如表 4－1 所示，可从市场和政府两个维度考量营商环境。在市场维度上，选取产品市场、劳动力市场、资本市场三种典型市场作为一级指标，分别研究人、财、物市场的资源配置过程及其有效程度；在政府维度上，则从政府公共产品和政府社会资本两个角度评价政府职能的履行情况及其对资源配置的引导效果。市场维度的三个一级指标又分设二级指标对市场进行细致分类，在具体指标的设计上将侧重于评价市场规模、市场份额、交易便利度、交易成本、营利性等指标。政府维度的综合评价是本体系的特色之一，最能体现本体系的创新之处。

表 4－1　市场引力和政府引力双轮驱动的中国特色营商环境评价体系

维度	一级指标	二级指标
市场	产品市场	通用产品市场
		特殊产品市场
	劳动力市场	通用劳动力市场
		特殊劳动力市场
	资本市场	直接融资市场
		间接融资市场
政府	政府公共产品	自然禀赋
		公共制度
		公共政策
		公共福利
	政府社会资本	特许权配置
		专项倾斜政策
		专项资源配给

第五章　政府社会资本与企业制度创新

第一节　利益相关者集体选择与企业形成逻辑

一、企业是利益相关者的集体选择

集体选择理论发源于公共管理学、社会学范畴，用于解决社会中的公共选择问题。集体选择有别于简单的一系列个人选择的集合，集体选择是以该集体全体成员都遵从为特征的一种选择，它具有一个给定群体的整体特征，集体选择的结果往往是使参与选择的各方都获得可接受的满足。如果运用集体选择理论对企业进行考察，现代企业理论所认为的构成企业的各种契约实质上就是作为缔约主体的企业利益相关者的集体选择。具有不同的“资本禀赋”和利益追求的利益相关者，各自都是一个独立的行动个体，并可能具有不同的价值取向和行为偏好，其各自的目标是其个体利益最大限度地得到满足。但是，企业的形成说明由企业所代表的集体行动代替了若干独立的个体行动，企业成为一个代表所有参与者的集体利益的主体，并以所有参与者集体利益得到满足为目标，而这是建立在所有参与者的个体理性选择基础之上的。个体只有在相信这样的集体行动优于其独立行动的选择时才会加入，否则就会退出，这与集体选择的基本特征是一致的，因此，我们可以尝试运用集体选择理论对企业进行分析。

企业一切事物的根本目的是价值创造和分享，因此，企业利益相关者的集体选择都围绕着企业价值创造和分享而展开。我们将市场上可能与企业价值创造和分享存在利益关系的个体称为企业的利益相关者，他们各自具有一定的资本禀赋，其共同偏好是追求各自资本的价值增值。他们可以通过选择独自或共同签订企业契约来构建企业并通过企业的团队生产以实现其自身资本的价值增值，也可以选择与企业签订交易契约，从而在与企业的市场交易中实现其资本的价值增值。在构建企业的契约选择中，选择独自或与其他利益相关者联合签订企业契约的利益相关者即意味着他们选择通过独自或与其他利益相关者联合组建一家企业来创造并独享或分享价值，企业成为他们共同利益的代表和集体行动的主体，他们则将成为企业的所有者并有权控制企业的运作。作出这类选择的利益相关者也因此具有了共同的目标和利益追求，这为他们所创建的企业赋予了明确的目标——实现企业契约签订者的利益最大化。而与此同时，他们连同其投入的资本在企业内部也自愿接受企业契约的约束和支配，企业契约成为他们需要遵守的共同准则。而那些选择放弃企业契约签订的利益相关者则意味着其选择了与企业签订交易契约，这些利益相关者仍然是市场上独立的行动个体，其与企业拥有平等的市场地位，并期待通过其与企业之间的市场交易实现其个体的价值增值，他们不受企业契约的约束及企业内部权威和命令的支配，也无权参与企业的控制权和合作剩余的分配。因此，企业是企业契约选择者的一种集体选择，或企业是内部利益相关者[①]的一种集体选择（王竹泉，2006）。如果在这种集体选择中个体理性和集体理性均得到了可接受的满足，企业就会形成。因此，准确地说，企业是企业契约选择者的集体选择达到的一种可接受的均衡状态。

二、企业形成过程中利益相关者集体选择的层次

从上面的分析可以看出，如果把企业视为利益相关者的集体选择，则其首先要进行的集体选择就是是否参与企业契约的签订。在这一集体选择中，所有可能的利益相关者都是潜在的参与者，都面临着两种选择：（1）参与企业契约的签订并因此单独或与其他共同签约者一同成为企业的所有者；（2）不参与企业契约的签订，待企业成立后与企业签订交易契约。不管最后选择参与企业契约的利益相关者是谁，一旦完成这一集体选择，则企业的所有权归属也就随之确定。

但是，企业契约不仅仅是企业的所有权归属，还包括企业所有权如何行使，其核心是企业的控制权和剩余分享权在所有者之间的分配，而企业控制权和剩余分享权在所有者之间如何分配实质上是对企业治理结构的设计。因此，仅仅完成是否参与企业契约签订的集体选择还不能宣告企业的成立，必须再经过选择签订企业契约的那些利益相关者（即企业的所有者）的又一次集体选择，从而共同决定企业控制权和剩余分享权在所有者之间的分配，至此，具有具体内容的企业契约签订才算完成，企业才能宣告成立。因此，我们可以把企业的形成看作两个层次的利益相关者集体选择：第一层次集体选择的参与者是所有可能的利益相关者，这一层次集体选择的结果决定了企业契约的签约者或企业的所有者；第二层次集体选择的参与者是企业的所有者，这一层次集体选择的结果决定了企业契约的具体内容，其核心内容是企业控制权和剩余分享权在所有者之间如何分配（或企业治理结构的设计）。也就是说，第一层次的集体选择决定企业所有权的主体边界，而第二层次的集体选择则决定企业所有权的行为边界，二者共同决定了企业的所有权边界。

由于每一个层次的集体选择要达到均衡均需同时满足个体理性和集体理性的条件，因此，每一家企业都不是一成不变的。企业内、外部环境以及利益相关者偏好的变化将会对利益相关者的个体理性选择和集体理性选择产生影响，从而可能导致原有的均衡状态被打破，而在一种新的状态下达到均衡，或虽然仍然保持原有的均衡状态，但集体选择参与者对这种均衡状态的满足程度有所改变，如表 5 - 1 所示。当然，也可能在新的情况下，至少在一个层次的集体选择中已不存在均衡状态，原来的企业就此瓦解。

① 虽然从理论上说，所有利益相关者都有参与这种集体选择的权力，但在现实中，不可能所有利益相关者都参与并成为企业契约的缔约主体。因此，可以按是否参与企业的集体选择将企业的利益相关者分为两大类：一类是企业内部的利益相关者，这类利益相关者实际参与企业的集体选择，并力图通过企业的合作实现他们的共同利益。另一类是企业外部的利益相关者，该类利益相关者不参与企业的集体选择，与企业之间的关系是市场交易关系。

表 5－1　两个层次集体选择均衡状态的变化组合

情　形	第一层次的均衡状态不变	第一层次的均衡状态改变
第二层次的均衡状态不变	①所有权主体和企业控制权、剩余分配权等治理结构均未变。如：原有股东同比例增资；企业盈利能力下降但所有者没有选择退出，也没有对治理结构进行调整；等等	③所有权主体发生变化，但企业控制权、剩余分配权等治理结构均未改变。如：原有的一个股东将其股份全部转让给一个新股东，企业控制权、剩余分配权不做调整
第二层次的均衡状态改变	②所有权主体不变，但企业控制权、剩余分配权等治理结构发生了变化。如：企业所有者不变，但重新调整各自的权力结构；企业配股，原有的股东部分放弃配股权；等等	④所有权主体发生变化，同时企业控制权、剩余分配权等治理结构也发生变化。如：企业增资吸收新股东、企业收购、兼并等，所有权结构调整后对治理结构进行相应调整

资料来源：作者整理。

在表 5－1 所列的四种组合中，虽然企业所有权主体和治理结构都没有发生改变，但是，企业契约参与者即所有者（包括个体和集体）对这种均衡的满足程度与没有增资之前或盈利能力未下降之前是不一样的。从这种意义上来说，虽然表面上这种均衡状态所对应的企业未发生改变，但这种均衡状态所对应的企业对其所有者的满足程度或价值是有变化的。虽然所有权主体未发生变化，但企业控制权、剩余分享权等治理结构已经发生变化，因此，企业的所有权边界（主要是行为边界）发生了变化，这种新的均衡状态所对应的企业已不同于原来的企业，已发生了治理结构的重组。企业的所有权主体发生变化，但企业控制权和剩余分享权的分配等治理结构保持不变，同样改变了企业的所有权结构，这种新的均衡状态所对应的企业已经不同于原来的企业，企业的主人已发生了更替。不论是企业的所有权主体，还是企业的治理结构都发生了实质性的变化，这种新的均衡状态所对应的企业已经完全不同于原来的企业，企业的主人和企业的治理结构都发生了变革。由此可见，企业的形成是利益相关者两个层次集体选择达到的一个可接受的均衡状态。但是，这不是一成不变的，而是处在不断的动态变化之中。当一种新的均衡状态出现时（如表 5－1 中②、③、④的情形），就意味着一家新的企业的诞生，而之前的那种均衡状态所对应的企业就此消亡。正是这种集体选择均衡状态的变化，实现了新、旧企业的更替和变革。只有当原有的均衡状态能够继续保持（如表 5－1 中①的情形）时，则原有的均衡状态所对应的企业才能够得以存续。但即使这样，这一企业对其所有者的满足程度或价值也已经发生了变化。因此，始终处于动态变化之中是所有企业的基本性质。

第二节　政府作为政府社会资本投资者与其他投资者共享企业所有权

企业是资源配置的产物。在企业形成的资源配置过程中，政府是必不可少的参与者。但现有的企业理论却将政府作为社会管理者超然存在于企业组织之外，政府在企业形成的资源配置过程中的所有投入都被视为公共产品。在将政府公共资源配置分为政府公共产品和政府社会资本的基础上，应进一步区分作为政府公共产品提供者的政府和作为政府社会资本投资者的政府的双重身份，确认政府对政府社会资本投资的所有权。

一、传统企业理论中政府的超然主体地位

所有权制度企业制度的核心。所有权是所有者依法对自己财产所享有的占有、使用、收益、处分等权利，这些也被视为所有权的权能。所有权产生于财产权，在早期单一的物质资本形态下，企业的所有权仅由股东的物质资本投资产生，股东的股权即所有权。

随着实践的发展，企业所有权的几个权能开始分属于不同主体，所有权在不同主体之间如何分配成为分歧的焦点。按照西方主流经济学的逻辑，最优企业所有权安排是剩余索取权与剩余控制权的完全对称，即剩余索取权全部分配给物质资本所有者，其体现的是资本雇用劳动的逻辑。但按照马克思主义政治经济学的逻辑，在公有制替代私有制后，劳动者就成为企业的主人，企业所有权应归属于劳动者，其体现的是劳动雇用资本的逻辑。

20 世纪 90 年代，弗里曼、布莱尔、米切尔等众多经济学家以契约理论、资产专用性理论、利益相关者理论、社会资本理论等为基础，提出利益相关者拥有企业的观点。按照利益相关者理论，能够创造价值的不只是股东提供的物质资本，拥有企业运营管理经验的“智力资本”，拥有关键技术的“技术资本”，拥有客户关系、垄断性商品供货渠道、垄断运营权的“社会资本”都参与了价值创造。企业的所有权应在物质资本、智力资本、技术资本、社会资本所有者间共享。

但是，每一家企业都是资源配置的产物。在每一家企业形成的资源配置过程中，政府都实实在在地投入了具有个性化的基础设施、企业名号、经营许可以及特别政策等政府社会资本。与物质资本、智力资本等其他的投入要素一样，“政府社会资本”对每一家企业的价值创造来说都是不可或缺的，理应赋予作为该类资本投资者的政府以相应的资本所有权。然而，传统企业理论均未认可政府作为政府社会资本出资者的所有者身份，对每一家企业中均必不可少的并由政府投入的社会资本视而不见，忽视了政府作为企业当然所有者的地位，而是将政府作为社会管理者超然存在于企业组织之外。将政府作为超然主体作为企业所有权理论外生变量是西方主流企业理论的根本缺陷。

二、政府作为政府社会资本投资者参与利益相关者集体选择

从资源配置视角看待企业，具有普适性，每一家企业都是资源配置的产物，都是不同形态资本的结合体。不管是哪个国家，企业建构的资源配置过程中都既有市场的参与，也有政府的参与，所不同的是政府参与的程度具有差异，将政府限定在“守夜人”和纯粹的公共产品提供者的角色，漠视政府在企业建构的资源配置中所投入的政府社会资本的存在，显然不是基于现实世界的一种行为刻画，其理论的解释力和生命力势必受到影响。

如前所述，作为资本配置的重要主体，中国政府所配置的公共资源规模庞大，政府社会资本的投资规模更是远超世界其他任何一个国家。对中国来说，将政府作为政府社会资本投资者纳入企业理论的解释框架不仅具有普适意义，更具有重要的现实意义。

王竹泉和杜媛（2014）、王竹泉等（2017）从企业利益相关者的集体选择逻辑出发，认为政府通过对某些特殊性权力和资源分配权的运用，事实上成为企业的内部利益相关者，此类资源与公共产品和服务资源存在本质区别，它们与企业的物质资本、智力资本等其他的投入要素相同，具有明显的资本属性特征，是政府向企业所投入的“政府社会资本”，应当将

其区分开来。以此为基础，对政府的社会管理者身份和企业所有者身份予以区别对待和分类治理，有利于理顺政企双方的资源配置关系，从而构建良性的政企关系。王竹泉（2018）延循这一研究逻辑，基于政府的双重资源配置权这一客观基础现实，提出将政府配置的公共资源按照其属性分类的不同，区分为政府公共产品和政府社会资本，通过对政府两类资源配置在企业集体选择过程中参与层次的区分，厘清政府社会资本投资对企业产权契约层次参与的本质与政府应当的产权主体地位，将政府在政企关系构建中的隐性产权关系予以显性化和制度化，通过显性的产权制度约束将政府和企业各利益相关方之间的权利和义务规范化，从而为政企关系软约束问题的根本性解决与良性政企关系的构建奠定制度基础。

从集体选择的角度来看，拥有政府社会资本禀赋的政府与其他资本所有者一样，都是通过集体选择共同构建企业，并追求所有集体选择参与者的共同利益——企业价值最大化。对这种共同利益的追求也将激励政府为企业提供更加优良的基础设施配套条件、更加优质高效的政府服务和更加优良的商业环境等。同样，其他资本的所有者同样可以选择与什么样的政府一起进行集体选择，选择企业的注册地就是在对加入集体选择的政府进行具体的选择。因此，政府作为提供政府社会资本的利益相关者，应该成为企业构建的利益相关者集体选择的当然参与者。政府在每一家企业成立时所投入的政府社会资本是其他私人资本投资者难以取代但对企业构建又不可或缺的核心资源，因而与其他资本提供者获得所有权一样，政府也应凭借其所提供的政府社会资本享有企业的所有权。企业的本质是政府作为政府社会资本投资者与其他资本提供者的集体选择，集体选择参与者共享企业的所有权，从而形成异质性资本所有者的混合所有制。由于政府在每家企业中所投入的政府社会资本具有显著的个性差异，因此，每一家企业的混合所有制又都具有自己的个性，这种个性是由企业所有者的构成及其投入的资本决定的，其中政府投入的政府社会资本的个性是关键。

第三节　政府社会资本所有权的确认基础

既然企业的本质是政府作为政府社会资本投资者与其他资本提供者的集体选择，那么政府在企业中凭借政府社会资本投入所享有的所有权比例就应该通过集体选择确定，而并非由政府单方面决定。政府投入的政府社会资本的具体形态、规模、结构和质量是确认其所有权比例的基础，这种机制充分体现了资源配置市场化的理念。

一、地区（行业）政府社会资本所有权的确认基础

不同地区之间、同一地区的不同行业之间，政府社会资本投资可能存在较大的差异，因此，地区（行业）政府社会资本所有权的确认应以地区（行业）政府社会资本的测度为基础。

对政府社会资本投资的测度可以根据地区（行业）进行，通过对各个地区、各个行业政府社会资本投资的测度，可以确定政府对各个地区（行业）政府社会资本投资的整体性水平，以及各个地区政府社会资本投资上的行业比较优势，这种地区（行业）比较优势能够体现各地政府社会资本投资对地区（行业）内企业价值创造的资源异质性程度。政府据此可以确立对地区（行业）内所属企业的共性股份比例，成为地区（行业）内所有企业所

有权确定的基础，以此为基础与地区（行业）内所有企业的其他股东进行股权谈判。

由于地区政府之间的竞争以及公共财政收入的目标约束，这一共性股份比例的定价权并不是由政府单方垄断的，地区主政官员在政治晋升的激励下，存在吸引其他资本投资者投资的强烈动机，如此会形成政府社会资本投资市场的激烈竞争，其他资本所有者可以根据自身个体理性满足程度的预期进行自由选择。同时，政府社会资本投资市场也不会出现过度竞争局面，导致地区（行业）共性股份比例过低问题，这是因为各个政府存在公共财政预算收入的约束问题，如果股份比例过低，政府社会资本投资所获得的收益分享将非常低，将无法实现公共财政预算收入目标，更何况政府还承担着维护公平市场秩序的任务，股份比例过低将影响社会公平，降低社会对政府的信任度，导致政府税收收入规模的减损。因此，由于政府社会资本投资市场的供给竞争以及政府公共财政预算收入的约束，地区（行业）共性股份比例最终会达到一种均衡状态。

二、企业中政府社会资本所有权的确认基础

上述地区（行业）共性股份比例将成为地区（行业）内企业其他资本所有者与政府进行所有权安排谈判的基础，双方进而根据企业与地区（行业）标准的差异因素对股权比例的调整进行协商和谈判。这些差异因素包括但不限于企业进入地区（行业）的先后顺序、投资规模、地理位置等，它们影响了政企关系结构中企业的结构位置和网络位置，进而影响了企业对政府社会资本的利用程度，或者说企业与政府的团队合作能力。例如，与地区（行业）后进入企业相比，地区（行业）先进入企业与政府之间已经形成了较强的关系纽带，存在更强的情感认同，其对政府社会资本的获取和利用存在更高程度的表达性行动特征，具有较低的政府社会资本获取和维持成本，而后进入企业进入时，地区（行业）的政企关系网络已经具有相当规模，政府社会资本的吸引力将逐渐由政府社会资本投资的直接促进作用向马歇尔外部性这一间接作用转移，与政企关系网络中重要企业即对网络运行除政府之外至关重要的网络桥梁的连接可能对企业价值的创造更为重要，因而若采用同样的持股比例设定，将会削弱企业交易理性的满足程度；再如地理位置因素，位于产业集聚区外的企业与处于集聚区内的企业相比，在生产协同上便具有更高的交易成本，与重要关系桥梁的连接距离并不占优，对政府社会资本投资马歇尔外部性的利用程度较低，这会降低企业的剩余价值创造水平，政府降低持股比例有利于企业契约的缔结；再如投资规模因素，投资规模越大，企业价值创造活动不仅能够给政府带来更大规模的收益分享，还会创造更大规模的税收收入，对政府经济租金的增加在双重路径上都具有显著的促进作用，其在政企关系网络中的结构位置更高，也更容易成为重要的关系桥梁，因而在政府社会资本网络效能的扩大上发挥着更为重要的作用，这可以成为其与政府在股权比例谈判上的筹码；等等。

三、企业中政府社会资本所有权的最终确定

企业中政府社会资本的最终股权比例的确定将取决于政府与其他资本所有者的个体理性满足程度，如果双方个体理性均能得到基本满足则将具有达成企业契约的可能性。以两家企业 A 和 B 为例，不考虑政府主政官员的任期影响和公平问题，所有的投资与剩余价值创造均已经折现，政府的资本投资额为 C，两家企业的投资额保持不变，政府社会资本投资所享用的股份比例为 R，除企业所得税之外不考虑其他税种的影响，企业所得税按照企业利润的

一定比例征收。如果政府将资本全部用于公共产品和服务资源供给，两家企业所创造的剩余价值分别为 V_1 和 V_2，此时政府通过征税的方式获得经济租金，政府获得的经济租金总额为 $(V_1+V_2)\times T-C$。如果政府将一部分资本用于对 A 企业的政府社会资本投资，而将另一部分资本用于公共产品和公共服务供给，A 企业所创造的剩余价值增量为 ΔV_1，由于公共产品和公共服务供给的不足，市场交易成本的增加导致 B 企业的剩余价值减量为 ΔV_2，此时政府获得的经济租金总回报为 $(V_1+\Delta V_1)\times(R+T)+(V_2-\Delta V_2)\times T-C$。因此，对政府而言，只要 $(V_1+\Delta V_1)\times(R+T)+(V_2-\Delta V_2)\times T-C$ 大于 $(V_1+V_2)\times T-C$，政府便能获得更高的经济租金回报，即能够满足政府的个体理性诉求，此时 R 须大于 $(\Delta V_2-\Delta V_1)\times T/(V_1+\Delta V_1)$。而对于企业而言，与政府社会资本投资合作的利润分享应当大于不与政府社会资本投资合作时的税收利润，这主要是针对 A 企业而言，须保证 $(V_1+\Delta V_1)\times(1-R-T)$ 大于 $V_1\times(1-T)$，此时 R 必须小于 $\Delta V_1\times(1-T)/(V+\Delta V_1)$。因此，持股比例 R 存在一个可行区域集，在这一可行区域集内，能够实现政府与其他资本所有者个体理性的同时满足。而且，通过上述计算可以发现，如果资本用途转变所导致的 B 企业剩余价值减量 ΔV_2 小于 A 的剩余价值增量 ΔV_1，那么政府甚至不予持股也能够实现自身经济租金回报的增加。

因此，以地区（行业）共性股份比例为基础，根据企业与行业标准的差异性因素，通过对自身个体理性满足程度的分析，政府与企业其他资本所有者可以通过协商谈判确定政府社会资本投资的持股比例，实现政府社会资本投资所有权的相对有效确定。

第四节　政府社会资本所有权的特殊安排

从理论上讲，所有权可以界定为企业控制权和剩余收益权的分布状况与匹配方式，它在公司治理的整个制度安排中居于产权基础的地位，决定了股东结构和股东大会，进而决定了公司内部激励和监督机制的构成和运作，它的合理与否即如何在股东之间合理分配剩余控制权和剩余收益权直接影响公司的治理效率，影响利益相关者的团队协作水平，从而左右着企业集体“组织租金”以及各个利益相关者分享额的规模大小。根据控制权和剩余收益权的匹配程度，可以将股权结构区分为控制权可竞争和控制权不可竞争两个类型，当控制权可竞争时控制权与剩余收益权是相互匹配的，而当控制权不可竞争时，控股股东的控制地位是锁定的（郑德埕、沈华珊，2002）。当企业存在政府社会资本投资时，政府如何与其他类型的资本所有者进行企业治理结构安排的协商、谈判，如何分配企业的控制权和剩余收益权，直接关系到企业的价值创造水平和自身的投资效率。

一、政府社会资本的资源异质性与“同股同权”假定的矛盾

经典企业契约理论认为，最优的所有权结构应当是剩余控制权与剩余索取权的尽量匹配（Milgrom and Roberts，1992），并强调物质资本所有权在投资激励中的关键作用，认为物质资本所有权是企业剩余控制权的直接来源，剩余控制权具体以投票权为具体表现形式，拥有了投票权也就拥有了对企业未决事项的最终裁决权（张维迎，1996）。投票权以及剩余收益权等权利附着在证券上，受公司治理相关的法律、法规以及公司章程等所规定和保护。在这一契约安排逻辑中，控制权与剩余收益权的安排是在物质资产所有者之间进行的，所有的股

东是一个同质性的整体，除持股数量不同之外，在资源基础、利益诉求、行使权利的方式和途径等各个方面均不存在差异，相应的投票权设计也遵循“一股一票”的“股份平等”设计逻辑，这被理所当然地理解为民法平等原则在公司治理领域中的自然延伸，投票权的具体实施也遵循“资本多数决”这一所谓的经济民主理念（汪青松、赵万一，2011）。在这种股东同质化的假定下，这种投票权安排机制有利于降低寻租，呈现较少的病态状况（Blair and Stout，1999）。

但是，这一股权结构安排逻辑与现实世界存在明显的矛盾，现实世界中的股东并不是同质化的群体，除持股数量不同之外，股东在资源基础、利益诉求、经营关切度以及行使权利的方式和途径等方面都是异质性的，如管理层股东与物质资本股东对企业的利益诉求就存在明显不同，管理层股东除关注股利、资本增值等与物质资本股东相同的物质性利益之外，还关注在职消费、社会知名度等非物质性利益，即便是同为物质资产投资者，大股东与中小股东之间也存在显著差异，与大股东相比，中小股东更为关注资本性增值，对企业日常经营管理的关切度非常低，在股东权力行使上也更多地采用“用脚投票”这一被动方式。因此，这种以无差异物质资本进行所有权配置所派生出来的“股份平等”原则，仅仅体现了资本客体即股份的平等，而忽略了资本主体的异质性本质特征，所谓的“一股一票”制度和“资本多数决”原则仅仅是形式上的平等，它掩盖了股东之间权利和义务的实质性不平等。当相关配套监管制度不够完善时，这种投票机制极容易被大股东所滥用，成为大股东利益攫取、谋取控制权私利的工具（La Porta et al.，1997，1998，2002），反而导致剩余收益权和控制权的匹配出现较大程度的扭曲，产生极大的效率损失和实质性的不公平（李海英等，2016）。

从股权所凭借的资源基础这一根本溯源来看，这一矛盾体现得更加明显。实际上，在不完全契约理论的发展过程中，早已有大量学者关注到物质资产早已不再是企业控制权的唯一来源，事实上，诸如创意、人才等关键性资源以及接近和使用关键资源的能力（Rajan and Zingales，1998）、信息和专业决策技能（Aghion and Tirole，1997）、知识壁垒（Miller and Shamsie，1996）、制度安排（Lawrence，2008）、社会资本（高闯、关鑫，2008；赵晶、郭海，2014）等对企业价值创造而言非常重要的异质性资本投入同样可以成为企业控制权的来源。这些异质性的资源投入会在投资目标、投资偏好以及认知等方面存在巨大异质性特征，自然使其在股份持有和投票行为等方面产生很大的差异，并承担着不同的风险水平，这要求投票权机制的安排应当将这些因素统统考虑在内（Edelman and Thomas，2005），企业具体的投票权安排应尽量由所有的资本投入者根据自身的投资诉求通过集体协商或讨价还价的方式所确定（张维迎，1996；王竹泉、杜媛，2012），可以采用多样化的投票权安排以实现控制权的稳定（王春艳等，2016）。此时如果仍然遵循以物质资本出资比例确定投票权的“同股同权”制度安排逻辑，将不利于企业控制权的稳定，并很有可能对企业的持续性价值创造产生极大的负面作用。

作为一种多维度、多形式的资本投资，政府社会资本投资是由不同的政府部门所做出的，具有政治、经济、社会、技术等多个维度上的投资，从资源形态上来看具有物质、制度、关系等多种资源形态，在投资目标、路径及监管措施等各个方面也存在显著差异。对于个性化基础设施等单纯的物质性政府社会资本投资，政府对企业生产经营活动的参与程度或者说干预程度一般偏低，对企业的利益诉求主要体现在增量 GDP 与增量财税收入上，在与企业的谈判中也往往不具备谈判优势，政府社会资本投资主要扮演了“筑巢引凤”的角色；对于与制度、政策相关的政府社会资本投资，不论是基于政府官员自由裁量所做出的投资，还是基于被投资对象客观绩效所做出的一种“相机性租金”（青木昌彦等，1998），政府社会资本都存在一定的投资标准，只是遵守标准的程度有高低之分，既然存在较多的显性制度约束，政府对企业具体经营内容的关切程度自然也就偏高，企业也必须按照制度、政策等的相关标准向政府履行相关的申报程度，才能获得相应的政府社会资本投资，即便是寻租活动也同样如此，政府对企业的利益诉求也不仅仅体现在增量 GDP 与增量财税收入等显性利益诉求，还包括宏观上的产业结构升级、国际竞争力提升、国家经济安全等隐性利益诉求；对于关系性质的政府社会资本投资，政府对企业的生产经营活动自然具有较高的参与程度，因为关系的维系必须寓于企业的生产经营活动中，否则将与企业的价值创造过程脱节，政府也将无法达成自身的投资目标，至于这种关系的亲疏水平和规范化程度，则受各种因素影响，可能表现为良性的“亲”“清”关系，也可能发生较为严重的“越界”行为，诸如企业家行贿、政府官员腐败等问题。

政府社会资本投资的这种异质性特征，决定了“同股同权”制度下的“股份平等”“资本多数决”并不能兼顾公平和效率，反而可能给企业带来极大的效率损失，最终损害企业集体的整体利益和各个投资者自身的经济利益。基于这一客观事实，有必要进行股权结构的创新设计，打破“同股同权”制度假定的严格约束，以体现法律上的实质平等和经济效率原则，这对法律也提出了同样的创新变革需求，从而给政府和其他股东之间的股权结构安排留存较大的自治空间和集体谈判空间，而非套用一种标准化的股权结构（Caspar，2008）。

二、政府社会资本“同股不同权”的制度创新

由于我国公司法律制度的限制，当前我国企业仍然采用“同股同权”的股权结构安排，但国外已经出现了多种多样的“同股不同权”的股权结构安排形式，甚至出现了一些极为复杂的制度创新，如附有金融衍生工具的“有负担股份”等（Martin and Partnoy，2005），这为我国未来政府社会资本投资的所有权安排提供了重要的制度创新路径。

（一）类别股份制度的应用设想

类别股份是指在企业股权结构安排中，由于股份认购时间、价格、认购者身份、交易场所等的不同，从而在流通水平、股东权利和义务等方面存在不同的股份（罗培新，2004）。其中，最为常见的类别股份制度即是优先股股份制度。

优先股股份是在现金股利派发或者企业清算时的剩余财产分配等方面优于普通股份，而在投票权方面劣于普通股份的一种类别股份。在红利分配上，优先股通常有一个固定的数额，如按照股份面值的一定比例派发，或按照一定的规则参与固定红利之外的利润分配；既可以是累积性的，也可以是非累积的。优先股可以永久存续，也可以规定在一定期限届满之后转换为普通股或者由公司进行回购。其优点在于对收益权的强化，与普通股股份相比，能够更好地满足中小投资者的经济利益诉求，抑制大股东对中小股东的利益攫取。

由于它对中小投资者具有较强的利益保护作用，因此在世界大多数国家都得到了应用，我国也已经引入了这种股份制度，2013 年 11 月 30 日《国务院关于开展优先股试点的指导意见》和 2014 年 3 月 21 日证监会《优先股试点管理办法》为该制度在我国的应用发展提供了法律依据，这也为政府社会资本的应用奠定了制度基础。对政府社会资本投资具有较强

需求，而又不希望政府过多参与企业经营管理或者政府本身对企业经营管理关切程度并不高的企业，优先股制度能够更好地保证政府的经济利益，降低政府的投资风险水平，从而为政府和其他股东之间达成较为满意的集体选择结果提供更多的可能性。如对于一个拥有较大发展前景但风险相对较高的科技型企业，它急需政府社会资本投资的资本支持，但创始人团队又不想失去对企业的控制权，而政府也不愿意承担过高的投资风险水平，对投资收益的稳定和保障具有更高的需求，那么通过给予政府优先股股份则可以同时满足双方意愿诉求；再如对一家具有较好资源基础和市场地位但临时处于财务困境的企业，政府的社会资本投资能够帮助其他资本投资者脱困，但政府则承担了较高的不确定性风险，而且政府因持有股份而对企业具体经营过程的介入可能会损害其他股东的控制权利益，致使各方很有可能因控制权和收益权的分配而陷入僵局，错过最佳的投资时机，最终可能导致企业破产倒闭，甚至引发较为严重的社会稳定问题，而优先股股份的引入则能够纾解这一集体选择困境。

在具体应用过程中，根据优先股的存续期和是否可转换等标准，可以区分为直接优先股、可转化优先股、可回购优先股、参与分红优先股等，具体选择哪种形式，则由政府和其他资本投资者根据自身对投资风险的承担意愿、对控制权的分享意愿等进行具体协商确定。

（二）投票权制度创新的应用设想

投票权制度创新是指对特定股东所持股份所代表的投票权进行加强或限制的一种股权结构创新，这种制度创新大体可以区分为双重股权结构、优先权股份等加强性与非优先性无投票权股份、投票权设限等限制性两类股权结构创新。

1. 双重股权结构制度的应用设想

双重股权结构是指一种对同一单位面值的股份赋予两个或者多个投票权的投票权制度创新，在双重股权结构中，股份通常被划分为高、低投票权两类，从而实现了收益权与控制权的分离，持有高投票权股票的投资者拥有更大的决策权力，而持有低投票权股票的投资者则拥有较低甚至没有决策权，这种结构安排有利于调动各类资本投资者的投资积极性，特别是对企业拥有较高控制权诉求但又缺乏足够资本的资本投资者如创始人（团队）等，能够提升公司治理的效能，表现为企业长期战略的贯彻执行、企业文化的长期维持、管理层抗压能力和决策效率的提高等各方面的益处（李海英等，2017）。当然，这种结构安排也为拥有高投票权的股东损害其他股东利益提供了便利，其他股东由于投票权上的限制可能无法采取有效的方式避免这种情况发生，在大多数情况下只能采取“用脚投票”的方式，不利于低投票权股东的利益保护。因此，这种结构安排一般会在适用范围、投票权倍数、决策事项范围和股权流通性等权能、信息披露等方面作出限制（商鹏，2016）。

对于政府社会资本投资而言，政府与其他资本投资者可能囿于自身投资意愿、能力和目标、资源专用性水平、投资管理成本、控制权诉求等因素，对企业控制权和剩余收益权的安排存在差异性诉求。本着集体效率最高的原则，对控制权和剩余收益权进行适度分离会更好地调动各方的资本投入积极性，保证企业生产经营活动的稳定性和可持续性。一般而言，当政府存在强烈的政府社会资本投资意愿时，为提高其他资本投资者的投资意愿，可以给予其他资本投资者更高比例的投票权；当政府社会资本投资的资产专用性水平更高时，如果政府的投票权力得不到实现，由于信息不对称问题的存在，政府的经济利益便存在较高的被侵占风险，给予更高比例的投票权反而可能更好地维护政府的利益；由于政府社会资本投资是由多个政府部门做出的，它具有多维度、多元化的特点，与一般的资本投资相比，政府社会资本投资本身便存在更高的管理成本，政府各个部门在企业经营管理的过多介入也会产生较高的代理成本问题，产生较大的效率损失，此时，降低政府社会资本投资的投票权可能更有助于实现各方的个体理性诉求。因此，基于效率最大化原则，根据政府与其他资本所有者各自对控制权和剩余收益权分配的偏好以及各自的谈判能力，确定政府的非对称性投票权，能够提高各类资本投资者的集体合作意愿，调动各类资本投资者的投资积极性，更好地维持企业契约关系的维系。

2. 优先权股份制度的应用设想

优先权股份是指公司发行的、赋予其持有者与其所持股份无关的特别决策权或否决权的一种股权类型。这种特别的决策权或否决权，可能是董事候选人提名权、董事任命权，甚至对股东大会决议的否决权。在欧洲国家，有一种特殊的优先权股份是专门针对政府而言的，即金股制度，这种股份赋予政府或其控制的机构对私有化之后的公司享有超越一般持股者所享有的特别权利，使政府可以保持对并购等重大事项的一票否决权，以保障国家对关系国计民生、国家经济安全领域的私有化国有企业重大经营决策事项上的控制权（冯果、杨梦，2014）。在一般情况下，黄金股份并不享有收益权，其所拥有的否决权并不针对企业经营管理层的任免、具体的生产经营管理和利润分配等一般权限范围，在具体运用中也必须符合特定的规则，如丹麦和波兰要求平等对待股东，爱沙尼亚要求符合公司利益，法国、意大利和爱沙尼亚要求符合公共利益，波兰要求符合公共秩序或者公共安全等。

世界各国政府对关系到本国国计民生、经济安全等的关键经济领域都进行了大量的政府社会资本投资，在国有化管理体制下，政府可以通过物质资产的产权纽带关系进行控制，政府社会资本的产权作用也就被替代了，但在私有化管理体制下，政府社会资本的产权纽带作用可以通过黄金股份予以确立，在英国、法国等西方资本主义国家的国有企业私有化过程中，黄金股份便为政府继续保持对关系到国计民生、国家经济安全等经济领域的控制确立了产权基础。对我国而言同样如此，随着市场化进程的不断推进，大量民营资本将进入关系国家安全和国民经济命脉的重要部门和关键领域，在缺乏替代性的物质资本产权纽带的背景下，通过黄金股份对政府社会资本的产权确认可以保证政府在外资并购、市场垄断乃至公共利益维护等重大经营管理事项的特别决定权，可以很好地实现政府社会资本的控制权诉求，政府可以对企业的这些重大决策事项行使最终的一票否决权，从而保证国家的重大经济利益，也为良性政企关系的建立和维护确立了产权基础。

当然，黄金股机制也被认为会抑制投资者的投资热情，妨碍资本的自由市场流动，扭曲市场的资本配置，造成效率损失（张立省，2012），欧盟委员会便针对多国的黄金股机制向欧洲法院提起诉讼，要求对各国政府的黄金股股份权力进行约束。因此，为避免这一情况的发生，对于政府社会资本投资的黄金股制度创新，也应当在权利内容、适用范围、到期期限、执行程序、争议解决方法等方面制定相应的法律性约束条款，防止政府权力的滥用，以保证对其他资本投资者的公平。

3. 限制性股份制度的应用设想

限制性股份制度主要包括非优先性无投票权股份与投票权设限两类股份制度。非优先性无投票权股份是指公司发行的不享有投票权、也不用以补偿投票权缺失的特别经济性权利的股份类型。非优先性无投票权股份的权利构造除了缺少投票权之外，其他的权利都类似于普通股份，其主要目的是在实现外部融资的同时保持原股东（一般时作为公司创立人的家族股东）的控制权。投票权设限则是指对单个股东能够在股东大会上所投的表决权数设定一个绝对数额或者表决权比例的上下限，对于低于下限或超过上限的股份所附表决权进行限制的一种股权制度，如葡萄牙的《公司法》就明确给予了本国公司可以进行投票权设限的权利。

通过政府社会资本投资，政府作为企业的合法股东，享有对企业经营管理决策的合法投票权，但政府同时也是国家暴力的统治者和市场资源的重要支配者，如果政府运用自身所拥有的暴力工具和手段，或者凭借自身对市场资源的支配地位，在投票中左右其他股东的决策，谋求自身利益的最大化，那么很有可能会对企业的持续经营产生负面影响，如过度工程建设、雇用过多员工、支付过高薪酬等问题，此时通过对政府投票权进行一定的限制，可以保证企业价值创造的可持续性，这对处于竞争性行业中的企业尤为重要。由于激烈的市场竞争，一旦经营决策出现失误，将很有可能导致企业经营的失败甚至破产，致使股东价值出现大幅度减损。在应用中，可以针对政府容易干预企业的经营管理事项，如重大基建投资、重大对外投资、人事任命、员工薪酬制度等对政府的投票权予以限制。

（三）限制处置权股份的应用设想

处置权是所有权的重要组成部分之一，股份的自由处置尽管体现了“股份平等”原则，能够较好地契合经济民主原则，但新股东的介入可能并不符合其他原有股东的集体选择意愿，对已有控制权分配格局的稳定可能产生一定的负面影响，进而影响他们在企业价值创造过程中的资本投资积极性，他们可能会自动“关闭”对企业的资本投资甚至退出企业契约，因此，通过对处置权的限制有利于企业所有权分配格局的稳定。

限制处置权股份的创新主要包括可回购股份、受限股份两类：可回购股份是指在发行时便规定公司可以在未来某个时期必须或可以对这些股份按照事先约定的价格进行回购，回购选择权可以赋予公司或者股东；受限股份是指公司通过协议直接授予其雇员的、要求在特定的待权期届满或者既定财务目标达成之前不能出售、转让或者质押的一种处分权受到限制的股份类型，根据限制条件，可以分类为期限型受限股份和业绩型受限股份。

由于政府与企业的本质不同，在政府与市场中具有合作意向的利益相关者之间的协商谈判过程中，政府社会资本投资相对于其他资本投资的异质性特征决定了政府社会资本投资对企业价值创造的稀缺性和不可替代性，如果政府可以自由转让其在企业中的所持股份而不受约束，那势必增加其他资本投资者的资本投资风险，使其与其他资本投资者的集体选择所能达成的可行集范围缩小甚至变得不可行。特别是，在民主政治体制下，代表政府进行政府社会资本具体投资决策的政府官员实行任期制，政府主政官员的变更往往会导致政府社会资本投资在方向、规模等方面的变更，这必然影响企业资源基础的稳定性，对企业价值创造的可持续性产生负面影响。因此，对政府的股份处置权进行限制，特别在持股期限上予以约束，有利于降低其他资本所有者的资本投资风险，避免企业契约集体的非正常性中断和解体所造成的投资损失，也能够避免政府社会资本投资成为沉没成本。

第五节　政府社会资本与企业混合所有制改革

企业是资源配置的社会建构。政府和市场在资源配置中作用的不同既是区分不同经济体制的核心标志，而且也必然给资源配置所建构的企业打上清晰的社会制度的烙印，从而彰显出不同经济体制下企业制度的鲜明特色。党的十八届三中全会《关于全面深化改革若干重大问题的决定》提出，要推动国有企业完善现代企业制度，积极发展混合所有制经济，并指出“国有资本、集体资本、非公有资本等交叉持股、相互融合的混合所有制经济，是基本经济制度的重要实现形式”。2015 年 9 月，国务院发布了《关于国有企业发展混合所有制经济的意见》，提出“分类推进国有企业混合所有制改革”。但是，受国有企业改革理论依据是“产权论”还是“超产权论”分歧的影响，人们对混合所有制改革的理论依据仍存在颇多困惑和分歧。企业混合所有制的内涵是什么？其本质和作用机理是怎样的？其应用范围如何？作为一种企业制度，中国的企业混合所有制有何特色？本节试图引入政府社会资本，对企业混合所有制改革的内涵、本质、作用机理以及中国特色进行全新阐释，为中国特色企业制度构建提供核心支撑。

一、混合所有制的解读与认识误区

（一）国外对混合所有制的解读

无论是作为思想理论研究，还是作为一种社会实践，混合所有制均最早出现在西方社会，它是在资源配置中“看得见的手”和“看不见的手”的争议过程中产生、发展和演变的。由于资源配置有宏观层次和微观层次之分，混合所有制也有宏观层次的混合所有制经济和微观层次的企业混合所有制之分。

从宏观层次的混合所有制经济来看，1929—1933 年的世界经济大萧条使以“政府干预理论”为代表的凯恩斯主义登上了历史舞台。Keynes（1936）指出“挽救资本主义制度的切实办法就是扩大政府职能，让国家权威和私人策动力合作”。瑞典学派 20 世纪 60 年代初提出了“混合经济理论”。World Bank（1997）的报告认为：“政府对一国经济和社会发展以及这种发展能否将持续下去有举足轻重的作用。在追求集体目标上，政府对变革的影响、推动和调节方面的潜力是无可比拟的。当这种能力得到良好发挥，该国经济便蒸蒸日上，但是若情况相反，则发展便是止步不前。”Newman（2001）认为，从所有制的构成来看，存在着传统型混合经济到新混合经济的转变。传统的混合经济是第一次国有化浪潮下产生的，其过分强调政府管制，忽略了市场的作用。新混合经济是针对西欧私有化改革后经济调整时期的一种经济状态，认为政府对市场不是起支配作用，而是要起调节、补充和润滑的作用。陈池（2007）分析了英国的混合经济模式运行中的四种混合制度，即混合型产权制度、混合型自由企业制度、混合型资源配置机制和普惠型福利制度。

从微观层次的企业混合所有制来看，Boardman 和 Vining（1989），Shirley 和 Walsh（2000）研究表明，混合所有制公司的盈利和生产率水平明显不如私有公司。而 Backs（2001）对全球混合所有制航空企业的研究结果显示，混合所有制航空公司的业绩指标高于国有航空公司而低于私有航空公司。Gupta（2005）研究了“黄金股”模式的作用，认为政府通过直接和间接手段掌控混合所有制企业，其最常见的手段是采用“黄金股”模式，即确保一些提供公共服务的、有重点设施以及具有战略意义的国有企业在转为私营后能直接或间接受到政府的掌控，也就是说政府既要确保企业充分自由市场制度，也要确保政府有效监督管制。新西兰在 2012 年通过了混合所有制模式（The Mixed Ownership Model）议案，允许在国家保持控股地位的前提下，对国内的 5 家国有企业进行改革，包括 4 家能源企业和 1 家航空企业，新法将这些国有企业引入一个全新的所有制模式，即混合所有制模式。Crosland（2013）认为，西欧的私有化运动最普遍的做法是部分私有化，也就是说出售国有企业的部分股份，从而形成混合所有制的股份公司。

（二）国内对混合所有制的解读

改革开放以来，国内学界对混合所有制的研究与党和国家的经济体制改革政策交相呼应。董辅礽（1979）对传统所有制理论中全民所有制只能有“国家所有制”一种形式进行了反思，开启了我国学者对所有制理论研究的先河。之后，学界关于马克思主义所有制理论的研究大致可以分为三种取向：一是反思马克思主义所有制经典理论并尝试作出新阐释，如于光远（1994）、王成稼（2007）、卫兴华（2008）等；二是重新澄清和阐明马克思主义所有制理论的基本观点和立场原则，如吴宣恭（2013）、周新城（2018）等；三是结合我国所有制领域改革对马克思主义所有制理论作时代化理解，如刘国光（2011）、顾钰民（2012）、程恩富等（2015）、包炜杰、周文（2019）。

党的十五大报告（1997）首次明确“公有制为主体、多种所有制经济共同发展，是我国社会主义初级阶段的一项基本经济制度”，对社会主义基本经济制度进行了初步界定。党的十八届三中全会强调：公有制为主体、多种所有制经济共同发展的基本经济制度，是中国特色社会主义制度的重要支柱，也是社会主义市场经济体制的根基。大量学者如刘伟（2015）、季晓南（2019）等从宏观与微观两个层面剖析混合所有制经济，宏观层面在于表述国家经济结构中公有制经济与非公有制经济的构成和比重，微观层面则表现为企业内部公有资本与非公有资本的构成和比重。刘伟（2015）认为，混合所有制经济包含两个方面的含义：一方面是就整个国民经济总体而言的所有制结构及由此决定的社会经济基础，另一方面则是就企业个体而言的产权结构及相应的企业（公司）治理结构。前者决定社会经济制度的性质和根本特性，后者则决定企业主体的产权归属及利益、责任、风险的制度安排。也有观点认为，社会主义基本经济制度的公有制主体地位和私营、外资、个体经济的非主体地位，在性质上和数量上都有清晰界定，不存在所谓“宏观层面的混合所有制经济”（项启源、何干强，2014），混合所有制应该专指微观层面的公私资本交叉持股的股份制度（卫兴华，2015），是一种高效的资本组织形式（李明星、吕汉阳，2019）。

党的十九届四中全会再次强调，公有制为主体、多种所有制经济共同发展的所有制制度是基本经济制度的核心，必须毫不动摇巩固和发展公有制经济，大力发展各种所有制经济交叉持股的混合所有制经济，探索公有制的多种实现形式。毫无疑问，我国关于所有制及其实现形式的不断探索为中国特色社会主义基本经济制度的形成奠定了坚实基础。

从微观层次的企业混合所有制来看，厉以宁（1987）首次提出所有权多元化不仅是指社会主义社会中可以存在多种所有制，包括公有制，也包括非公有制，而且企业生产资料所有权也可以不是单一的，而是由全民、集体和个体按照多种方式交叉、渗透而形成的混合性质的。刘烈龙（1995）将我国混合所有制经济进行形态上的规范后，大致将其划分为5种基本形式：社会混合所有制、企业内生产资料混合所有制、企业内剩余混合所有制、企业内经营者与所有者混合所有制以及公有制与个人所有制高度统一的混合所有制。李正图（2005）认为，混合所有制企业的现实生产力是各相关利益者的生产要素综合的结果；葛扬、林乐芬（2008）认为，企业层面的混合经济的边界是动态的，因此，混合经济的边界便会由一定经济条件下的均衡状态所确定。张文魁（2010）认为，企业从非混合所有制转变为混合所有制有利于其经营绩效的提升。宋志平（2013）认为，从企业角度而言，混合所有制可以通过扩大投资来源使企业的规模扩大、风险分散，有效地实现资本的社会化和资源的有效配置，对资本的所有制关系起到优化作用，从而促进了两权分离并大幅提高企业和资本的运作效率。顾钰民（2014）根据马克思的企业理论，通过分析企业制度的发展，来阐述混合所有制经济产生的一般规律，认为企业制度经历了从简单协作到工场手工业制度，再到工厂制度以及公司制度的演变，其中公司制度的基本产权特征是混合所有制。魏杰等（2014）对混合所有制经济的产权安排做出了三个维度的系统分析：一是不同经济成分混合的社会形态；二是不同经济成分与不同投资主体混合的企业形态；三是不同投资主体混合的社会形态。贾康（2014）全面分析了PPP模式的正面效应，认为这种机制与混合所有制有着天然的内在连接。何自力（2014）认为混合所有制是指不同所有制成分在企业内部以资本为纽带结合而形成的所有制形态。綦好东等（2017）指出，混合所有制经济，在宏观上体现为一个国家或地区不同所有制成分共存的经济形态，在微观上则表现为由不同性质产权主体构成的企业经济形式。

（三）混合所有制的认识误区

综观国内外对混合所有制的解读，不难看出，人们对混合所有制的认识还不够统一，存在以下三方面的认识误区：

1. 将混合所有制经济和企业混合所有制混为一谈

1978年改革开放以来，邓小平提出了“坚持公有制为主体、多种所有制经济共同发展的社会主义初级阶段的基本经济制度”。党的十一届六中全会提出，国有经济和集体经济是我国基本的经济形式，一定范围的劳动个体经济是公有制经济的必要补充。党的十二大报告充分肯定了非公有经济的积极作用，认为非公有经济和外商投资的发展都是公有制经济必要的、有益的补充。党的十三大报告指出：私营经济“是公有制经济必要的和有益的补充”，“中外合资企业、合作经济和外商独资企业，也是我国社会主义经济必要的和有益的补充”。邓小平“南方谈话”提出了“社会主义市场经济理论”。党的十四大报告强调要“以公有制包括全民所有制和集体所有制经济为主体，个体经济、私营经济、外资经济为补充，多种经济成分长期共同发展”。党的十四届三中全会通过的《中共中央关于建立社会主义市场经济体制若干问题的决定》指出：“建立社会主义市场经济体制，就是要使市场在国家宏观调控下对资源配置起基础性作用”，并强调“必须坚持以公有制为主体、多种经济成份共同发展的方针”。党的十五大报告提出：“公有制为主体，多种所有制共同发展，是我国社会主义初级阶段的一项基本经济制度”，“非公有制经济是我国社会主义市场经济的重要组成部分”。党的十五届四中全会提出大力发展股份制和混合所有制经济。在这一阶段，由于不断推动经济制度由纯一色的公有制经济向多种经济成分并存的混合所有制经济发展，并将非公有制经济从改革开放早期的“拾遗补阙”地位提升到“公有制经济的补充”的地位，使得我国的社会生产力实现了前所未有的大解放，国民经济实现了高速增长，连续若干年GDP增速超过10%，社会财富大量增加，彻底结束了短缺经济时代，人民的生活得到了极大的改善。

但是，进入新世纪以后，在整个国民经济快速发展的同时，国有资本所在的领域又出现了向“一股独大、过大”发展的趋势，公有成分迅速增长，企业效率严重下降。财政部《关于我国国有企业十年发展的报告》显示，2001—2010年，全国国有企业净资产收益率平均为5.4%，其中中央企业为7.2%，比外商投资企业平均值低3.3个百分点。

新中国经济发展走过的曲折道路一再证明：只要搞“一大二公、纯而又纯”的公有制，经济发展就会受到阻碍甚至倒退，只要重视非公有经济与公有制经济的共同发展，国有企业的活力就会焕发，国民经济就会实现快速增长。党的十八届三中全会总结了我国国民经济发展和国有企业改革的历史，提出要“积极发展混合所有制经济”，并提出“国有资本、集体资本、非公有资本等交叉持股、相互融合的混合所有制经济，是基本经济制度的重要实现形式”的重要论断，这显然是顺应历史规律的科学选择。

由此可见，我国从1993年提出《中共中央关于建立社会主义市场经济体制若干问题的决定》到2013年《中共中央关于全面深化改革若干重大问题的决定》明确提出“积极发展混合所有制经济。混合所有制经济是基本经济制度的重要实现形式”，这既是我国对我国改革开放成功经验的概括总结，更是遵循客观经济规律的理性选择。但是，混合所有制经济与企业混合所有制改革并非一回事。前者是属于宏观经济体制的范畴，而后者则属于微观企业制度的范畴。

黄速建（2014）认为，混合所有制是指从企业的产权结构而言，除了有国家所有或集体所有的成分外，还有其他的非公有制成分，形成国有资本、集体资本和非公有资本交叉持股、相互融合的状况。显然，就整体经济结构来看，毫无疑问，我们早已进入混合所有制经济。但若按传统理论考察微观企业的所有权结构，则属于混合所有制的企业可谓是凤毛麟角。据国家统计局第四次经济普查按登记注册类型分组的企业法人单位（见表5－2）的数据显示，截至2018年年底，我国内资企业法人单位数为1834.8万家，其中国有企业7.2万家，集体企业为9.8万家，股份合作企业2.5万家，联营企业0.7万家，有限责任公司233.4万家，股份有限公司19.7万家，私营企业1561.4万家。且不说股份合作企业、联营企业、有限责任公司、股份有限公司中有相当数量的企业还不符合混合所有制的企业所有权结构，仅国有企业和私营企业等明显不符合混合所有制企业所有权结构的企业比例就高达85.5%。即使所有的国有企业都实行了企业混合所有制改革，其所占所有内资企业法人数量的比例也不过是0.39%。

表5－2　　按登记注册类型分组的企业法人单位

	单位数（万家）	比重（%）
合　计	1857.0	100.0
内资企业	1834.8	98.8
国有企业	7.2	0.4
集体企业	9.8	0.5
股份合作企业	2.5	0.1
联营企业	0.7	0.0
有限责任公司	233.4	12.6
股份有限公司	19.7	1.1
私营企业	1561.4	84.1
其他企业	0.1	0.0
港、澳、台商投资企业	11.9	0.6
外商投资企业	10.3	0.6

资料来源：《第四次全国经济普查公报（第二号）——单位基本情况》。

国家发展改革委2019年5月宣布，在已经推出3批50家重要领域的混改试点基础上，推出了国有企业混合所有制改革第四批试点名单。第四批试点企业共160家，其中，中央企业系统107家，地方企业53家。自2013年党的十八届三中全会明确提出加强混合所有制改革，到2015年9月《国务院关于国有企业发展混合所有制经济的意见》发布，再到第四批混合所有制改革试点企业的确定，五年多时间过去了，国有企业混合所有制改革尚基本处于探索阶段。与之同时，中共十八届三中、四中、五中全会推出了一系列非公有制经济企业市场准入、平等发展的改革举措，形成了鼓励、支持、引导非公有制经济发展的政策体系，但是，由于一些原因，这些政策的配套措施还不是很实，政策落地效果还不是很好。因此，如何在微观企业层面认识混合所有制是关系到混合所有制改革方向、应用范围和改革成效的关键问题，切忌将混合所有制经济的发展状况与企业混合所有制改革的发展状况混为一谈。从全社会的角度来看，混合所有制经济就是要实现公有经济与非公有经济的共同发展，其方向是十分明确的，相关的政策也便于统一，而具体竞争性国有企业的混合所有制来说，情况则千变万化，很难整齐划一，必须在进一步分类的基础上实施分类改革。

2. 主要是从不同产权性质资本混合的角度对企业混合所有制进行研究，鲜见从不同形态资本的角度对企业混合所有制的研究

对于企业混合所有制，大部分研究是将企业混合所有制界定为不同产权性质的资本的混合，并从产权激励、股权制衡以及优势互补等方面阐释企业混合所有制的作用机理，因此，其研究的焦点集中在混合所有制企业的性质、不同性质所有权之间的比例关系以及具体实施方式方面，而鲜有从异质性资本配置的视角探讨企业混合所有制的研究。

如前所述，每家企业都离不开物质资本、智力资本和社会资本。但是，现有研究却忽视了一个最为关键的问题，就是每一家企业其实都是这三种资本形态的资本的结合体，而不是表面上所表现出来仅是其中一种形态的资本独享所有权或两种形态资本的所有者共享所有权。王竹泉（2016）指出，多种形态资本的所有者共同享有企业所有权才是企业混合所有制的真正要义，仅把企业混合所有制理解为国有资本和民营资本的混合是片面的，会严重制约企业混合所有制改革的应用范围。企业混合所有制改革的本质是利益相关者资本管理。

3. 将企业建构过程中政府投入的土地、知识、数据等政府社会资本与政府公共产品相混淆

在企业建构的资源配置中，政府投入的并非仅是国有企业中的国有资本。为促进地方经济发展、招商引资，中国很多地方政府都为企业提供了特殊的土地使用权、知识、数据以及专项政策等的支持，这些要素为企业的经营发展作出了重要的贡献，但很多情况下却被视为公共产品而无偿提供。

党的十九届四中全会《决定》提出“健全劳动、资本、土地、知识、技术、管理、数据等生产要素由市场评价贡献、按贡献决定报酬的机制”，其中，土地、知识、数据等生产要素参与分配均为首次提出，而且在这些资源的提供中，政府作用可能更为突出。如何使政府提供的土地、知识、数据等生产要素也平等地由市场评价贡献、按贡献决定报酬，将是健全社会主义基本经济制度需要解决的重大课题。但是，不论是公共管理理论，还是企业理论，目前都未认可政府作为政府社会资本出资者的身份，而是将政府作为公共管理者超然存在于企业组织之外。因此，将政府作为具有社会公共管理权和政府社会资本所有权双重权力的主体并将政府作为每一家企业的政府社会资本投资者纳入企业制度的分析框架，从而使创

新企业混合所有制制度成为中国特色企业制度的突破口。

二、异质性资本禀赋与企业混合所有制的普遍性

（一）企业的本质是异质性资本禀赋的利益相关者的集体选择

如前所述，当前的企业理论和政企关系理论将政府作为以提供公共产品、满足社会公共利益为目标的超然主体，忽视了政府自身的经济利益追求和政府在每一家企业中投入的政府社会资本的存在。如果将具有政府社会资本禀赋的政府纳入企业制度的分析框架，则每一家企业都是一个“具有异质性资本禀赋的利益相关者的集体选择”，政府凭借其在每一家企业中所实际投入的政府社会资本参与了每一家企业的利益相关者的集体选择。

政府参与企业的集体选择并非是一种被动的选择。政府可以选择是否接受其他资本所有者提出的集体选择，其他资本的所有者同样可以选择与什么样的政府一起进行集体选择。因此，按利益相关者集体选择企业理论，每一家企业都是一个混合所有制的组织，是由投入政府社会资本的政府和其他资本投资者组成的一种集体选择。混合所有制是所有企业的共同特征，既是传统意义上的独资企业，也是一个由政府和业主共享企业所有权的混合所有制的组织，世界上并不存在一家纯粹意义上的独资企业。传统意义上的国有独资企业则是拥有政府社会资本所有权的政府投入的政府社会资本和物质资本的混合。

因此，每一家企业都是一个多种形态资本的结合体，企业的创立或重组就是政府和其他形态资本的所有者将多种形态的资本进行融合或重新组合从而形成企业自有资本的过程，多种形态资本的所有者共同享有企业所有权才是企业混合所有制的真正要义。企业的本质是异质性资本禀赋的利益相关者的集体选择，参与集体选择的利益相关者成为企业所有者，确定了企业所有权的边界和企业的目标。政府在每一家企业成立时都投入了其他私人资本提供者难以取代的政府社会资本，因而应该是每一家企业集体选择的天然参与者。与其他资本提供者获得所有权一样，政府也应凭借所提供的政府社会资本享有企业的所有权。每家企业都是政府提供的政府社会资本和其他资本提供者提供的其他形态资本混合的产物，其本质是“政府作为政府社会资本的投资者与其他形态资本所有者的集体选择，反映的是企业异质性资本混合中的政府与市场的关系”。

（二）混合所有制是所有企业的共同特征

企业不是天生就存在的，而是后天产生的，是人为构建的结果。从资源配置视角看待企业，具有普适性。不管是哪个国家，企业建构的资源配置过程中都既有市场的参与，也有政府的参与，所不同的是政府参与的程度具有差异，这也是每一家企业具有自己的个性化特征的基础。

如同世界上没有完全相同的两个人一样，世界上也不存在两家完全相同的企业，每一家企业都具有自己的特征。但是，如果不承认政府作为政府社会资本投入者在企业中享有的所有权，我们可能无法辨识同一个投资者甲在 A、B 两个不同的国家或地区投入相同的货币资金分别组建的两家企业的差异何在。在不考虑政府作为政府社会资本投入者享有所有权的情况下，这两家企业是没有差别的。但是，在考虑了政府作为政府社会资本投入者享有所有权的情况下，这是两个完全不同的集体选择：在 A 国或地区设立的企业是投资者甲与 A 国或地区政府的集体选择，该企业是由投资者甲与 A 国或地区政府共享所有权的组织；而在 B 国或地区设立的企业是投资者甲与 B 国或地区政府的集体选择，该企业是由投资者甲与 B

国或地区政府共享所有权的组织。由此可见，不仅每一家企业都是一家混合所有制的企业，而且每一家企业的混合所有制又都具有自己的特性。这种特性是由企业所有者的构成及其投入的资本决定的，政府作为向每一家企业投入政府社会资本的主体，理所应当成为企业的所有者之一。混合所有制不应是简单的国有、民营不同性质资本的混合，其本质是不同形态资本（物质资本、智力资本和社会资本等）的混合。由于每一家企业中都有政府所提供的政府社会资本，因此，每家企业都是政府提供的政府社会资本和其他资本提供者提供的其他形态资本混合的产物。从这个意义上来说，混合所有制是所有企业的普遍形式，反映的是企业异质性资本混合中的政府与市场的关系。中国特色社会主义市场经济制度的微观基础是中国特色混合所有制企业制度。

由此可见，不仅每一家企业都是一家混合所有制的企业，而且每一家企业的混合所有制又都具有自己的个性，这种个性是由企业所有者的构成及其投入的资本决定的。企业混合所有制是不同形态资本所有者达成一项企业契约或重新达成一项新的企业契约的集体选择，企业混合所有制改革的本质是利益相关者资本管理。

需要指出的是，目前我国虽然国有企业众多，但是政府在国有企业的所有权却并非以政府在企业中投入的政府社会资本来界定，而仍然以企业中物质资本的提供者是政府（包括中央政府或地方政府）来界定。如果政府没有在一家企业中投入有形的物质资本，政府就不会成为现实中企业的所有者。因此，深化企业混合所有制改革应充分利用政府社会资本参与的广泛性和普遍性的特征，以政府社会资本参与的企业混合所有制为突破口，将企业混合所有制真正发展成为基本经济制度的重要实现形式。

三、政府社会资本参与的企业混合所有制改革路径

（一）现行的企业混合所有制改革政策与路径

2013 年，党的十八届三中全会通过的《中共中央关于全面深化改革若干重大问题的决定》指出：“允许更多国有经济和其他所有制经济发展成为混合所有制经济。国有资本投资项目允许非国有资本参股。允许混合所有制经济实行企业员工持股，形成资本所有者和劳动者利益共同体。”这标志着混合所有制改革在我国的全面启动。

此后，国有企业混合所有制改革进程大大加速，《2015 年国务院政府工作报告》将混合所有制经济由此前的“加快发展”改成了“有序实施”。2015 年 9 月，国务院发布的《关于国有企业发展混合所有制经济的意见》提出“政府引导，市场运作”“完善制度，保护产权”“严格程序，规范操作”“宜改则改，稳妥推进”四项基本原则；国家发展改革委颁布的《关于鼓励和规范国有企业投资项目引入非国有资本的指导意见》指出，在国有企业投资项目引入非国有资本时，要完善引资方式，规范决策程序，防止暗箱操作和国有资产流失。这一转折，使我国国有企业混合所有制改革的步伐更加规范稳健。

2016 年出台的《关于国有控股混合所有制企业开展员工持股试点的意见》（以下简称《意见》）允许符合下列条件的企业开展员工持股试点，为企业混合所有制改革提供了新的路径。试点企业条件是：（1）主业处于充分竞争行业和领域的商业类企业。（2）股权结构合理，非公有资本股东所持股份应达到一定比例，公司董事会中有非公有资本股东推荐的董事。（3）公司治理结构健全，建立市场化的劳动人事分配制度和业绩考核评价体系，形成管理人员能上能下、员工能进能出、收入能增能减的市场化机制。（4）营业收入和利润

90%以上来源于所在企业集团外部市场。该《意见》要求对员工的人力资本的引入“坚持增量引入，利益绑定”，即：主要采取增资扩股、出资新设方式开展员工持股，并保证国有资本处于控股地位。该《意见》优先支持人才资本和技术要素贡献占比较高的转制科研院所、高新技术企业、科技服务型企业开展员工持股试点。中央企业二级（含）以上企业以及各省、自治区、直辖市及计划单列市和新疆生产建设兵团所属一级企业原则上暂不开展员工持股试点。

2019年，国资委印发的《中央企业混合所有制改革操作指引》指出，混合所有制改革要按照完善治理、强化激励、突出主业、提高效率的要求推进。具体要求如下：在制定方案过程中，要科学设计混合所有制企业股权结构，充分向非公有资本释放股权，尽可能使非公有资本能够派出董事或监事；注重保障企业职工对混合所有制改革的知情权和参与权，涉及职工切身利益的要做好评估工作，职工安置方案应经职工大会或者职工代表大会审议通过。显然，企业混合所有制改革不是单纯地为混而混，而是产业链中产业节点混合、市场化经营机制的混合、不同资源禀赋的混合，切忌一窝蜂、定比例，要发挥市场配置资源的作用，绝不能用行政手段取代市场。

从现行的政策来看，企业混合所有制改革主要是面向国有企业，改革的路径主要是引入非公有资本，充分向非公有资本释放股权，并在符合条件的企业积极探索员工持股试点，在增量引入智力资本的同时，优化混合所有制企业的股权结构和资本结构。但是，通过国有土地使用权、政府数据、政府特许权、政府专项资助等的市场化实现更大范围（不限于国有企业）、更多形态资本参与（不仅有物质资本、智力资本参与，而且有社会资本的参与）的企业混合所有制改革尚未引起政府有关部门的重视。

（二）2013年以来的企业混合所有制改革进展及基本现状

根据中央企业产权登记数据显示，近年来混合所有制企业户数呈上升趋势。2013—2016年，中央企业及各级子企业中混合所有制企业户数占比由65.7%提高至68.9%，2017年增加超700户后，占比为69%，同年省属企业占比为56%。不过，中央企业、省属企业等的集团公司几乎都是国有独资企业（整体上市的除外）。因此，目前开展的企业混合所有制改革试点主要是在国有集团公司以外的国有非上市公司进行。2016—2019年，国家发展改革委共公布了4批混合所有制改革试点企业名单，总计210家。

从国有上市公司的股权结构（如表5-3所示）来看，国有上市公司第一大股东从2003年的平均45.12%下降到2018年的38.17%，下降了6.95%。其中下降幅度最大的是2006年，下降了4.86%，这主要是股权分置改革中国有股对非国有流通股的补偿导致的。随后，第一大股东持股比例总体稳定。区分市场竞争类和非市场竞争类企业来看，尽管非市场竞争类行业第一大股东的持股比例较市场竞争类而言高出约4—8个百分点，但其变化趋势基本一致。区分第一大股东层级来看，无论股东是中央、省级还是市级政府控制的企业，第一大股东持股比例其变化趋势基本一致；相对而言，中央企业和省属企业控股的上市公司，第一大股东持股比例下降更多。

从前十大股东来看，国有股股东合计持股比例从2003年的平均51.73%下降到了2018年的48.70%，下降了3.03%。同样，由于股权分置改革的影响，2006年度下降幅度最大，为4.54%，随后的前十大股东中，国有股股东合计持股比例总体稳定，并略有上升。结合第一大股东的变化趋势，可以看出，尽管第一大股东下降比例幅度较大，但减少的部分可能

表 5－3　国有上市公司第一大股东和前十大股东持股比例变化（%）

年份	第一大股东						前十大股东					
	全部公司	分类		分层			全部公司	分类		分层		
		市场竞争类	非市场竞争类	市级	省级	中央		市场竞争类	非市场竞争类	市级	省级	中央
2003	45.12	43.25	48.13	41.60	47.58	46.75	51.73	49.19	55.78	27.95	20.71	28.67
2004	45.51	43.64	48.44	43.08	48.07	46.55	52.36	49.77	56.38	30.77	26.58	22.97
2005	44.11	42.54	46.53	41.84	46.19	45.36	51.87	49.58	55.37	30.12	26.41	23.47
2006	39.25	37.16	42.29	35.85	41.81	40.37	47.33	44.70	51.16	24.74	24.73	21.88
2007	38.82	35.86	43.00	34.20	41.50	41.17	46.97	43.49	51.84	25.01	24.69	21.75
2008	38.86	35.61	43.23	34.57	41.78	40.77	47.01	43.58	51.60	25.02	25.50	22.28
2009	39.50	36.31	43.85	35.13	41.88	41.10	47.89	44.31	52.76	25.33	24.05	23.28
2010	39.37	35.97	44.27	34.46	42.41	40.44	48.01	44.76	52.67	24.28	23.34	22.73
2011	39.25	35.91	44.03	33.63	42.62	40.28	47.74	44.25	52.71	23.08	23.95	22.05
2012	39.85	36.72	44.26	34.96	42.53	40.79	48.38	45.01	53.09	24.57	23.87	22.09
2013	39.78	36.52	44.25	35.35	42.57	40.38	48.46	45.09	53.07	25.27	24.79	22.87
2014	39.55	36.37	43.89	34.80	42.73	39.98	48.24	44.62	53.18	25.93	25.16	21.30
2015	39.02	35.69	43.60	35.35	41.80	39.27	48.87	45.34	53.72	26.17	24.18	22.08
2016	38.46	35.09	43.05	35.37	40.65	39.04	48.93	45.14	54.09	26.00	24.55	22.73
2017	38.32	35.01	43.09	35.92	39.95	39.31	48.72	44.63	54.62	24.88	25.58	23.55
2018	38.17	34.99	42.99	36.03	39.97	38.85	48.70	44.69	54.69	26.33	26.19	23.96

并没有稀释给非国有股股东，而是由其他国有企业购买，即并未发生产权性质的转移，这种股权变化属于股权分散化，而不是资本形态的多元化和不同性质资本的混合。区分市场竞争类和非市场竞争类企业来看，相对第一大股东而言，非市场竞争类企业前十大股东中国有股股东合计持股比例较市场竞争类企业而言更高，高出约6—10个百分点，并且自2006年以后，非市场竞争类企业前十大股东中国有股股东合计持股比例总体呈增长趋势。区分股东层级来看，无论股东是中央、省级还是市级政府控制的企业，前十大股东中国有股股东合计持股比例其变化趋势基本一致。

从上述数据可以看出，尽管企业混合所有制改革作为新一轮国有企业改革的重要抓手，但是，从目前来看，中央和省属集团公司的混合所有制改革尚未破冰，国有上市公司的混合所有制改革也并未有实质性的变化。相反，在电力、石油、天然气、铁路、民航、电信、军工等领域的国有股权还有所增加，试点混合所有制改革的企业数量十分有限。人们对"企业混合所有制改革"的认识还存在较大的误区，将"企业混合所有制改革"视为国有企业的专利，尚未对非国有企业的混合所有制改革给予应有的关注，更没有超越国有资本与民营资本的混合形式，从根本上把握混合所有制改革的实质和精髓，企业混合所有制改革的红利远未得到充分释放。

（三）企业混合所有制改革的新路径：政府社会资本引导的企业混合所有制

企业混合所有制的内涵不应局限于民营资本和国有资本之间的混合，而应是不同形态资本的混合；企业混合所有制改革的本质是不同资本形态的资本配置结构优化。企业的所有权结构是动态调整的，是企业在不同时期主动适应市场变化的主观行为；国有资本表现为国家作为生产要素所有者在企业资产中所占份额的各项权益，是法律规定和公司治理框架内的客观存在。如前所述，政府提供的公共资本并非仅是国有企业中的国有资本。为促进地方经济发展、招商引资，中国很多地方政府都为企业提供了特殊的土地、知识、数据以及政策等的支持，这些要素为企业的经营发展作出了重要的贡献，但很多情况下却被视为公共产品而无偿提供。随着技术、土地、数据等异质性生产要素价值不断提升，确认政府对企业中政府社会资本投入的所有权、积极探索政府社会资本引导的企业混合所有制改革具有积极意义，要素市场化配置为这一创新的企业混合所有制改革路径提供了重要的契机。

要素市场化、资本化进程，能够帮助政府所掌握的多种生产要素释放活力、加速流动，以国有资本形式投入市场，既能够充分保障国家权益、防止国有资产流失，也使各类生产要素真正能够在不同所有制企业间公平配置。党的十九届四中全会提出的“健全劳动、资本、土地、知识、技术、管理、数据等生产要素由市场评价贡献、按贡献决定报酬的机制”、2020 年公布的《中共中央国务院关于构建更加完善的要素市场化配置体制机制的意见》和正在推行的“管资本”为主的国有资产监管体制改革，从要素科学配置上为推动企业混合所有制改革奠定了理论基础和体制保障。

1. 生产要素的经营转化与授权经营

除传统意义上的物质资本以外，政府基于政权在社会日常事务管理过程中积累了大量信息、数据、信用、商誉、技术、人力等不同类型的资源，同时向市场投放了大量不同类型的补助，如财政补贴、税收优惠等，是当前企业生产经营必不可少的生产要素。这些异质性生产要素由发展改革委、财政、工商、科技、人社、国资、自然资源等不同部门掌握。从另一个角度讲，企业审批流程烦琐、需要多个部门盖章审批，恰好说明企业生产经营需要多种不同形态的异质性资源。按照《关于构建更加完善的要素市场化配置体制机制的意见》健全要素市场化交易平台、拓展公共资源交易平台功能等要求，在全面梳理、整合各级政府和不同部门所掌握公共资源的基础上，制定方案实现从生产要素到经营性国有资产的转化，并以授权经营形式授予国有资产管理部门运作。通过国资部门向国有资本投资、运营公司授权，以政府社会资本形式向市场投放，最终完成从生产要素到经营性国有资产再到政府社会资本的转变。

2. 政府信息数据的市场化和资本化

刘鹤（2019）指出，数据对提高生产效率具有较强的乘数作用，是最符合当今时代特征的新型生产要素。我国 80% 以上的信息数据资源掌握在各级政府部门手里，是政府未来的核心资产和社会创新要素。推动政府信息数据转化为政府社会资本并引导其他形态资本的优化配置不仅是推行要素市场化配置的重点领域，而且也是异质性资本配置的企业混合所有制改革的努力方向。

习近平总书记在中共中央政治局就实施国家大数据战略进行第二次集体学习时强调，要制定数据资源确权、开放、流通、交易相关制度，完善数据产权保护制度。国务院发布的《促进大数据发展行动纲要》中明确提出，“要引导培育大数据交易市场，开展面向应用的数据交易市场试点，探索开展大数据衍生产品交易，鼓励产业链各环节的市场主体进行数据交换和交易，促进数据资源流通，建立健全数据资源交易机制和定价机制，规范交易行为等一系列健全市场发展机制的思路与举措”。

2020年国务院发布《关于构建更加完善的要素市场化配置体制机制的意见》（以下简称《意见》）中特别提出“加快培育数据要素市场”，要求：（1）推进政府数据开放共享。（2）提升社会数据资源价值。（3）加强数据资源整合和安全保护，研究根据数据性质完善产权性质。在该《意见》指导下，工信部明确提出要开展数据资产交易试点，激发工业数据市场活力：“引导和规范公共数据资源开放流动，鼓励相关单位通过共享、交换、交易等方式，提高数据资源价值创造的水平”；“构建工业大数据资产价值评估体系，研究制定公平、开放、透明的数据交易规则，加强市场监管和行业自律，开展数据资产交易试点，培育工业数据市场。”

近年来，各地方政府对推动政府信息数据市场化和大数据产业发展进行了积极的探索和实践。2016年1月，贵州省通过了《贵州省大数据发展应用促进条例》，这是中国首部大数据地方法规，将大数据产业纳入法治轨道，填补了中国大数据立法的空白。2016年2月，国家发展改革委、工业和信息化部、中央网信办发函批复，同意贵州省建设国家大数据（贵州）综合试验区，这也是首个国家级大数据综合试验区。2017年7月，《贵州省政府数据资产管理登记暂行办法》出台，对政府数据资产的范围及其登记办法进行了专门规范，为贵州省全面准确掌握政府数据资产信息、推进政府数据资产管理登记、带动全省大数据产业发展提供了制度支撑和法律依据。浙江省把打造全国大数据产业中心作为发展信息经济的重要目标，大力推动大数据发展和运用，取得了显著成效。2016年9月，浙江省内唯一经省政府批准的大数据交易中心——浙江大数据交易中心正式挂牌成立。浙江大数据交易中心充分借助浙江省丰富的大数据资源和产业，培育发展大数据应用新兴商业模式和新兴业态，促进浙江构建和完善大数据产业链，建立全国领先的产业高地，带动制造业转型升级。作为“智慧政府”建设的先行省份，浙江省以“最多跑一次”改革为重要切入点和突破口，不断完善建设集约、服务集聚、数据集中、管理集成的统一数据平台。广东省则凭借其在基础设施、产业支撑、市场应用等方面优势，积极探索政务数据开放和工业大数据应用。2017年4月，《珠江三角洲国家大数据综合试验区建设实施方案》出台，为建设完善政务大数据库、全面提升政务数据集中度和数据质量、突破政府与社会间的数据壁垒、提升政府数据开放程度和社会化利用水平提供了行动指南。

在国家和地方政策的推动鼓励下，数据交易从概念逐步落地，部分省市和相关企业在数据定价、交易标准等方面进行了有益的探索。基于大数据交易所的交易模式是目前我国大数据交易的主流建设模式。比较典型的代表有贵阳大数据交易所、长江大数据交易所、东湖大数据交易平台等。这类交易模式主要呈现以下两个特点：一是运营上坚持“国有控股、政府指导、企业参与、市场运营”原则；二是股权模式上主要采用国资控股、管理层持股、主要数据提供方参股的混合所有制模式。该模式既保证了数据权威性，也激发了不同交易主体的积极性，扩大了参与主体范围，从而推动数据交易从“商业化”向“社会化”、从“分散化”向“平台化”、从“无序化”向“规范化”转变，将分散在各行业领域不同主体手中的数据资源汇集到统一的平台中，通过统一规范的标准体系实现不同地区、不同行业之间数据共享、对接和交换。这种模式对政府信息数据的市场化和资本化提供了良好的借鉴，各地政府部门应以此为基础加快推进以政府信息数据等政府社会资本为引导的企业混合所有制改革。在这方面，青岛市人民政府的行动方案值得推崇。《青岛市人民政府办公厅关于加快工业互联网高质量发展若干措施的通知》（青政办发〔2020〕13号）提出定期发布场景清单。积极推进场景清单“全市通用、全球共享”模式，列入场景清单的项目优先享受工业互联网相关扶持政策。设立工业互联网产业专项资金，建立市级工业互联网重点项目库，探索财政资金“拨改投”改革，对工业互联网重点项目按照不高于被投企业总股本的50%实行股权投资，构建财政资金激励引导产业转型发展的长效机制，更好地支持“工业互联网+产业链”集群发展。发挥政府引导基金杠杆作用，撬动社会资本发起设立100亿元规模的工业互联网基金。发挥中电信5G基金等400亿元基金群的优势，重点投向工业互联网示范项目、工业互联网平台、解决方案服务商等，以促进资本、技术和项目的加快集聚。

3. 国有企业存量土地作价入股

随着城市用地不断减少、生态约束不断增大，存量土地的高效再利用是大势所趋。国有企业占地面积大、使用效率不高，盘活存量土地对于改善国有企业经营绩效、降低杠杆水平作用显著。以土地作价出资或入股是盘活国有企业闲置土地的重要途径。早在1992年，《股份制试点企业土地资产管理暂行规定》便对土地资产出资（入股）作出说明；1998年，《土地管理法实施条例》明确作价出资、入股的土地有偿使用方式。近些年在各地实践中不乏“国企土地+民企资本”的成功案例：咸阳城投以土地作价入股49%、天地源公司投入人民币6.222亿元入股51%，二者共同开发咸阳高铁站项目；南京市采用国有建设用地使用权作价出资或入股，采用PPP模式与民营企业在养老服务领域合作。

土地作价入股不仅使国有企业能够按土地要素参与利润分配，改善了国有企业经营绩效，同时为民营企业提供了宝贵的土地资源，实现双赢。

4. 政府社会资本与黄金股

目前，国内外的企业实践中出现了多种多样的特殊股权，如双重股权、黄金股、PPP等。在它们的所有权结构中，可以明显地看到对同股同权原则的背离，使得所有权与控制权不一致或控制权与索取权不一致。由创始股东掌握具有更高投票权的A类股票，对外发行低等投票权的B类股票以同时获得权益筹资并保留住控制权，这就形成了双重股权结构，即股票具有不同投票权能的公司股权结构。虽然我国的相关经济法律尚未许可，但实践中已有较高的需求。赴美上市的中概股公司如京东、百度、唯品会，国外的科技类公司中大多都偏好于采用双重或多重股权结构：谷歌在2014年发行了C类股份，宣告采用三重股权结构；到2015年，佩奇、布林、施密特持有的Google股票低于总股本的20%，但仍拥有近60%的投票权。2014年，阿里巴巴公司的整体上市引起了香港监管机构和我国学者的争鸣。2015年下半年，香港监管机构又一次掀起是否采纳双重股权结构的大讨论。2017年3月2日，Snapchat在美国纽交所上市，成为全球首家上市首发三重股权结构股票的公司。它设计了每股一权的B类股票（即双重股权结构股票中的A类股票）、每股十权的C类股票（即双重股权结构股票中的B类股票），以及无投票权的A类股票。

在当前混合所有制改革的形势下，政府如何借助其社会资本在双重股权结构下进入不同类型的国有企业，成为混改的新思路。黄金股或金股则是国外实行多年的一种特殊股权结构。金股是指一股或金额非常小的特殊股权，其持有者可以在一些重大决策上享有一票否决的特殊权利，但不享有分红权。它起源于英国20世纪80年代的国有企业私有化改革，是为国家或政府这一特殊的企业利益相关者设计的。通常用于新闻媒体业等特殊行业企业，政府作为国家的代理人可以通过保留一股（或极少数股份）拥有在该企业某些特别重要事项上的超级投票权和终极否决权，即一票否决，如涉及政府声誉、社会舆论的重要决策，以超越市场的政府有形之手保护国家利益、为企业掌舵。持有该金股的政府并未在企业投入显性的物质资本，且未在企业享有占有权，但凭借其无形的社会资本投入获得了与占有权、控制权均不对等的企业重大事项否决权，并通过营业税、增值税、所得税等实际参与了企业的收益分配，在该制度下，占有权、索取权和控制权均不相等。英国报业企业多使用黄金股制度，如英国电信，英国帝国化学工业集团、英国通用电气公司、劳斯莱斯股份有限公司、BAE系统公司、荷兰皇家电信集团、TNT公司等。由于各个国家的政治环境、法律环境不同，黄金股制度的权利结构、权利主体、使用条件等具体的安排也各不相同，但在我国的混合所有制改革中，该制度也可成为某些国企改革的可选择路径之一。

四、异质性资本配置的企业混合所有制作用机理与普适性

既然混合所有制是每一家企业的共性特征，那么推行企业混合所有制改革有何意义？其作用机理是什么？异质性资本配置的企业混合所有制是否具有普适性？

（一）异质性资本配置的企业混合所有制的作用机理

在企业混合所有制改革的本质是利益相关者资本管理的认识基础上，企业混合所有制改革的意义或其提升企业价值的作用机理可以从以下两个方面来理解：

1. 通过所有权关系和优化治理结构提升企业价值

每一家企业都是多种形态资本所有者共同享有企业所有权，不同形态资本所有者在企业中的所有权关系属于生产关系和上层建筑的范畴，因此，企业可以通过混合所有制改革优化企业治理结构，进而通过改进生产关系实现企业生产力的提升；在这个方面，企业混合所有制改革可以发挥的空间十分巨大。

物质资本、智力资本和社会资本在特定时间、特定空间都可能成为特定企业生存和发展所需要的关键资源，提供这些关键资源的利益相关者理所应当成为企业的内部利益相关者，从而享有企业所有权。但是，目前的企业所有权制度仍停留在以物质资本为主的时代，如何使智力资本、社会资本的所有者能够同样获得企业所有权是企业混合所有制改革应该重点突破的领域。

在此特别要强调的是，国内外的企业理论都将提供公共产品的政府视为一个超然主体排除在企业所有者的范畴之外，但是，每一家企业的运作都离不开政府特别是地方政府所提供的政府社会资本。从异质性资本配置的视角重新解读企业混合所有制，深入挖掘异质性资本配置中的政府与市场的关系，确认政府在每一家企业中政府社会资本所有者的权利和地位，进而创新企业混合所有制制度，形成解读中国特色企业制度的应用理论，对于营造合作共赢的政企关系具有重要的意义。我国的企业混合所有制改革应在这种新型企业制度和政企关系的创建中作出表率。

2. 通过资本基础和优化资本配置提升企业价值

资本规模和资本结构是决定企业生产力高低的物质基础，而每一家企业的资本都是多种形态资本所有者投入的不同形态资本的集合。作为一个由物质资本、智力资本和社会资本等多种不同形态资本构成的融合体，企业资本配置的短板限制了企业的生产效率和发展，只有多种形态资本合理配置、优势互补、协同运作，才能有效地提升企业的价值创造能力。因此，企业可以通过混合所有制改革优化资本配置，实现不同所有者的资本以及不同形态资本

的优势互补和协同运作，从而改善企业生产力的物质基础、提高企业的生产力。在这方面，应当充分发挥国有资本的信用优势、抗风险能力强等方面的优势，而民营资本则应该充分发挥其机制灵活、市场反应敏锐等优势，企业家、技术专家、员工等则应充分发挥其智力资本的优势，各地方政府则应充分发挥其所能提供的优良的基础设施、商业环境、人文环境等方面的条件和优势，让每一家企业都成为一个资本不断积聚和增值的场所。

（二）异质性本配置的企业混合所有制改革的普适性

尽管企业混合所有制改革是伴随着国有企业改革而提出的，但是，将企业混合所有制改革限定在国有企业范围显然是片面的。不论是国有企业还是民营企业，企业混合所有制改革的积极意义均是显而易见的。

党的十八届四中全会提出要“健全以公平为核心原则的产权保护制度，加强对各种所有制经济组织和自然人财产权的保护，清理有违公平的法律法规条款”。党的十八届五中全会强调要“鼓励民营企业依法进入更多领域，引入非国有资本参与国有企业改革，更好激发非公有制经济活力和创造力”。党的十九大报告进一步指出：“经济体制改革必须以完善产权制度和要素市场化配置为重点，实现产权有效激励、要素自由流动、价格反应灵活、竞争公平有序、企业优胜劣汰。”由此可见，不论是从基本经济制度重要实现形式的混合所有制经济的改革目标来看，还是从微观经济组织产权制度层面的企业混合所有制改革实施主体来看，“混合所有制改革”都并非“国有企业”“公有资本”的专利或特权，也绝非一般意义上的国有资本与民营资本的混合。

如前所述，多种形态资本的所有者共同享有企业所有权才是企业混合所有制的真正要义。企业应端正对企业混合所有制改革的认识，将企业混合所有制改革视为所有企业均可以享受的政策红利，抓住机遇，加深对企业混合所有制改革的研究，积极参与企业混合所有制改革的宏伟实践。

传统意义上的国有企业由于其只是拥有政府社会资本所有权的政府以其投入的政府社会资本和其投入的物质资本的混合，因此，存在着不同形态资本的所有者单一因而缺乏相互制约的局限，再加上政府作为所有者对利润的追逐动机不强，其弊端就会显现出来。而引入具有经营管理才能和智力的企业家、技术专家或拥有更强的追逐利润动机的民营资本的投资者，则有助于克服这类企业自身的局限，进而提高企业资本的运用效率和市场竞争力。

同样，民营企业可以通过企业混合所有制的改革克服其自身资本实力有限、抵御风险能力较弱、对政府拥有的政府社会资本的吸附力较低的局限，通过引入国有资本进而提高企业的资本实力和抗风险能力，并通过优化企业的资本结构进一步提高企业资本的运用效率和市场竞争力。

不仅如此，即使已经是多种形态资本混合所有制的企业，其仍然有进一步通过企业混合所有制改革提升企业价值的空间。这种提升企业价值的方式是根本性的，属于体制和制度创新的范畴。每一家企业都应该积极参与混合所有制的改革，不断通过制度创新增强企业的活力，提高资本的运用效率，释放企业混合所有制改革的红利。特别是如果企业混合所有制改革能够使政府以政府社会资本提供者身份获得企业所有权的设想成为现实，则这种改革将会引起全球企业制度划时代的变革，其不仅将提升我国经济的发展水平，而且将对提升全球经济的发展水平作出重要贡献。

第六章　政府社会资本与企业社会责任治理

政府社会资本参股企业，形成新型的股权结构，在实现经济目标（资本保值、增值）的同时促进了企业社会责任的有效执行，在履行企业社会责任的过程中实现了国家治理的宏观目标，本章从社会民生治理、文化治理、生态治理等方面论述政府社会资本在履行企业社会责任时对国家治理的实践和优化。

第一节　政府社会资本对企业社会责任履行的促进作用

一、企业社会责任

社会责任是指一个组织或团体理应对社会承担的相应责任或义务，对社会进步具有促进作用。企业社会责任通常是指企业肩负的超出自己财务目标范畴之外的社会义务，即国家从法律和道德层面对企业提出的履行义务，企业不能把追求利润最大化或股东财富最大化作为自己的唯一目标和责任。企业认真履行社会责任有助于社会秩序稳定和国家治理目标的顺利实现。

随着我国经济快速和无序发展，生态环境遭受了巨大的破坏与损耗，大气、水、海洋等污染严重、森林植被与矿产资源的过度开采使用等现象普遍，环境问题成了经济发展的障碍。企业具有保护环境、维护自然和谐发展的重任，在环境保护方面，向企业社会责任的履行实践提出了挑战。同样，社会保障、民生就业、医疗卫生、公共教育、文化建设等也是企业应该承担的社会责任，这些都是国家软实力的表现。政府向全社会提供的民生就业、素质教育、医疗保障、文化建设等公共产品的质量和数量都离不开企业的支持和配合。

二、政府与企业履行社会责任

企业以利润最大化为目标，片面追求经济效益，忽略其作为社会成员应承担的企业社会责任，必将产生诸多的社会民生问题。21 世纪，企业肩负的社会责任被国际社会广泛关注，企业承担一定的社会责任不仅是企业自身发展的需求，也是实施国家战略和政府治理的需求。我国已将企业社会责任纳入治国理政的框架，政府积极参与企业社会责任的构建、界定和建设，充当规制者、推进者和监督者，努力实现政府—企业—社会三者的有机结合并解决复杂的社会民生与环境问题，形成促进社会持续发展、协助政府解决社会问题的新手段。如何使企业自觉履行社会责任并提高企业的社会责任履行效果成为现在重点解决的问题。政府职能部门设计了许多解决方案，其中最普遍采用的政策是政府补助、特殊的政府补贴、减免税收等。它是政府针对不同的企业行为给与的差异化补贴，具有排他性政府社会资本的特点。

（一）政府推动企业社会责任履行的原因

从国家竞争力来看，经济全球化和命运共同体是现在的主流发展趋势。我国加入 WTO 后，国家竞争日趋激烈，企业履行社会责任成为影响国家竞争力的因素之一。在世界经济市场中，企业代表国家的形象，与国家是荣辱与共的关系，当企业未能较好地履行社会责任时，在国际上会留下坏印象，还降低了国家竞争力。政府有义务培养企业的社会责任感，由此可以改善劳工关系、提升科技创新能力、增强产品质量，进而跻身到全球供应链体系中，缓解发达国家针对我国的技术壁垒和贸易摩擦，在国际市场竞争中占领一席之地、拥有更多话语权。

从国家内循环发展战略来看，认真履行社会责任可以帮助企业调整产品结构、减少附加值较低产品的生产、降低企业发生天花板现象的频率、提高企业的社会声誉。在企业进行产业结构优化升级的同时，拉动消费者对国内产品的需求，促进我国经济的长远发展，积极应对国际环境对我国经济的冲击，建立国内循环为主的经济发展模式。

从理顺经济秩序、维护社会秩序来看，政府面对失业、贫困等社会难题，企业在实现经济利益的同时承担社会责任也是顺应时代发展的趋势。企业提供就业岗位、提高员工工资、保护生态环境等无疑对稳定社会秩序、加快经济发展、构建和谐社会具有重要作用。

（二）基于社会责任的新型企业——社会企业

社会企业具有社会性和经济性的双重属性，是一种新型的治理主体，它融合了社会目标和商业手段，以社会目标优先，用商业化的运作手段实现社会目标，使公益精神和商业利润达到有效平衡。

从其属性来看，社会企业与传统“利润最大化企业”的管理原则类似，但目标不同。社会企业也需要雇员工生产产品并提供公众需要的服务与其他企业无差异，但社会企业更注重产品所带来的社会影响。与传统企业不同，社会企业的目标驱动避免了传统市场中商业的“唯利是图”价值观，体现了市场的社会责任，社会企业的利润分配方式及社会目标导向一定程度上弥补了政府失灵和市场失灵在社会治理中的缺位。社会企业将获得的利润用于进一步扩大规模、开拓新领域、改善产品和服务质量、促进研发、提高运营效率、引进新技术，确保社会弱势群体也能获益。社会企业的目标定位决定了社会企业的市场责任，使社会企业成为参与履行社会责任的重要主体。

三、政府社会资本促进企业社会责任履行的途径

本章借鉴 Petkoski 和 Twose 的观点，将政府社会资本促进企业社会责任履行的途径归类为四种：“命令”“促进”“协作”“认证”。

“命令”是政府投入法制规范环境，通过法律法规、金融制裁等制度环境对企业进行约束和监管。“促进”是指政府利用政府财政补助，对企业提供资金支持，发挥激励作用，提高企业的社会责任意识。“协作”是政府运用政治关联关系，促使政府部门、企业和社会组织通过协商合作的方式，建立伙伴关系模型，推进企业社会责任的履行。“认证”是政府通过表彰的方式给与企业奖励，营造鼓励企业参与社会活动的外部环境，提升企业的社会影响

力，提高公众的关注度，调动企业的积极性。

（一）基于生态、文化领域的社会责任履行

1. 政府社会资本推动技术生态，发展绿色工艺

政府社会资本投入技术生态企业，为企业绿色工艺创新创造了良好的外部保护环境，有利于调动企业进行绿色工艺创新的积极性。另外，帮助企业培养高素质、高水平科技创新团队。政府社会资本投入能够增强企业关注绿色生态的意识，形成与政府目标一致的绿色、创新行为，促使企业主动与政府观点的契合。政府社会资本有助于引导企业将社会责任融入发展战略和未来计划的蓝图、推进企业自觉成为“企业公民”。

2. 政府社会资本推动文化创新，传播优良文化

政府社会资本投入文化产业，促使文化产业更好地承担传播优良文化的责任，塑造和提升国民素质和国民精神。政府社会资本参与文化治理能够增强国家凝聚力和民族认同感，激活社会公众的文化创造积极性，有利于正确价值观点的传播，有益于社会主义精神文明建设，实现经济价值、文化价值与政治价值的良性循环。

（二）政府社会资本推动供应链企业的社会责任履行

政府社会资本投入可以使企业的供应链成员之间发挥相互激励作用，在一定条件下实现企业社会责任和盈利能力双赢。魏恒、王继光（2020）将企业分为收到政府社会资本的制造商、零售商、制造商和零售商 3 种策略。基于制造商变量，发现 3 种类型的政府社会资本策略都能够激励制造商履行更多的企业社会责任。基于零售商变量，发现政府社会资本投入第 1 种和第 3 种策略，增加了企业履行社会责任的意愿和频率，能够承担更多的社会责任。当政府社会资本投资系数增加时，制造商、零售商履行的企业社会责任数量多、质量优。同时，企业履行的社会责任越多，越能减少国家的各项社会治理成本。

第二节　政府社会资本促进企业社会责任履行对国家治理的影响

政府社会资本参股企业，形成新型的股权结构，此时的政府社会资本具有股东、政府的双重身份，在实现经济目标的同时有义务督促和协同企业履行社会责任，社会民生、文化建设、生态环境等方面是企业比较容易实现和承担的主要社会责任。企业有效履行社会责任是政府管理社会事务的重要内容，在各个利益相关者的共同努力下，既能减少管理成本和难度，又能实现国家治理的宏观目标。

一、国家治理成本

国家治理成本反映着整个国家的运行质量和效率。国家治理成本是一国经济、社会运行和发展的综合成本，政府行政成本、资源配置成本、社会摩擦成本是国家治理成本的主要组成部分。学术界对行政成本的定义未达成一致，有学者认为，行政成本是政府为履行其职能所消耗的人力、财力、物力等行政管理费用，未包含政府运行和公共服务所占用的资源产生的机会成本、行政人员在进行机关事务工作中额外花费办公时间形成的与制度相关的成本。还有学者认为是我国统计年鉴中按功能分类的行政管理费（又称行政支出）。资源配置成本，是指制度对资源配置的影响所形成的成本。这一成本并非是实际的耗费或支出，而是通

过资源配置效率体现出来的隐性成本，或者是与理想状况下的资源配置相比的效率损失。社会摩擦成本，是一种负生产力，是为保持社会和谐发展所耗费的资源以及资源损耗，包括显性成本与隐形成本。摩擦包含理念摩擦、劳资就业摩擦、制度摩擦等。政府社会资本促进企业履行社会责任，进而节约国家治理的成本。

二、政府社会资本促进企业社会责任履行对国家治理成本的影响

（一）节约行政成本、资源配置成本

政府社会资本注入企业，将政府社会资本按照企业化的方式运作，把市场机制引入政府管理领域，创新了政府管理模式；同时，确定政府在公共服务中的职能定位，改变政府包揽全局的垄断状态，使政府与企业以股权关系的形式共同管理社会公共事务，把直接的、微观的事务交由企业承担，让政府处理根本性的、具备普遍性的公共事务。随着政府管理的机会成本、制度成本和替代成本的降低，达到节约政府行政管理成本和资源配置成本的目的。

政府社会资本进入企业，可以让政府获得利用企业先进技术的机会，如区块链技术，区块链技术具有的自动化、透明度、可审计和低成本等特征可以适应于不同领域，能够实现社会化程度不同的组织进行协同合作的愿望。将区块链技术应用到公共产品的监督、公益性资金使用情况监管等可以减少管理成本费用、为政府节约行政成本。

政府社会资本进入企业，可以通过市场化的管理方式引入竞争机制，市场竞争机制可以充分调动竞争者的主动性、积极性和一切资源，激发市场动力并运用检验、纠错和优胜劣汰的方式达到资源的最优配置。发挥市场在资源配置中的基础性作用，引导经济资源向效率较高的部门和企业流动，提高了资源配置效率，降低了资源配置成本和其他治理成本。对政府而言，有利于政府财政支出结构做出调整、减轻财政压力，为进一步减税降费、优化税制结构提供空间。

政府社会资本参股企业，使企业履行社会责任的视角跟随国家政策的指引。近年来，我国精准扶贫取得的成就有一部分要归功于企业履行的社会责任。唐莎和刘强（2016）基于贫困的恶性循环理论对贫困产生的根源作出系统的解释。贫困人口的低收入产生恶行循环，较低的收入使贫困人口的可用资金较少，无法扩大企业的生产规模和引进先进设备，生产效能较低，低效能又反过来影响了收入，加大贫富差距。精准扶贫充分应用贫困地区的土地资本、劳动力，有助于提高各类扶贫资源配置效率，节约资源配置成本。

（二）降低社会摩擦成本

政府社会资本参股企业，形成新型的股权结构，在实现经济目标（资本保值、增值）的同时，促使企业履行对员工、社会、环境等利益相关者的责任。就员工而言，健全员工社会保障制度、按时足额缴纳，充分发挥工会作用、建立员工、工会、政府三方谈判机制，形成员工工资正常增长机制。保障员工基本权利，建立合理的利益调解机制，缓解因利益纠纷而导致的紧张与对立，规范主体之间利益博弈的理性化，最大限度地减少冲突、降低社会摩擦成本。就社会而言，有观点认为，收入分配不公平减少了投资的机会和投资人的意愿，最终导致经济资本不足，引发社会矛盾冲突。有政府社会资本入股的企业在政府的要求和鼓励下极易形成慈善文化，帮助社会中的弱势群体，积极投资、帮扶前景好、缺资金的创业企业，逐步扩大中等收入群体，缩小贫富差距，逐步实现共同富裕，减少社会动荡，降低社会的隐形摩擦成本。就环境而言，生态环境污染成为我国经济可持续发展的最大障碍，也是导

致许多社会矛盾激化的直接原因，政府社会资本有助于提升企业的社会责任感，使企业主动自我约束、保护生态环境，为政府节约了大量环境治理的人力、物力资源，用较少的政府社会资本产生杠杆效应，传播生态文明理念，实现生态保护，降低社会治理成本。

第三节　政府社会资本与社会民生治理

一、社会民生治理的内涵与作用

社会民生治理是以实现和维护群众权利为核心，发挥多元治理主体的作用，针对国家治理中的社会问题，提高社会福利水平，保障改善社会民生，化解社会矛盾，促进社会公平，推动社会有序和谐发展的过程。基本的民生保障包括劳动就业、社会保障、收入分配、食品安全、医疗卫生等。从治理的主体来看，社会民生领域的治理主体多样，政府不再是治理的唯一主体，社会组织、公众、企业等相关利益主体也可以成为治理主体。党的十九大报告明确指出，要“打造共建共治共享的社会治理格局，发挥社会组织作用，实现政府治理和社会调节、居民自治良性互动”。这表明，中国社会治理结构正由传统的体制内政府为主线的单主体治理向政府为主导的多元治理结构转变。在这一过程中，企业是一支不容忽视的力量。随着社会经济的不断发展和政府的宣传解释，尤其政府社会资本的投资入股，企业越来越认可应该承担社会责任，履行社会责任的意愿越来越强，参与政府管理和社会民生治理越来越多。

二、政府社会资本影响社会民生治理的途径

（一）食品安全

坚持和完善共建共治共享的社会治理制度，要求把健全公共安全体系作为重点。我国坚持以人民为中心的发展思想，“民以食为天，食以安为先”，为此保障人民群众“舌尖上的安全”是公共安全体系的重中之重。食品药品企业作为供给方，要在食品药品安全中承担主体责任。政府社会资本进入企业可对食品生产加工进行全程监管，真正执行生产经营者是食品药品安全第一责任人的有效机制。

随着经济快速发展，人民现在丰衣足食，过了只追求吃饱穿暖的时期，开始追求生活品质的提高，频频发生的食品安全问题给人民的日常生活造成严重困扰。其中较为突出的是“舌尖上的安全”，例如，2008 年三聚氰胺毒奶粉事件、2011 年双汇集团的瘦肉精事件等，不仅损害人民身体健康，还引发巨大经济损失。为此，政府和企业都有参与食品安全治理的义务，其中政府社会资本的双重身份成为连接和调节政政府、企业共同治理的关键点，以下主要从健全内部规章制度与缓解信息不对称两个方面进行论述。

1. 内部规章制度

政府社会资本作为企业的股东，可以参与企业的相关管理措施和内部规章制度的制定，在参与企业生产经营管理过程中发挥公共服务职能的引导作用，对原辅料供应商准入标准、进出货制度以及检验记录制度等提出建议，要求企业对每一个环节严格检测与管控。帮助企业建立完善的内部控制规章制度，从源头上保障食品安全。政府社会资本有效降低生产经营

过程中可能存在的风险，减轻政府部门监管的监管成本，提高监管效果。

2. 信息不对称

食品安全风险治理具有持久性、复杂性和隐蔽性等特点，食品供应链条比较长，包括供应商、加工商、销售商以及消费者，政府无法及时获得全面信息，信息不对称现象突出，增加了政府的监督和治理成本。

企业是食品供应链的前端，政府将社会资本投入该企业，成为企业的股东，可以获得最新、全面的信息，解决信息缺位的问题。政府可以利用企业专业的质量专家资源对供应商进行不定期的现场巡检，进行多方面的综合动态监管，定期分析反馈，通过奖惩手段实现供应商的优胜劣汰。同时，政府可以进入企业生产车间，对经营环境、从业人员管理方面进行考察，降低食品安全风险。

（二）就业保障

就业是民生之本，是我国最大的民生工程、民心工程。由于我国经济模式转变、产业结构调整以及新冠肺炎疫情的冲击，给就业岗位的供求关系产生了巨大影响。为此，实现高质量就业成为整个民生建设的首要问题。

我国人口多、就业基数大，就业优先是政府一直采取的战略。2018 年以来，我国先后遭遇中美贸易摩擦、新冠肺炎疫情等，给经济和社会发展带来巨大冲击。据统计，四川省是劳务输出大省，2020 年第一季度有 50%—60% 的劳动力外出受阻，造成 60 万—80 万农民工返岗困难。根据调查，2020 年有 3% 的企业取消招聘计划，52% 的企业未发出任何通知，缩减的就业岗位与激增的普通高校毕业生形成鲜明对比，全国就业形式严峻。[①] 2019 年国家将“稳就业”列在“六稳”之首，“稳增长”要以“稳就业”为目标。2020 年，中央经济工作会议确定继续实施就业优先政策，争取在稳定现有就业的基础上，增加新的就业，促进失业人员再就业。面对上述就业难题，政府社会资本可以有效避免企业恶意裁员，拉动贫困地区人口就业，保障员工权益。政府社会资本进入企业解决就业的路径主要有避免企业恶意裁员，扶持中小企业创业、增加就业人数。

1. 保障员工权益，避免企业恶意裁员

现阶段，劳工与企业基于工资等问题的诉讼案件时有发生，主要是基于以下几点原因：企业出于经济利益考虑，不愿与工人签订劳动合同，意图利用廉价劳动力的同时逃避解除合同需要偿付的经济补偿金。部分企业即使签订合同也是权责不对等的“阴阳合同”，企业会利用不平等条约，找到工人身上的小缺陷，逼迫员工主动辞职等。政府社会资本的注入可以与政府职能部门对企业的劳动管理制度实施状况形成内外部协同监督，减少不平等合约的签订，保障劳动人民的权益，员工拥有话语权，避免企业恶意裁员。签订劳动合同能够稳定职工队伍、凝聚人心，劳动合同中的规章和激励机制可以调动员工积极性，既为企业创造经济效益又给政府带来经济和社会双重效益，减少社会矛盾冲突，推动国力富强。

2. 中小企业创业扶持，增加就业人数

中小企业作为我国市场经济运行中的基本单元，具有基数大、组织流程短、结构简单、进入门槛较低等特点，可以推动大众创新，为经济发展注入新动力，是经济社会持续健康发

① 资料来源：蔡宏波：“疫情对当前我国就业形势的影响估测”，《人民论坛》，2020 年 3 月（下）。

展的支撑点，也是就业的重要渠道。我国大力提倡创业创新，构建中小企业服务体系的发展战略。2019 年，我国中小企业突破 3000 万家，提供了 80% 的城镇劳动就业岗位，是就业岗位的基本支撑。[①] 政府为中小企业提供制度环境这类社会资本，可以作为一种良好的信号传递给市场投资者，使中小企业融资难、融资贵问题得到一定程度的缓解，增强中小企业债务融资的能力。政府社会资本的注入降低了企业倒闭给员工带来的失业风险，增强了中小企业抵御风险的能力。同时，政府社会资本营造了全民创业创新热潮，激发下岗群体参与小微创业项目，小工厂、小网店、小服务、小农场等扩大新创企业数量、增加了就业岗位、维护了社会秩序。企业吸纳员工能力是由企业规模决定的，政府社会资本为中小企业提供技术创新的原动力，加快了企业新陈代谢的速度，增强了企业的竞争力，有利于企业规模的扩张，吸纳就业的能力增强。民生改善和经济发展有效对接、良性循环、相得益彰，促进社会健康发展，提高我国公共服务共建能力和共享水平，助力国家治理能力提高。

第四节 政府社会资本与文化治理

一、文化治理的内涵与作用

文化是国家和民族之魂，也是国家治理之魂，对国家制度和国家治理体系的形成和发展具有深远影响。国家治理的巩固要借助文化底蕴和内在价值的依托对国家的经济、政治、社会和生态文明等建设发挥管控和协调作用。发挥文化治理的经济导向力，引导经济运行和发展方向，促进经济健康发展；利用其社会控制力，调控和治理社会，维持社会安定有序；借助其生态约束力，培养生态文明理念，促进人与自然和平共处。同时，文化治理属于意识形态范畴，可通过对人的精神价值的培养和完善，逐步建立与时代发展相适应的公民道德，提高文化创造的效率和价值，增强国家治理水平。公民道德建设包含慈善观念、平等理念、公德意识等一系列具有现代性的文化观念和方法，这些观念是公民参与文化治理的认识基础和文化条件，是参与政府—企业—社会组织之间治理活动的出发点和方法论。另外，文化治理具有“多元治理”“交叉治理”“共同治理”等特征，其核心是寻求政府、社会和市场三者之间的合作和互动，实现公共文化事务“善治”的目标。

我国在文化领域存在许多问题，首先慈善事业领域“造假骗捐”屡见不鲜，前有“水滴筹病例造假”，后有“郭美美”等一系列“信任危机”事件，慈善环境脆弱并缺乏信任。同时，在文化创作生产中，出现唯票房、唯点击量、唯发行量的形式主义。文化产品内容趋向“庸俗”化，文化产品的语言及表达方式崇尚“重口味”，经典读物举步维艰。解决上述问题必须进行文化治理，而政府社会资本的投入不失为一个好办法，政府将社会资本投入文化企业，推动政府、市场、社会共同参与，实现独断到参与的创新，形成在信任与互利基础上的文化治理网络。同时也对企业起到监督作用，鼓励文化企业出品正能量和经得住考验的文化产品，加大宣传引导力度，激发文化创造潜能，营造良好的社会文化环境和氛围。

---

① 资料来源：韩鑫：“中小企业岗位多潜力大”，《人民日报》，2020 年 6 月 14 日。

二、政府社会资本影响文化治理的途径

（一）政府社会资本促进企业慈善文化的形成

政府社会资本进入企业，给予企业资金援助，同时起到监督作用，促使企业更好地履行社会公益活动，形成企业慈善文化。企业慈善文化包括营造人人慈善的氛围，形成公民慈善意识。公民慈善意识的培养建设，有利于社会资源的再分配，将高层次所积累的过剩财富向低层次流动，帮助处于低层次中的人缓解生活压力、提高生活水平，促进社会公平。员工是“企业人”也是“社会人”。从社会成员的构成来看，2019 年，中国就业人数 77471 万人，占全国总人口的55%，企业员工是构成我国社会的主体性力量并影响着我国经济发展，因其收入占家庭经济来源的大部分，为此更有发言权和权威性，能够对家庭成员的价值观念、行为态度产生直接影响。企业慈善意识和慈善观念通过员工影响其家庭成员，从而促进全体社会成员慈善意识的提升，推动人人慈善。

政府社会资本可以让更多的企业有能力从事慈善事业，让消费者感知企业文化。研究表明，承担社会责任越多的企业，越容易建立消费者忠诚度。将政府社会资本投资到文化氛围好的企业既帮助政府营造良好的社会文化氛围，也使政府收获红利，减少文化领域的治理成本。

此外，通过将政府社会资本注入拥有高新技术的互联网企业，政府可以借助企业大数据、物联网等，将互联网与文化进行深度融合，发挥杠杆效应。

政府社会资本影响企业慈善文化的机理如图 6－1 所示。

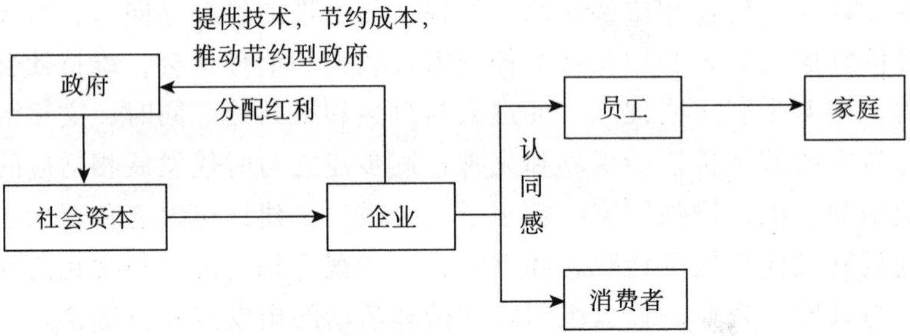

图 6－1 政府社会资本影响企业慈善文化的机理

（二）政府社会资本助力发展文化产业，监管文化传播内容

政府可以将财政税收、投资融资、土地保障、良好制度环境等社会资本投入拥有自主知识产权、自主品牌的龙头文化企业和具有良好发展前景的小微文化企业。通过发挥税收杠杆作用，激发商业银行和各类型企业关注文化产业，促进“文化＋”的多元化融合，形成“互联网＋文化”“金融＋文化”“科技＋文化”等模式，增强文化产业竞争力。同时，政府社会资本进入企业可以监督文化产品的内容，改变文化产业前端管理严重缺位的现象，改变以往文化宣传出现问题后再进行补救的“亡羊补牢”现象。政府社会资本的加入有助于从源头上抓起，为文化产业建立严格的职业准入制度。加强社会主义意识形态建设，增强文化的内在免疫力，维护我国国家文化安全。

第五节　政府社会资本与生态治理

一、生态治理的内涵与作用

“绿水青山就是金山银山”，指明了我国未来的发展方向，即把生态文明建设摆在突出位置，努力实现经济社会发展和生态环境保护的协同共进。“绿水青山就是金山银山”的理念，是实现中国民族永续发展的客观需要，是解决我国社会矛盾的一种手段，是促进经济增长的新路径。良好的生态环境可成为人民生活的增长点、经济社会持续健康发展的支撑点、展现我国良好形象的发力点。生态环境问题与社会民生、经济发展等问题密切联系，也增加了生态治理的复杂性，因此仅仅依靠政府单边之力很难实现全面综合治理。政府提出将部分治理职能转交给社会，形成政府、企业和公众组成的多元复合主体，产生1加1大于2的整合效益。政府社会资本的出现恰恰担当了这一角色。其中，政府充当生态文明建设的支持者肩负着营造和控制环境保护的主导责任，而企业是污染的主要制造者，政府社会资本的投入可充分发挥社会共同治理的作用，引导企业和公众共同推动绿色发展，约束企业和民众对生态环境的破坏行为，树立企业和个人的环境保护社会责任，同时也可相应减轻政府负担、达到事半功倍的效果。

当前我国环境污染、生态退化、资源利用率低等一系列问题成为阻碍经济社会可持续发展的“绊脚石”。例如，我国每年大约流失50亿吨的土壤，因水土流失导致土地生产力下降的耕地超过3亿亩，对经济造成严重损失。2013年以来，我国中东部地区反复出现雾霾，大气污染严重。对水资源的检测发现有10.8%的地表水和13%的地下用水不达标，对人民群众生活影响巨大，引起社会公众的极大不满。将政府社会资本投入企业，可以监督企业秉承可持续发展观，改进生产模式，节约资源，向可循环方向发展。

二、政府社会资本影响生态治理的途径

（一）加强政府环境治理与企业环境责任履行

我国实行以公有制为主体、多种所有制经济共同发展的经济制度，不同性质的企业采取不同的经营方式。同时，由“二次委托”形成的责任分散化加剧了企业对环境责任的漠视。我国虽然有与环保相关的法律法规，但对环境社会责任没有量化，没有具体细分到每家微观企业，导致企业不知如何履行环境责任。同时，企业环境社会责任的承担存在着“二次委托”的现象，第一次委托即公众将环境处置权委托给政府，确保权力的集中管制。第二次委托是政府为支持当地企业发展又将环境处置权分配给无数家微观企业，此次委托将集中于政府的环境权利与义务分散到无数企业，造成责任分散化。这次责任分化造成企业无效责任事件频频发生。

政府拥有环境资产的分配权，可以将环境资产分配给企业，使企业拥有消耗此项资源的权利，碳排放权成为政府社会资本的组成部分，碳排放权可作为企业的一项正资产，对政府则视其为负资产。政府将碳排放权以政府社会资本的形式分配给企业，政府成为企业的股东，企业要保障股东利益，在生产经营的过程中必须能够实现资本保全，即保障环境资产的

消耗低于企业生产经营所获得的经济收益。为此，企业就要改变以破坏环境为代价换取利益的传统发展模式，使财务资本与环境资本实现协同发展，实现可持续发展即实现二者共赢。政府社会资本影响环境治理的机理如图 6－2 所示。

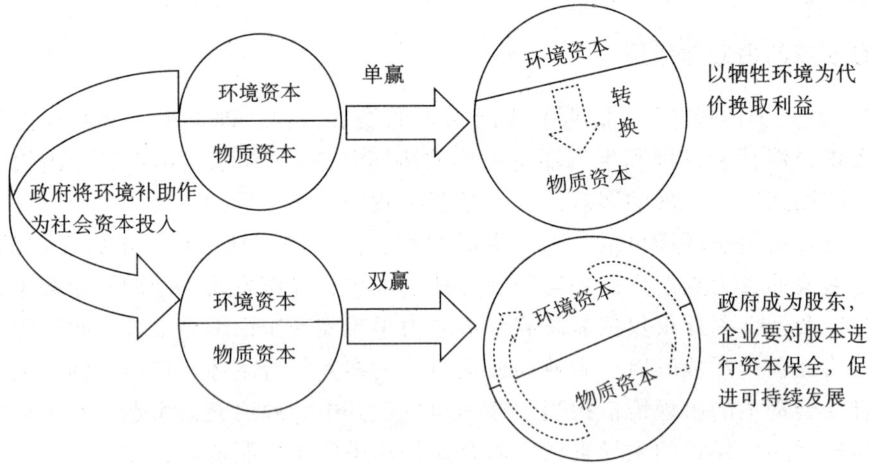

图 6－2　政府社会资本影响企业环境治理的机理

（二）完善环境信息披露

我国重污染企业的环境信息披露存在披露内容不统一、披露程度不详细、未披露行业特有环境信息、披露方式不规范、披露报告无独立第三方鉴证等问题。政府社会资本的投入，使得政府成为企业的股东与利益相关者和投资人，有助于完善企业的环境信息披露，加强生态环境治理。同时，政府有了股东身份可以缓解与企业之间的信息不对称，对企业披露的环境信息进行内部监督，提高企业环境信息披露的质量，促使企业进一步优化绿色基础设施和完善服务体系、高效配置绿色资源，提高生产要素的利用率，实现可持续发展。

以复星医药为例，复星医药在企业发展中，一直重视企业的环境社会责任履行，企业建立了“修身、齐家、立业、助天下”这一文化价值观，设立 EHS 环境管理体系，结合行业特点将环境、安全、职业健康管理这三者有机融合，将履行企业社会责任始终贯穿于可持续发展战略中，起到了良好的经济和社会效果。复星医药不仅实现企业环境社会责任的协同管理，还能帮企业高效识别隐藏的重大环境风险，也能引起政府关注上述环境风险并及时预防、提前监管。

（三）推动企业绿色创新

如何推动企业绿色创新、构建行之有效的绿色创新生态系统成为我国需要重点解决的问题，李克强总理提出：企业是国家推动环境治理和产业升级的重要载体。政府社会资本与绿色金融的支持是推动企业绿色创新的重要保障。政府社会资本注入企业有利于缓解金融机构与企业之间的相互猜忌，为企业背书，提高二者的创新协同度。政府社会资本为企业投资，容易获得科研院校的高新技术加盟，助力企业绿色技术创新，促使生产要素与生产条件的重新组合，将原先不计资源和能源消耗及环境成本的技术理念转向节能环保型的创新理念，积极推动绿色产业的发展、增加绿色产品竞争力、降低企业的绿色创新成本。政府社会资本引导企业兼顾经济效益，追求环境资源利用的最大化、无公害化和循环化，达到技术理性和生态价值理性的统一，最终实现经济社会与生态环境的协调发展，提高了国家治理能力和机制优化。

政府作为企业的股东可以监督管理层采用有利于企业绿色发展的组织结构，加快绿色组织创新，优化组织流程，合理布局上下游产业，形成产业链的无缝连接，使产业组织链条化，为绿色发展的提供结构保障，实现产业发展的规模效益和节能减排目标，最终实现生态环境的有效治理。

综上所述，政府社会资本的参与有助于企业更好地履行社会责任，政府在获得经济利益的同时实现了文化建设、社会民生、生态环境等领域的有效治理，既能减少管理成本和难度，又能实现国家治理的宏观目标。

政府社会资本推进了国家治理体系和治理能力的现代化，兼顾了效率与公平，打造了政府与企业“利益共享，责任共担，全程参与”的共同体关系。政府作为国家治理的首要主体，拥有雄厚的资金实力，政府可以对公共资源进行优化配置而且企业可以其先进的管理技术和经验，努力经营好企业，政府与企业共同为企业价值最大化服务。

第七章　政府社会资本与政企关系重构

第一节　改革开放以来中国国企改革及政企关系的回顾与总结

企业是资源配置的社会建构。政府和市场在资源配置中作用的不同既是区分不同经济体制的核心标志，也必然给资源配置所建构的企业打上清晰的社会制度的烙印，从而彰显出不同经济体制下企业制度和政企关系的鲜明特色。在改革开放至今40多年的经济改革与发展过程中，国有企业改革一直是我国经济体制改革的中心环节，而国有企业改革的中心任务就是理顺政府与国有企业的关系。对国有企业改革的历程与经验进行回顾和总结，对于深入理解和准确把握中国政企关系的特色具有重要意义。为此，我们将分4个阶段进行分析和总结。

一、中国国有企业改革的历程回顾

（一）"放权让利"改革阶段（1979—1993年）

针对计划经济体制下，国有企业效率低下、丧失生机与活力的背景，1979—1993年，我国对国有企业进行了以"放权让利"为总体思路的改革，旨在扩大企业的经营管理自主权，赋予企业以自身利益，由此调动企业的生产经营积极性与主动性。在"放权让利"的总体改革思路之下，先后采取了利润留成、利改税、承包制等改革措施。

1. 利润留成改革

计划经济体制采取的"国有国营"企业制度，其主要特点是：企业不是一个自主经营、自负盈亏的经济实体，企业完全按照政府计划进行生产经营活动，企业没有生产经营自主权，更没有自身利益，产品由国家统购统销，企业负责人由上级政府主管部门任命、委派或更换，企业用工由政府统一安排和集中管理，执行国家统一的工资标准。这种高度集权的"国有国营"企业制度，导致国有企业完全丧失了生机与活力。在此背景下，为了调动国有企业的生产经营积极性，从1979年开始启动的国有企业改革，首先对国有企业采取了"利润留成"的改革措施。1979年5月，国务院发布了《关于扩大国有工业企业经营管理自主权的若干规定》和《关于国有企业实行利润留成的规定》，这两份文件的目标是让国有企业成为相对独立的经济实体，扩大国有企业的经营自主权，当企业完成经营指标后，政府让出一个利润留成比例归企业自主支配，以此调动企业的生产经营积极性。实行利润留成改革后，企业对于超计划部分的生产、销售拥有了自主决策权；政府让出一部分利润给企业，形成了企业基金，企业拥有了对这部分资金的使用权和分配权，在一定程度上将职工的收入与企业的生产经营状况联系起来。

2. “利改税”改革

从1983年开始，对国有企业采取了“利改税”的改革措施。1983年，财政部发布了《关于国有企业利改税的推行办法》，“利改税”分两步实施。第一步，从1983年4月开始，大中型国有企业由原来的向主管部门上缴利润，改为将实现利润的55%以企业所得税的形式向国家上缴，税后净利润较大的企业与主管部门再实行利润分成，或者由国家再征收利润调节税。国有小企业按照超额累进税的办法向国家纳税。第二步，从1984年10月开始，把工商税按性质划分为商品税、增值税、营业税和盐税；开征资源税，调节因自然资源和开发条件的差异而形成的级差收入；恢复和开征房地产税、土地使用税、车船使用税和城市建设税；征收国有企业所得税，对小型企业调整了累进税率的级距，减轻了小企业的税负，对大中型国有企业征收调节税，税率根据企业的不同情况而定。“利改税”试图以法律的形式来规范国家与企业之间的利润分配制度，但是，由于这一改革措施没有与国有企业制度整体改革相配套，再加上市场定价的外部条件尚未形成，企业之间苦、乐不均的问题无法解决，特别是利润调节税一户一率，企业的实际所得没有明显增长，未能真正调动起企业的积极性，造成“利改税”的改革没有取得预期的效果。

3. 承包经营责任制改革

1987—1993年，国家对国有企业推行了承包经营责任制的改革。1987年国务院提出推行各种形式的承包经营责任制，赋予国有企业以充分的经营自主权。1988年国务院又颁布了《全民所有制工业企业承包经营责任制暂行条例》，国有企业的承包制改革全面推开。到1990年，全国95%的工业企业实行了第一轮承包。这一时期的国有企业实行承包制的主要形式有：上缴利润基数包干，分超收成；上缴利润递增包干；微利企业的上缴利润定额包干；亏损企业减亏或补贴包干；“双保一挂”，保证上缴利润和批准的技术改造项目，工资总额与实现利税挂钩。承包制对于国有企业改革起到了较大的推动作用：较好地实现了国有资产的所有权与经营权的分离，国家作为企业的所有者，不再直接经营企业；增强了企业追求利润极大化的动机，超基数实现利润成为企业追求自身利益的前提和动力；企业可以就承包内容与政府主管部门进行讨价还价，淡化了上、下级之间的行政关系，企业经营的自主性得到增强。但是承包制的改革措施也暴露了内在的制度性缺陷，承包基数的讨价还价、承包期内企业只负盈不负亏以及企业经营的短期行为等问题没有得到解决，国有企业改革需要寻找新的突破口。

（二）现代企业制度改革阶段（1994—1999年）

在建立社会主义市场经济体制、把国有企业推向市场、将国有企业塑造成为竞争性市场主体的背景和要求下，从1994年开始，国家对国有企业进行了以建立现代企业制度为目标的公司制改革。

1. 明确产权关系与产权地位

发展社会主义市场经济，国有企业必须进入市场，彻底转换经营机制，而国有企业进入市场、成为市场竞争主体的前提是企业必须拥有独立的产权。通过公司制改革、建立现代企业制度，能够使国有企业获得独立的法人产权主体地位。1993年党的十四届三中全会通过的《关于建立社会主义市场经济体制若干问题的决定》提出，建立现代企业制度是国有企业改革的方向，现代企业制度的基本特征是“产权清晰，权责明确，政企分开，管理科学”，公司制是现代企业制度的典型代表。1994 年国家选择了一百多家大型骨干企业进行建立现代企业制度的公司制改革试点，试点企业围绕着理顺国有产权关系、确立法人产权地位、构建法人治理结构等对公司制改革进行了积极的探索。

2. 公司制改革与债转股

1994 年，全国人大常委会通过了《公司法》，确立了以公司制为基本组织形式的现代企业制度，规定了“三会一层”（股东会、董事会、监事会、经理层）的公司治理结构。之后，建立现代企业制度的公司制改革在全国全面推开，通过公司制改革，国有企业成立了股东大会、董事会、监事会，实行总经理聘任制，并改革了劳动用工制度，剥离了企业承担的社会职能等。1997 年在亚洲金融危机的冲击下，全国国有企业平均负债率高达 71%，多数国有企业的经营陷入困境。在此背景下，为了让国有企业摆脱困境，公司制改革与“债转股”的改革措施紧密进行结合。“债转股”就是将企业对银行的负债转为银行对企业的股权。“债转股”的改革措施对于促进国有企业“脱困”目标的实现、加强企业重组、降低国有商业银行不良资产比率等都具有特别重要的意义。1999 年，债转股企业的资产负债率由之前的 70 % 以上降到 50 % 以下，80% 的债转股企业扭亏为盈，多数行业如纺织、有色、建材、石化、轻工、机械、电子、医药、冶金等呈现出良好的发展态势。

“债转股”也有力推动了国有企业的公司制改革，1999 年，绝大多数国有企业都按照《公司法》的规定，以有限责任公司和股份有限公司为基本形式，建立了现代企业制度。但是，这一时期进行的公司制改革、建立的现代企业制度，都程度不同地具有“翻牌公司”的色彩，存在的突出问题是：公司股权结构不合理、法人治理结构不到位。

（三）国有企业分类改革阶段（2000—2012 年）

到 1999 年为止，国家对国有企业采取了“一刀切”的改革方式，即对不同行业、不同类型的国有企业采取了统一的改革模式。实际上，国民经济的不同行业，并非都适合发展国有经济和国有企业，应该根据国有企业的发展定位，对国有经济进行战略性改组，在战略性改组中，对国有企业进行分类改革。

1. 国有经济战略性改组

1999 年党的十五届四中全会做出的《关于国有企业改革和发展若干重大问题的决定》指出，要按照“有进有退”“有所为有所不为”的原则，调整国有经济布局，对国有经济进行战略性改组，分类推进国有企业改革。改革的基本思路是：对于国有经济仍要控制的领域，即有关国防安全和国家经济安全的行业、重要的特殊垄断性产业、提供重要公共产品的产业、高新技术产业等，国有企业需要通过规范的公司制改革进入、壮大和发展；而对于处在一般竞争性行业的国有企业，应该通过清产核资、出售改制的方式，让国有企业逐步退出。

按照这种“有进有退”的分类改革思路，2000 年之后的一个时期，在关系国民经济命脉的重要行业和关键领域，国有经济保持了支配地位，一批大型国有企业以资本为纽带，通过跨地区、跨行业、跨所有制的兼并、重组、联合等实现了壮大发展；而那些处在一般竞争性行业的国有企业，通过出售改制或者租赁、承包经营等方式，实现了从一般竞争性行业的退出，通过退出使国有企业转变成为民营企业。基于国有经济战略性改组的国有企业分类改革，收缩了国有经济的领域，调整和改善了国有资本的配置结构和国有企业的布局结构，使国有经济在社会主义市场经济中能够更好地发挥主导作用。

2. 深化国有资产管理体制改革

随着国有企业在重要行业和关键领域的集中和发展，国有资产管理体制的改革也在不断推进。针对长期制约国有企业发展的管理体制问题，党的十六大提出了深化国有资产管理体制改革的任务，明确指出“建立中央政府和地方政府分别代表国家履行出资人职责，享有所有者权益，权利、义务和责任相统一，管资产和管人、管事相结合的国有资产管理体制”。

之后，中央、省、市（地）三级国有资产监管机构相继组建，《企业国有资产监督管理暂行条例》《企业国有资产法》等法规规章相继出台，在国有企业实施了企业负责人经营业绩考核，国有资产保值增值责任得到层层落实，国有资产监管得到了进一步加强。

党的十六届三中全会《关于完善社会主义市场经济体制若干问题的决定》进一步提出，要建立归属清晰、权责明确、保护严格、流转顺畅的现代产权制度，加快形成有效制衡的公司法人治理结构，并提出了混合所有制改革是国有企业改革的重要突破口。

（四）国有企业混合所有制改革阶段（2013 年至今）

党的十八大以来，国有企业改革进入了新的历史时期，改革的目标是以混合所有制为主要模式，以竞争性国有企业改革为重点，培育和发展具有国际竞争力的一流企业。

1. 分类推进国有企业改革

2013 年之后，中央进一步提出了分类推进国有企业改革，根据国有资本的战略定位和发展目标，将国有企业分为商业类和公益类，并通过界定功能、划分类别，实行分类改革、分类发展、分类监管、分类定责、分类考核，提高改革的针对性、监管的有效性、考核评价的科学性。其中，对于商业类国有企业按照市场化要求实行商业化运作，主业处于竞争性行业和领域的商业类国有企业，要通过混合所有制改革，积极引入各类非国有资本实现股权多元化，国有资本可以绝对控股、相对控股，也可以参股，并着力推进整体上市，对于这类竞争性国有企业，重点考核经营业绩指标、国有资产保值增值和市场竞争能力。

2. 混合所有制改革

党的十八届三中全会《关于全面深化改革若干重大问题的决定》提出，要推动国有企业完善现代企业制度，积极发展混合所有制经济，并指出“国有资本、集体资本、非公有资本等交叉持股、相互融合的混合所有制经济，是基本经济制度的重要实现形式”。2017 年中央经济工作会议强调，混合所有制改革是新时期国企改革的重要突破口，竞争性国有企业是混合所有制改革的重点。

混合所有制从企业的产权结构来说，除了有国家所有或集体所有的成分外，还有其他的非公有制成分，形成国有资本、集体资本和非公有资本交叉持股、相互融合的所有制形态。近些年来，中央和地方政府所属的竞争性国有企业，纷纷展开了混合所有制改革，通过在企业中引入非国有资本，实现企业股权结构多元化，形成多元利益主体相互制衡的法人治理机制，增强企业的发展活力和市场竞争力。混合所有制改革的本质是企业产权制度的改革，以产权制度改革为根本，围绕着现代企业制度的不断完善，全面推进国有企业的全方位改革。

因此，混合所有制改革是国有企业改革的“顶层设计”，体现了国有企业改革的根本性深化。目前，混合所有制改革已经成为竞争性国有企业改革的主要模式，截至 2019 年年底，中央直属企业集团及其下属企业进行混合所有制改革的占比达到 70% 以上，省级国资委出资企业及各级子公司进行混合所有制改革的占比达到55%以上。改革实践表明，混合所有制改革对于竞争性国有企业完善治理机制、提高资源配置效率、增强企业竞争力等起到了重要作用。

二、中国国有企业改革中政企关系调整的经验总结

在国有企业改革的历史过程中，尽管经历了不同的改革阶段、采取了不同的改革措施，但作为中心任务的政企关系调整的整个过程都涉及改革模式的选择、改革重点与关键、改革的体制环境等问题。纵观40多年的国有企业改革中的政企关系调整，可以总结和借鉴的历史经验主要有以下4个方面。

（一）国有企业分类改革道路的科学性

国有企业改革和政企关系的调整不存在普适模式，改革不能搞“一刀切”、不可采用统一的改革模式。由于历史的原因，在盲目发展公有制经济的思想指导下，在经济体制改革的一个很长的时期里，国有企业分布的行业与领域十分广泛，国有企业的数量十分庞大，各类大、中、小国有企业占据了国民经济的各行各业，而分布于不同行业、数量众多的大中小国有企业，其行业历史背景、发展基础、发展条件、发展能力与自身存在的问题则各不相同。在这种情况下，针对各类状况复杂的国有企业采取统一的改革措施与改革模式显然是不切实际的。1979—1999年的20年国有企业改革，在放权让利、建立现代企业制度的总体改革思路指引下，对国有企业先后采取了利润留成、利改税、承包制、公司制等改革措施，这些改革措施都是在政府的强力推动下，面向各行各业的300多万家各类大、中、小国有企业搞“一刀切”，每一项改革措施、每一种改革模式都在一切国有企业中普遍加以推广，因而都带来了一些难以解决的问题，国有企业改革未能收到应有的成效。2000年之后，围绕着国有经济的战略性改组，按照“有进有退”的原则对国有企业进行分类改革，体现了一种正确的改革思路，即区分不同情况、不搞“一刀切”、有重点地推进国企改革的思路。2013年以来，政府推动的国有企业混合所有制改革，也不是面向一切国有企业，混合所有制改革的重点是商业类、竞争性国有企业，而公益类国有企业可以不进行混合所有制改革，这种改革的战略安排是科学合理的。

（二）国有产权制度改革在国有企业改革中的重要地位

国有企业改革和政企关系调整的根本问题是国有产权制度改革，推进国有企业改革和政企关系调整的关键是实现企业产权结构多元化。企业产权制度决定企业产权结构，企业产权结构决定企业治理机制，企业治理机制决定企业运营效率。根据这一理论逻辑，并且改革的实践经验也充分表明，国有企业改革和政企关系调整的根本问题是国有产权制度改革，政府与国有企业关系调整的关键是区分政府作为公共管理者与国有企业的行政关系和政府作为国有资本出资者与企业的产权关系。

以“放权让利”为总体思路的国有企业改革，不管是利润留成、利改税，还是承包经营责任制，都涉及国有产权制度的改革，改革的内容是实现了高度集中的国有产权结构的分解，即实现了国有资产所有权与经营权的分离，政府掌握国有资产所有权，企业拥有国有资产的经营管理权。正是因为“放权让利”的改革思路及其采取的改革措施，未能赋予企业以完整独立的产权，也就是说企业拥有的产权是残缺不全的，因而没有真正激发出企业的发展动力和创新精神，并导致了企业经营的短期行为。不仅如此，在发展社会主义市场经济条

件下，“两权分离”的国有产权制度也不可能把国有企业推向市场。发展市场经济要求把国有企业塑造成为竞争性的市场主体，为此就需要赋予企业以完整独立的产权。

以建立现代企业制度为目标的公司制改革，实现了公司制企业的法人产权独立性，在公司制企业面前，政府处于出资人的地位，只是拥有公司制企业的股权。应该说，公司制改革涉及国有产权制度的根本问题，导致了国有产权制度的根本性变革。

然而，在公司制改革的过程中，由于存在着国有股权“一股独大、一股独占”的问题，致使国有产权制度改革不彻底、不到位，因而未能从根本上激发国有企业的发展活力。进一步推进国有企业的公司制改革，就需要解决国有股权“一股独大、一股独占”的问题，实现企业产权结构多元化。通过产权结构多元化才能构造有效的公司治理机制，由此才能增强企业的发展活力，因此产权结构多元化是推进国有企业改革的关键。混合所有制改革所要解决的首要问题，就是实现国有企业产权结构多元化。

（三）有效法人治理结构和治理机制的重要性

实行“职业经理人”制度，是推进国有企业改革和政企关系调整、建立有效的法人治理机制的重要前提。长期以来，国有企业都程度不同地具有行政色彩，企业主要负责人由上级部门任命，并享有某种行政级别。尽管多年来人们呼吁国有企业去行政化，但是到目前为止，中央和地方政府直属的大型国有企业仍然没有去行政化，企业董事长、总经理乃至副总经理，仍然是由上级部门任命的，并享有行政级别，由公司董事会聘任总经理只是走一个形式。

在国有企业进行公司制改革的过程中，最为核心的问题是以企业产权制度改革为基础，建立有效制衡、有效运行的法人治理结构。有效的法人治理结构与治理机制，其重要标志是公司董事会能够有效地监督和约束经理层，经理层能够自觉主动地接受公司董事会的监督和约束。

改革实践证明，在多数国有独资、国有控股的公司制企业中，并没有建立起有效制衡的法人治理机制，其根本原因在于，公司总经理是上级部门任命的，并且与公司董事长处于同一行政级别，从而导致公司总经理不能够自觉主动地接受来自公司董事会的监督和约束。

国有企业公司制改革实践也反复表明，建立有效的法人治理机制，就必须让国有企业去行政化，改变企业主要负责人的上级部门任命制，实行“职业经理人”制度。由公司董事会从企业外部的经理人市场、通过公开、公平、公正的市场竞争机制选聘职业经理人，是推进国有企业改革和政企关系调整、建立有效的法人治理机制的重要前提。

（四）配套改革的必要性

有效推进国有企业改革和政企关系调整，必须注重相关方面的配套改革。国有企业改革和政企关系调整是一个系统工程，涉及与企业改革相关的体制机制和环境等各个方面，因此，在推进国有企业改革和政企关系调整的过程中，必须注重相关方面的配套改革。

首先，在宏观层面上，需要不断深化经济体制改革，加快市场化步伐，不断完善市场体系和市场机制。国企改革和政企关系调整的历史表明，宏观经济体制改革不到位，市场体系和市场运行机制不完善，国企改革和政企关系调整就难以迈出实质性的步伐。目前，应该围绕着劳动力市场、经理人市场、资本市场、技术市场、信息市场等进一步完善市场体系，在完善市场体系的基础上进一步完善市场运行环境和市场竞争机制。

其次，理顺管理体制。国有企业进行公司制改革之后，政府作为国有企业出资人与国有企业的关系变成了出资人与法人公司的关系，政府国有资产管理机构以股东的身份对出资企业进行股权管理，法人公司则保持独立经营。在政府国有资产管理机构与出资企业之间理顺产权关系，转变管理方式，从过去的管实物、管资产转变到管资本、管产权上来，同时按照公司法人治理结构的运行规则和程序行使政府出资人管理职能。另外，政府各个职能部门作为公共管理者对国有企业的管理必须依照相关法律和法定程序，与对待非国有企业一样一视同仁，减少不必要的行政干预。

最后，充分认识中国社会主义市场经济中政府职能和政企关系的特殊性。中国社会主义市场经济中政府职能和政企关系的特殊性不仅体现在庞大的国有资本投资和政府与国有企业的关系上，还需要更深入地认识到政府对国有企业与非国有企业、不同行业的企业、不同规模的企业等所制定的差异化的产业政策、扶持政策等，中国社会主义市场经济体制下政府与企业关系的更大特色是政府作为政府社会资本提供者与企业的关系，而这种意义上的政企关系及其必要的调整尚未引起人们的普遍关注。

第二节 中国特色政企关系的基本框架

如前所述，西方的政企关系模型都将政府视为企业生存和发展中的外生变量，将政府限定在“守夜人”角色而否认政府在一般企业的组建和运营过程中具有个性化、差异化的公共资源直接配置。事实上，将政府视为纯粹的公共产品提供者和“守夜人”既不是西方国家现实世界的一种行为刻画，更不符合中国特色社会主义市场经济体制下政府职能和政企关系的基本特征。王竹泉、权锡鉴（2018）提出将政府配置的公共资源按照其属性分类的不同，区分为政府公共产品和政府社会资本，通过对政府两类公共资源配置在企业集体选择过程中参与层次的区分，厘清政府社会资本投资对企业产权契约层次参与的本质与政府应当的产权主体地位，将政府在政企关系构建中的隐性产权关系予以显性化和制度化，通过显性的产权制度约束将政府和企业各利益相关方之间的权利和义务规范化，从而为中国特色政企关系话语体系的构建奠定制度基础。

一、政府社会资本的非均等性配置与效率性的目标导向

（一）政府社会资本的非均等性配置

根据本书第三章对政府社会资本的界定，政府社会资本是政府为招商引资、科技创新而专门建设的经济特区、开发园区、创新或产业园区等特殊基础设施，面向引入企业或创新企业的特殊许可、政策优惠和专项支持等具有部分的排他性和竞争性特征的政府公共资源配置。从政府社会资本的界定即可看出，政府社会资本的配置具有非均等性的特征，特殊基础设施、特殊许可和政策优惠等的非均等性是一目了然的。下面，以上市公司的调查为例说明专项支持的非均等性配置。

在现行财政制度下，根据企业所属行业和专项经费用途的不同，政府对企业的专项支持按类别被划归到一般公共预算支出中的主要支出科目，通常涉及科学技术、节能环保、城乡社区事务、农林水事务、交通运输、商业服务业等科目。基于这一统计口径，我们无法直接看出政府对企业的政府社会资本投入中的专项经费支持有多少、其配置是否符合均等性的原

则。但从企业的层面，我们就不难看出这种专项经费配置的非均等性特征。

按现行的会计准则和制度，每一家企业都设有专项应付款这一负债类科目，用来核算企业取得政府投入的具有专项或特定用途的款项。根据2017年3389家上市公司的年度报告披露，共有474家企业在2017年年末涉及专项应付款，总额达到330亿元。这474家企业涉及各个行业，具体分布如表7-1所示。专项应付款金额最高的前十位企业如表7-2所示。其中，中国重工、天原集团和中国医药是2017年年末专项应付款数额排名的前三位，其专项应付款数额分别为43亿元、18.5亿元和17.7亿元。由此可见，不论是从行业层面来看，还是从企业层面来看，政府的专项支持都具有很明显的非均等性的特征，将其与政府公共产品相混淆显然欠妥。因此，在中国，将政府公共资源配置划分为政府公共产品和政府社会资本十分必要，这也是我们创建中国特色政企关系必须正视的经济现实。

表7-1　涉及专项应付款企业行业分布情况　单位：家

行业	数量	行业	数量
机械设备业	102	文化体育娱乐业	8
金属业	44	造纸印刷业	7
医药生物制药业	42	农林牧渔业	7
电力热力燃气及水的生产供给行业	40	综合行业	6
石油化学塑胶业	38	水利环境公共设施管理业	6
电子业	35	纺织业	6
建筑业	26	科学研究技术服务业	5
采矿行业	22	其他制造业	3
批发零售业	21	住宿餐饮业	2
交通运输业	21	木材家具业	2
食品饮料业	14	租赁业	1
信息传输软件业	11	卫生社会工作业	1
房地产行业	11		

表7-2　专项应付款数额前十名企业情况

股票代码	股票简称	地区	行业名称	（期末）专项应付款
601989	中国重工	北京	机械、设备、仪表	4300470247
002386	天原集团	四川	石油、化学、塑胶、塑料	1850921782
600056	中国医药	北京	医药、生物制品	1768970371
600482	中国动力	河北	机械、设备、仪表	1590819530
600269	赣粤高速	江西	交通运输、仓储和邮政业	1166615624
601163	三角轮胎	山东	石油、化学、塑胶、塑料	887141865.6
600170	上海建工	上海	建筑业	867241742.1
600104	上汽集团	上海	机械、设备、仪表	840803400.9
600979	广安爱众	四川	电力、热力、燃气及水的生产和供应业	808869294.1
000630	铜陵有色	安徽	金属、非金属	758705151

（二）政府社会资本配置效率性的目标导向

政府社会资本的非均等性配置显然破坏了政府公共产品配置的均等化和公平性原则，那么，政府社会资本配置的目标导向是什么？有何积极意义？

事实上，政府社会资本配置与政府公共产品配置是政府基于不同目标所进行的公共资源配置，政府公共产品配置的目标在于保障市场经济的正常运行，为企业个体的价值创造提供公平、稳定的市场环境，降低整个社会的交易成本，激发企业个体自发性的价值创造，进而获得自身税收收入的最大化，其具有无偿性、均衡性的特征。而政府社会资本配置则是基于比较效率目标，通过对特定行业、企业的资源支持，改变这些行业、企业的资源基础，提升它们的市场竞争力，实现社会产出水平的更大化，政府也因此获得更多的经济租金。

与政府公共产品配置相比，政府社会资本配置对企业价值创造的资源支持并不是通过市场这一载体间接实现的，而是一种直接性的参与，双方之间并不是一种交易契约关系，而是成为企业契约的缔结方之一，政府也因此成为企业集体选择的参与者之一，与其他所有者一样，政府也应该享有对企业的剩余控制权和剩余收益索取权。政府社会资本从政府投入出发，其投入的政府社会资本在市场中与企业自愿交换转化为产权，其目标是政府和投资者对效率的共同追求。

不同于税收是强制的、面向每一位社会公众的，政府作为政府社会资本投资者所享有的所有权是选择性的、排他性的。政府与特定企业的其他资本提供者根据集体选择理论在既满足个体理性又满足集体理性的基础上自愿签订企业契约，政府根据其在该企业中投入的个性化的政府社会资本而享有对该企业的所有权。政府社会资本所有权的确认势必使政府社会资本的非均等性配置换来非均等性的政府社会资本所有权，从而在保障每一家企业按均等性的公共产品配置公平税负的同时，得到更多政府社会资本投入的企业也更多地向政府分配利润，实现在追求效率的同时兼顾公平性。

二、政府公共产品的均等性配置与公平性的目标导向

政府的基本职能是政治职能，是通过提供公共产品增进社会福利，维护社会稳定和秩序，保障社会公平。政府公共产品配置应遵循均等性的原则，其目标导向是公平优先。

（一）政府公共产品的均等性配置

萨缪尔森发表《公共支出的纯理论》和《公共支出理论图解》，对“什么是公共产品”给出了答案，即非竞争性。后来又扩展到消费的非竞争性，并提出“萨缪尔森条件”。受萨缪尔森启发，1959 年，马斯格雷夫在《公共财政理论》提出非排他性。德姆塞茨、弗里德曼、阿特金森和斯蒂格利茨以此为思路，对公共产品的内涵展开新一轮的讨论。詹姆斯·布坎南从供应公共产品的组织出发，认为公共产品是供给过程决定的，与公共产品本身的消费特征无关（经典定义是基于消费特征判断物品的属性）。也就是说，一旦某种物品进入公共组织部门供给范围，就可以将其视为公共产品，如住房保障。布坎南提出了“俱乐部”，即一种消费、所有权在会员之间的制度安排。俱乐部物品没有私人物品和公共产品之别，把私人物品和公共产品的会员数解释为 1 和无穷大，绝大多数公共产品是处于中间地带的。核心问题是讨论俱乐部最优规模和成员对俱乐部物品的最优消费之间的相关性。布坎南的俱乐部理论弥补了萨缪尔森物品两分法的理论缺陷。

20 世纪 20 年代，英国经济学家庇古开创了福利经济学的完整体系。为实现福利最大化

的目标，庇古考虑到两个问题：一是个人实际收入的增加会使其满足程度增大，二是转移富人的货币收入给穷人会使社会总体满足程度增大。据此，他提出了两个基本命题：国民收入总量越大，社会经济福利就越大；国民收入分配越是均等化，社会经济福利也就越大。庇古的这项贡献对公共服务均等化起到了基础性的影响。由于公共服务也是由国民收入形成，对公共服务的分配能对国民收入的分配起到重要作用，能够增进社会福利，促进社会福利最大化，特别是政府财政收入占 GDP 比例较高的时候。公共服务资源一般由政府掌握，主要由政府通过财政支出等手段予以配置，如果出现配置失当的情况仍然要由政府自身来纠正。庇古的国民收入均等化思想对公共服务均等化具有启示性意义，政府应当通过公共服务均等化来实现全社会福利最大化。

“均等化”，从字面理解包含均衡、相等的意思，而均衡包含调节、平衡的过程，最后达到相等。当然，这里的相等，只能是大体相等，不可能绝对相等。均等的内容包含两个方面：一是居民享受公共服务的机会均等，如公民都有平等享受教育的权利。二是居民享受公共服务的结果均等，如每一个公民无论住在什么地方，如城市或是乡村，享受的义务教育和医疗救助等的公共服务，在数量和质量上都应大体相等。相比之下，结果均等更重要。

对公共服务均等化有三种理解：一是最低标准，即要保底。“一个国家的公民无论居住在哪个地区，都有平等享受国家最低标准的基本公共服务的权利。”“这个均等化我们理解就是要托一个底，是政府应该提供的诸如普及义务教育、实施社会救济与基本社会保障这类东西，对其应该保证的最低限度的公共供给，必须由政府托起来。”二是平均标准。即政府提供的基本公共服务，应达到中等的平均水平。三是相等的标准，即结果均等。这三个标准并不完全矛盾，实际上是一个动态的过程，在经济发展水平和财力水平还不够高的情况下，一开始首先是低水平的保底，然后提高到中等水平，最后的目标是实现结果均等。当然，要做到结果大体均等，政府的供给成本就不能是均等的，或者说基本公共服务均等化的终极目标是应当使人与人之间所享受到的基本公共服务均等化。由于个人总是处于某个地区或城市和乡村之间，为了实现这一终极目标，可以阶段性地通过实现地区之间和城乡之间基本公共服务的均等化，进而实现人与人之间的基本公共服务的均等化。

（二）政府公共产品配置公平性的目标导向

政府公共产品的配置强调资源配置的公平性（均等化）和无偿性，保障政府公共产品配置须依靠强制性的财政和税收手段。公共性是公共财政的本质特征。这是因为，政府是整个社会的代表，政府的财政收入来自强制性地向全体社会成员的征税，因而，公共财政支出也必须用于全体社会成员，“取之于民、用之于民”是政府公共产品配置的基本理念，其内在的要求是政府必须对所有经济主体和社会成员提供“一视同仁”的服务。

在“一视同仁”的政策下，政府及其公共财政在为社会提供服务的过程中，对所有的社会成员应该是公平对待的。而在“区别对待”的政策下，政府及其公共财政实际上只着眼于和偏重某些经济成分、某些社会集团和少数乃至个别社会成员的利益。因此，公平性是政府公共产品配置的目标追求。政府为社会提供服务时的“一视同仁”，这从根本上决定了政府公共产品配置的范围。

众所周知，政府提供的纯公共产品存在外部性，政府可以向享受公共产品正外部性收益的人征税；又由于纯公共产品没有排他性，搭便车者问题的存在就使私人市场无法提供公共产品，在这种情况下如果政府确信一种公共产品的总利益大于总成本，他就可以提供公共产品，并用强制性、无偿性的税收收入对其进行配置，从而可以使每个人的状况变好，因此，纯公共产品的供给方应由政府提供。当然，纯公共产品的供给方也存在例外，比如科斯关于灯塔的故事，这个例子打破了纯公共产品政府垄断的供给模式，当然这是特例。不能否认的是，大部分纯公共产品政府供给的合理性，比如国防、基础研究、法律和秩序、货币的稳定、环境控制和收入再分配等领域。

从经济学角度看，服务是相对于生产来说的。根据产业结构的划分，在三次产业中，第一产业是农业，第二产业是工业和建筑业，这两个产业是物质资料的生产部门，生产出来的产品具有实物形态。第三产业属于服务行业，不生产物质产品，只提供劳务服务。因此，服务也称劳务，即不以实物形式而以提供活劳动的形式满足人们的某种特殊需要。在我国，第三产业即服务行业又可分为四个层次：第一层次是流通部门，包括交通运输、邮电通信、商业等；第二层次是为生产和生活服务的部门，包括金融、保险、房地产、公用和居民服务业等；第三层次是为提高科学文化水平和居民素质服务的部门，包括教育、文化、科学、卫生等；第四层次是为社会公共需要服务的部门，包括国家机关、政党、社会团体等。

公共服务属于公共产品范畴。公共产品和服务与私人物品和服务相对应。公共产品具有两个基本特征：消费的非竞争性与受益的非排他性。这里的公共产品，包含着公共服务的内容，区别只在于，生产领域的公共产品是有形的，而服务领域的公共产品则是无形的。因此，有关公共产品的分析也适用于公共服务。与公共服务相对应的是私人服务。私人服务通过市场来提供，公共服务则主要由政府来提供。有些服务是介于公共服务与私人服务之间的准公共服务，既可以由私人通过市场提供，也可以由政府提供，还可以由私人和政府共同提供。这里所讲的“提供”，是指“掏钱”，由谁掏钱就是由谁提供。政府提供，主要是通过财政支出来实现的。

通过上述两方面的分析，可以看出公共服务的内容，既包括第三产业中的第四层次，即国家机关通过直接提供劳务为社会公共需要服务，也包括政府通过财政支出向居民提供教育、卫生、文化、社会保障、生态环境等方面的服务。当然，与政企关系相关的政府公共资源配置主要是指第一产业、第二产业的政府公共产品和第三产业第一层次和第二层次中的公共服务。

三、政府作为政府公共产品和政府社会资本的提供者与企业的双重关系

政府与企业的关系反映了国家在某一特定时期的政治、经济生态等的境况。企业作为一种社会建构，具有深刻的时代特征。在西方资产阶级发展初期，主张企业自由发展，减少政府干预；但政府完全放手又导致“市场失灵”，因此，国家主义主张政府应该干预企业的发展，重构政企关系。随着当代社会政治、经济等问题交织和复杂化，政企之间的合作和互动也变得日益密切。实践表明，无论是政府对企业的统摄控制，还是政府对商业领域的放任无为，都是不可取的。

在政治、经济、管理领域突破理论局限，尤其是引入政府社会资本理论后，政企关系表现出新的特点和活力。政府不再是外生变量、超然存在于企业组织之外，企业也不再是纯粹的被管理者、与政府是主客体关系。政府和企业的关系既影响到每家企业自身的价值，又会影响到企业之间的公平和社会公共利益的维护，政府既是维系社会公平的管理者，也是参与市场活动的投资者，政府与企业之间的政权关系与产权关系，满足了政府创造社会价值、经

济价值的双重目标，满足了政府对公平的维护及对效率的追逐，这种基于政府社会资本所有权的政企关系和基于政府社会公共管理权的政企关系的双重关系框架，将企业制度与政企关系的研究拓展到了一个新境界。

政府与企业的关系要边界清晰、权责分明。企业的本质是政府作为政府社会资本投资者与其他资本提供者的集体选择，目标是集体选择参与者的共同利益最大化，集体选择的范围决定了企业的边界。政府要把该管的事情管好，把不该管的事情还给社会、市场、企业，将企业与政府的关系纳入制度范畴，以清晰的政府权力清单和市场主体清单明确划定政府权力与企业权利边界，构建“亲”“清”新型的政商关系。

（一）中国特色政企关系：公平与效率的统一

政企关系既是国家治理研究的范畴，也是公司治理的重要内容。中国特色政企关系话语体系的构建可以从国家治理与公司治理两个层面着手。在国家治理层面，政府作为国家代理人，既要维护社会稳定公平、实现其社会价值，又要推动经济增长、实现其经济价值。然而，不论是更加关注社会价值，依靠公共产品进行资源配置的“小政府”，还是追逐经济价值、通过政府社会资本投入进行资源配置的“大政府”，公平与效率都很难兼顾，极端的选择市场或政府任何一方都会带来巨大的市场或政府失灵问题。将政府的公共资源配置区分为公共产品和政府社会资本，既看到了市场和政府的缺陷，又结合了我国中国特色社会主义的国情与深化改革的大方向，不再将政府拘泥于“大”“小”的定位，而是积极地从集体选择和社会资本投入的角度重新审视政府与市场的关系，尽量弥补二者的不足、均衡二者的力量，以供给多元化和利益共同体为核心，在保证政府政治职能、公共职能的基础上，充分发挥其经济职能，为资源的有效、高效配置奠定了基础。政府不再只是市场的裁判员和弥补市场失灵的工具，它也是政府社会资本的投资者，是在维系社会公平的同时也参与市场活动并引导效率提升的投资者。

在公司治理层面，传统的企业理论将政府作为独立于企业之外的超然主体，其实质是只看到了政府与企业之间的政权关系，忽视了政府作为企业的天然所有者，如同物质资本、智力资本等其他投入要素一样，政府作为政府社会资本的投资者也理应被赋予所有权以及基于这一类所有权形成的产权关系。政府社会资本的提出，形成了“每一个企业都是具有政府社会资本禀赋的政府与其他资本投资者的集体选择所形成的混合所有制企业”的企业理论新框架，这一企业理论既正视了政府在企业理论中的定位与作用，也厘清了政府与企业之间的政权关系与产权关系。

基于政府公共资源配置视角提出政府社会资本概念，将政府视为政府公共产品提供者和政府社会资本提供者的双重身份，从而将政府与企业的关系从原来单一的政府作为公共管理者与企业的政权关系拓展到政府作为公共管理者和政府作为政府社会资本所有者与企业的双重关系。新型政企关系既满足了政府对社会公平目标的追求，又满足了政府对经济效率目标的追逐，并实现了国家治理与企业治理的有机衔接和协调统一。对中国来说，政府社会资本概念的提出，适应了中国特色社会主义市场经济体制、中国特色社会主义政治经济学的总特点，也完全符合全面深化改革、建立现代化经济体系的总要求，对中国特色社会主义市场经济体制话语体系的夯实以及中国特色政企关系话语体系的创建具有积极的促进作用。中国特色政企关系的基本框架如图 7－1 所示。

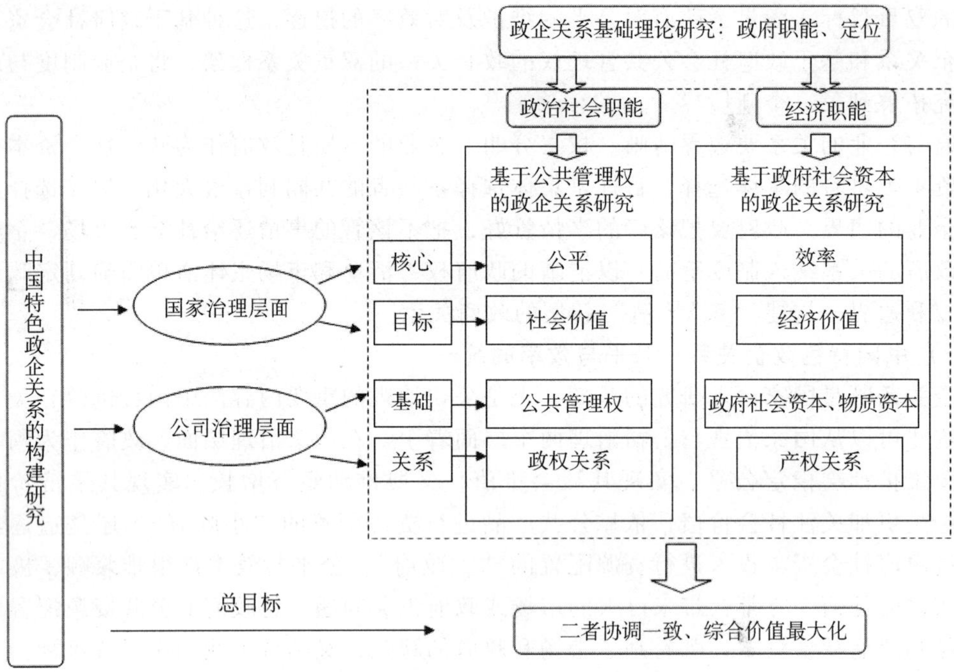

图7-1　中国特色政企关系基本框架

（二）中国特色政企关系的“亲”与“清”

自习近平（2016）提出“新型政商关系，概括起来说就是“亲”“清”两个字以来，围绕“亲”“清”新型政商（政企，下同）关系的研究迅速涌现。

熊文钊（2016）认为，理顺政府与市场的关系，是构建新型政商关系的基本要义。在中国特色的社会主义市场经济运行模式下，政府要把该管的事情管好，不应该管的事情放下去，还给社会、市场，交给企业家、商事主体。要坚持经济自治原则，落实市场主体的经济行为、管理行为自治，保障市场主体的独立权和参与权。要坚持市场有序原则，对于主体资格、经济交往、政府管理以及民事纠纷、行政纠纷等，都要确立相应的规则和解决渠道，以保证市场经济秩序的畅通。要坚持公平正义原则，落实市场开放、程序正义的要求，确保市场主体在法律适用上一律平等。李申学（2016）指出，政商关系的实质是法治关系，法治不彰，则政商关系不良。从一定意义上讲，法治化程度决定了政商关系的成熟程度。邴正（2016）认为，在法治框架下，“亲”“清”不是一个认识问题，而是一个实践问题，将企业与政府的关系纳入制度范畴，以清晰的政府权力清单和市场主体负面清单，明确划定政府权力与企业权利边界，是建立“亲”“清”新型政商关系的关键。田志龙等（2016）指出：建立新型的政商关系，首先需要从三个方面厘“清”这个关系：关系范围；关系职责；关系规则。在“清”的基础上，才能加“亲”。资金议（2017）从权力和资本分开的视角探讨了新型政商关系的构建，并指出：公权为公，资本为私，二者的界限是非常分明的。二者一旦逾越界限，粿合在一起，就会产生权力与资本的异化。这种异化会带来两种结果，一种是以权力寻租为特征的“亲而不清”，一种是以庸官懒政为特征的“清而不亲”，这两种情况又与“政府失灵”和“市场失灵”相对应。以政府最小干预和不作为为特征的“清而不亲”放纵了资本的任性。以政府的全能干预为特征“亲而不清”则忽略了权力的扩张性。方世南（2017）指出，构建“清、亲”的政商关系，要确立系统整体协调推进的理念，将政商贯通连接起来谋划，政商双方共同在文化生态、制度生态、法治生态等方面同频共振、同时发力，同向推进，一体化地促进政商生态得到同步优化。

客观来看，大多数关于政企关系的研究都是在政府的社会公共管理职能框架内对政商关系进行探讨，而少有在协调的政府经济发展职能和社会公共管理职能框架下的研究，且大多数研究关注的是传统政企双方权力范畴下的各自边界的调整，而忽视了对政企双方权力属性和内涵的创新研究，大部分关于“亲”“清”政商关系的研究，未能提出科学的“亲”“清”关系的评价标准和理论依据，是以“公平”为评价标准，还是以“效率”作为评价标准，还是兼顾“公平”与“效率”？如果是兼顾，权衡的依据又是什么？少有研究对此作出令人满意的回答。

我们认为：“亲”，即亲睦和谐，政府通过政府社会资本的投入获取企业的一定所有权，与企业有共同的利益关系与目标追求，真正做到了和如一家；同时，政府社会资本的所有权与其他资本提供者的所有权具有平等的地位，只有在涉及侵害社会公共利益的情况下政府才可行使黄金股等特权外，在企业日常事务中只能根据其享有的股权比例行使表决权，从而可以有效地避免政府对企业日常运营的不当干预。“清”，即清正廉洁，政府配置的公共产品必须遵循“均等性”“公平性”的原则，要对所有社会成员“一视同仁”，因此，政府与企业要边界清晰、权责分明。需要注意的是：虽然政府正在通过建立“三张清单”（权力清单、负面清单、责任清单）制度，用“清单”明确政府权责，使政府这双“看得见”的手和市场这双“看不见”的手在经济社会发展过程中的作用边界和施展方式得以更清晰的界定，从而厘清政府与市场、企业的边界，但是，如前所述，目前大多数政企关系研究都是在单一的政府作为公共管理者与企业之间的行政管理关系的框架下进行的探讨，主要内容是探讨如何通过法律、制度来规范政府公共权力的行使，而少有研究触及政府对企业除公共权力之外的私有权力，如政府社会资本所有权。在“政府作为公共管理者与政府作为政府社会资本所有者与企业的双重政企关系”的新型政企关系框架下，“三张清单”除需规范与政府作为公共管理者与企业之间关系相关的“三张清单”外，还需同时规范与政府作为社会资本所有者与企业之间关系相关的“三张清单”，目前所推出的“三张清单”中缺失了与政府作为社会资本所有者与企业之间关系相关的“三张清单”的规定，需要加以补充和完善。

第三节　政府作为政府社会资本所有者与企业的关系

确立政府对企业的政府社会资本所有权，意味着政府和企业其他投资者形成了利益共同体，共享盈余、共担风险。政府作为企业的政府社会资本的投资者和所有者，必然与企业存在微观产权关系。本节将站在政府社会资本所有者的政府视角，探讨政府作为政府社会资本所有者与企业的关系。

一、确认企业中政府社会资本所有权的经济后果

在当前政府公共财政体制下，政府公共产品和政府社会资本相混淆，政府对政府社会资本投资的产权主体身份未得到认定，导致政府社会资本投资实际上被企业的其他资本提供者

无偿占有[①]，这会诱使大量在生产经营中并不需要政府社会资本投资或不具备政府社会资本获得资格的企业会采取寻租、行贿的方式以获得这一额外收入，而政府（官员）可以通过对这一额外收入的授予要求企业承担一定的政治和经济任务，政企关系因而扭曲和异化。

政府社会资本的投放应遵循市场化逻辑。但不可否认，当政府凭借政府社会资本所有者身份参与市场活动时，同样会遇到上述问题。政府社会资本市场化配置过程中可能出现两个问题：第一，政府滥用谈判力导致定价过高。尤其至关重要的生产要素，数据对于互联网企业或数字经济企业来讲是至关重要的生产要素，离开数据企业便无法存活；又如，特许经营权是企业存在的必要条件，当采矿权被取缔，矿场主只能选择关门大吉。此时政府便可以"坐地起价"，并以"公权力"强化自身谈判力，导致政府社会资本的定价远高于其本身应有的价值。第二，部分政府官员与企业合谋导致定价过低。政府官员也可以发挥自身资源配置权限，与企业家合谋以较低的价格将政府社会资本投入企业。类似的情况在现实社会中并不罕见：在国有企业改制过程中，企业的股份与资产以较低价格转让给私人，从而造成重大国有资产流失；以较低的价格将黄金地段的工业用地等低价转让给企业。

此外，上述两种现象有可能同时出现：那些与政府部门与政府官员建立良好私人关系的企业家能够以较低的价格获得政府社会资本，而其他企业则被迫以较高的价格接受政府社会资本，政府向市场供给各类生产要素优化供给侧改革却可能成为扭曲市场的"原罪"。因此，如何设计一套行之有效的监督管理机制，将政府与企业合谋的可能性降到最低，确保政府社会资本定价能够与其价值相当，是政府社会资本等要素市场化配置所面临的重要问题。

二、政府作为政府社会资本所有者与企业关系的公平性

政府作为公共产品和服务资源供给与政府社会资本投资的双重主体，在两类资源配置上具有不同的利益关系，与公共产品与服务资源供给相比，政府社会资本投资能够在更短的时期内实现经济效率的提升。在政治晋升压力下，地区主政官员为实现任期内更高的 GDP 和财政收入增长，会更倾向于将有限的公共资源用于政府社会资本投资，而不是公共产品和公共服务资源的供给，这实际是以牺牲整体社会公平为代价来换取局部经济效率的提升。而且对存在政府社会资本投资的企业很有可能在公共产品和服务资源供给上也会获得政府的"优待"，诸如在行政审批、备案等流程上提供"插队服务"，甚至直接免除相关程序要求；在交通、教育等公共基础设施配套上给予优先配套等，此时就会产生政府社会资本投资与公共产品和公共服务资源供给对象的扭曲性趋同问题，增大政府社会资本投资将对社会公平性造成更为严重的损害。

与国有资本确权不同，政府社会资本大多为隐性投入，其股权比例的确认需要经过科学合理的测度与计量。若过多确权可能会导致政府部门侵占市场主体利益，或是政府股东侵占小股东利益问题。由于政府特殊的市场地位，可能使股东之间的利益冲突问题更加复杂化。不仅如此，如果地方政府或出于政治晋升目的压缩公共产品供给比例，可能会以牺牲整体社会公平为代价来换取局部经济效率的提升。若确权过少，可能会导致政府部门的投资收益流失，弱化政府对市场主体在重大决策上的监督和管制。因此，政府社会资本所有权比例的确

---

① 按现行会计制度规定，专项经费或政府补助，无论是通过"专项应付款"还是通过"递延收益"核算，都没有转化为政府对企业的所有者权益。即使能够形成资产的专项经费或政府补助，最终也只是增加了"资本公积"，从而增加了其他资本所有者的所有者权益，而其实际的投资者——政府在企业中的权益却丝毫没有体现。

认不应是政府单方面决定，而应是政府和其他资本提供者等集体选择与协商的结果。

通过政府和企业其他资本提供者等利益相关者集体选择与协商对政府社会资本清晰的所有权界定，政府社会资本投资以资本而非收益的形式进入企业，政府凭借政府社会资本的投资将参与企业控制权和剩余收益的合约安排，将享有企业的日常经营活动的知情权、参与权和监督权和剩余收益分配权，明确了政府在被投资企业的合法股东地位及相应的权利。股权运作的透明化和制度化自然会削弱企业家的寻租和腐败动机，也会抑制政府（官员）在政府社会资本投资上的设租行为，而清晰的产权结构也同时赋予了其他股东与自身投资相对称的权利地位，可以抵制政府的不正当政治和经济任务对企业价值创造活动的干扰和破坏，从而实现政府作为政府社会资本所有者与企业关系的公平性。

三、政府作为政府社会资本所有者与企业关系的公开性与特殊性

（一）政府作为政府社会资本所有者与企业关系的公开性

政府作为政府社会资本所有者与企业的关系在微观上可能会引起政府与其他资本所有者之间的利益侵占问题，在宏观上可能会引起政府的公平和效率目标的矛盾和冲突。解决问题的根本措施在于提高政府社会资本投资的信息透明度，从而使政府作为政府社会资本所有者与企业的关系成为一种公开、透明的产权关系，为此，构建政府社会资本股权信息平台，向全社会公开各个地区各级政府的政府社会资本投资信息，包括全部被投资企业的政府社会资本投资金额、折股比例、收益分成等基本信息，以缓解政府与企业以及社会公众之间对政府社会资本投资的信息不对称状况。通过全国、地区的政府社会资本股权信息平台的构建，有助于政府社会资本产权市场价格机制的形成，从而提高政府社会资本与政府公共产品等政府公共资源配置的市场化程度。

（二）政府作为政府社会资本所有者与企业关系的特殊性

政府对社会资本投入数量的多少反映了政府对市场化程度的选择。投入得越多即由政府确定的资源配置数量越多，投入得越少也就意味着政府交由市场配置的资源越多。政府作为企业所有者与企业通过政府社会资本作为纽带，形成了一种特殊的股权关系。这种特殊的股权关系主要体现在黄金股制度方面。

黄金股又被称为金股或特殊管理股，它没有经济价值，只是象征意义上的股份。持有人无须投入显性资本，就能在重大问题决策上拥有绝对的否决权或确认权，但不享有利益分配权和剩余财产分配权，一般情况下黄金股在企业中所占份额很小。黄金股起源于20世纪80年代的英国，当时的英国正在进行国有企业所有制改革，航空、电信、水利和电力等国家基础产业开始向外转让国有股份，国家为了宏观控制开始使用黄金股政策。黄金股只能由政府或政府职能部门持有，不得转让或委托给其他非政府的个人或组织，以保护国民利益和国家财产安全。政府获得黄金股没有向企业投入显性资本，所以并不拥有对企业的占有权，通过对企业投入政府社会资本，政府获得了对企业重大事项的表决权，并通过实际收取的税、利等参与了企业的利益分配，可见在黄金股制度中占有权、控制权和收益权并不对等。运用黄金股制度，国家可以在不投入资本的情况下控制重点行业的国有企业。目前，黄金股还未形成统一的法律意义，各国根据自身政治环境和法律环境的不同，在实施时通过与其他股东进行协商确定企业权利结构和黄金股使用条件等具体实施事项，如葡萄牙、意大利和西班牙以主体立法的形式辅以政府命令或法令，针对某些行业企业赋予政府特权，法国则是采取特殊

行动法案来赋予政府特权。

在新型政企关系中，政企重建的产权制度要求将政府扮演的两种角色剥离开来。一方面，政府是整个公共社会的管理者，这是政府自带权威的根源；另一方面，政府投入了显性和隐性的政府社会资本，并希望通过投资追求经济利益，政府更是公司的股东。作为公司的股东，政企双方将在更平等的位置上进行对话和谈判。但是，当涉及社会公共利益的重大决策时，为了维护社会公共利益，仍应赋予政府社会资本所有权以特权，从而使政府能够在仅拥有企业较低的表决权比例时仍能够对危害社会公共利益的重大决策“一票否决”。

第四节　政府作为公共管理者与企业的关系

确立政府的公共管理权意味着政府是一个超然主体，每一个企业都应纳入其管理的范畴。政府的基本职能是政治职能，是通过提供公共产品增进社会福利，维护社会稳定和秩序，保障社会公平。公共产品和公共服务均等化是对基于政府公共管理权的政企关系的基本要求。本节将对政府作为公共管理者与企业的关系进行分析。

一、政府作为公共管理者对企业的公共产品配置

政府自从成立起，就发挥着管理社会公共事务、行使公共权力、促进公共利益的职能。政府产生、存在和发展是为了公共利益、公共目标、公共服务以及创造具有公益精神的意识形态等。政府公共管理是政府为了解决公共问题，维护与实现公共利益，运用公共权力对公共事务与公共部门施加管理的社会活动。虽然不同时代、不同背景对政府公共性的外部特征有不同的要求，但实现社会正义、提供公共产品却是所有政府公共管理的共同内容。

政府公共管理作为实现公共利益而进行的公共部门管理活动，总是着眼于社会发展长期、根本的利益和公民普遍、共同的利益来开展其基本活动的。从现代意义上看，政府公共管理的“公共性”内涵可以归纳为以下四个方面：一是政府公共管理主体的公共性。政府作为公共管理主体，具有组织的代表性、行为的公务性、宗旨的公益性、权力的法定性等共同特征。二是政府公共管理价值观的公共性。政府公共管理的价值观主要体现在平等、正义、公平、民主、伦理以及责任心等方面，注重在民主政治理念上去实现公众的高度参与、社会公平以及承担为公众谋求福利的责任。三是政府公共管理手段的公共性。政府公共管理是政府运用公共权力实现管理目标的社会活动，公共权力的公共性充分体现了政府公共管理手段的公共性。四是政府公共管理对象及目标的公共性。政府公共管理的客体或对象是公共事务，政府对公共事务的管理首先从公共问题入手，公共问题是公共管理的逻辑起点，最终要达到的目标是实现社会公众的公共利益。

衡量政府活动是否达到公共性的基本标准是，公共政策及其执行是否坚持和维护了公民的基本权利，是否在舆论中充分体现和表达了公民的意志，政策与执行的出发点是否超越了政府的自利倾向，而考虑更为普遍的社群利益和社会长远利益等。

政府公共管理的“公共性”集中体现在政府行使公共管理职能时对公共伦理精神的永恒追求。公共伦理精神规定并影响着政府公共政策规划的基本目标和方向；它塑造着一个行政体系中的行政人格，并在很大程度上影响着政府及行政人员的权威。政府公共管理作为一

种服务型的社会管理模式，必然要将服务原则定位为其管理的基本原则，在服务原则的基础上，管理过程中就会形成以伦理关系为基本的人际关系。这种以伦理关系为基本关系的管理模式，决定了公共管理以道德为其行为选择的依据和基础。公平正义是政府组织履行公共管理职能的最高追求。政府从产生的那一天起就肩负着维持公平与正义的使命，政府的责任就在于给人以人性的关怀和服务。诚实信用是政府组织履行公共管理职能的基本前提。在政府的道德谱系中，诚信处于基础性地位，它影响并决定着政府其他道德品质的实现程度。

政府兑现其承诺给人民的事项，除通过制度供给和安排外，绝对离不开诚信的精神支撑。政府必须对公众怀有善良的动机和忠诚的行动。责任意识是政府组织履行公共管理职能的价值理念。政府治理并不是单纯的管理，更确切地说是其履行责任的一种方式，政府只有在其能够保障社会利益、促进社会意志的实现时才是合乎理性的、合法的。务实高效是政府组织履行公共管理职能的价值目标。现代社会的加速度发展，要求政府高效地处理各方面的问题，使人民的权利得到有效的保障和实现。政府效率不能一味追求经济发展指标，而应该更加关注社会的全面进步和人的全面发展。要实现从效率优先到又快又好的转变，真正体现出以人为本的精神。协调和谐是政府组织履行公共管理职能的重要保证。社会发展与进步需要政府机关之间、政府与社会之间、政府与企业之间、公职人员之间的合作与协调，政府的协调精神突出地表现在政府与市民社会的协作互动，促进双方的共赢。宽容博爱是政府组织履行公共管理职能的人文升华。政府及其行政人员对公民的个性习惯、思维方式、情感方式、生活方式要有足够的包容性，不随意干涉公民的私人生活，关爱各个层次的公民发展。这是对公民的生存方式和生活态度的一种理解，是对自由价值的一种肯定和维护。

二、政府作为公共管理者对企业的权力与利益关系

（一）政府作为公共管理者对企业的权力

公共管理中的行政权是公权力的主要组成部分。行政权力的扩张始于 20 世纪初。第二次世界大战以后，“市场失灵”使人们过分相信政府的行政权，认为政府是万能的，能够医治“市场失灵”和解决人们社会生活中的种种问题。于是，行政职能大为扩张，行政的疆域大大超出了传统的边界。当今，行政权已经渗透到社会的每一个角落，对人们的生活产生了全方面的影响。行政权、司法权和立法权之间的传统界限已经被打破，还逐渐形成前所未有的行政司法权和行政立法权，其权力行使的手段和方式更是复杂多样，并最终导致了行政国家的出现。

近年来，地方政府在改革实践中不断推出种类多样的清单，几乎出现了所谓“清单治理”。其中最基本、最早实行的一种应该是权力清单。在种类繁多背后，权力清单发展变化过程是一种什么逻辑在起作用，值得探究。由于政府本身难以受到外界监督，作为人民的“代理人”容易出现委托代理关系不明晰、履职尽责意愿与能力不强等问题，也为政府官员的寻租和舞弊留下了空间。例如，在政府公共部门采购过程中，由于缺乏足够的监督和管理，可能致使政府采购的产品并非是真正“物美价廉”的最优选择，那些与政府官员具有良好私人关系的供应商可能更容易中标。当政府采购并非严格遵守市场化竞争原则，各类竞标的厂商并不能凭借价格与质量公平参与竞争，不仅使政府无法代表人民合理运用每一笔财政支出，也间接造成了价格双轨制等问题。

政府权力清单制度实施是行政审批制度改革的一个重要组成部分，运用清单这种工具手

段限制政府权力，“法无授权不可为”，以达到简政放权改革的预期目标。党的十九届四中全会决定中提出了“构建职责明确、依法行政的政府治理体系”目标要求，以及优化政府职责体系的具体要求，包括“实行政府权责清单制度”的重要举措。可见，权力清单制度的完善和发展，在政府治理体系建构中，有其重要的现实意义。

（二）政府作为公共管理者对企业的利益关系

公共利益是指在一定社会条件下和特定的范围内大多数主体相一致的利益，其实质是资源和条件，也是广大民众生存、享受以及发展所需。公共管理中的公共利益又不同于社会利益和共同利益，其具有主体数量的不确定性和共享性等特性。其中公共利益的不确定性是指“公共利益”这个词语本身表达的意思模棱两可，具有公共的不确定性、利益的不确定性。

公共利益的社会共享性主要表现在两个方面：第一，无差异性。社会共享性是指各个主体都拥有获取资格的权利，一旦某种资源和条件被界定为公共利益，那么每个社会成员都具有享受这种资源和条件的资格。第二，双重性。社会共享性具有双重特征是指既有自愿的分享也有被动的分享。而人们大多数会忽略被动分享的特征，社会共享性的被动分享特征存在于很多领域。

在公共管理中，其主要主体便是政府，拥有并行使公权利统筹管理辖区内的各种社会公共事务。在公共管理中，政府是人民群众的代理人，政府行使公共权力是为了维护和提高人民群众的利益。然而，政府要能够有效地履行公共管理的职责和充分地发挥公共权力的作用，就需要在人力、物力、财力等方面有所保障，才能实现作为人民群众代理人和提高人民利益的职责。

三、政府作为公共管理者与企业关系的公平性

从公共权力产生的历史来看，人类社会产生之初并没有国家，也没有公共权力，随着社会的发展进步、人类社会规模不断的增大、管理更加的复杂，人民才让渡自己的部分权利从而产生国家、政府和公共权力。由此可见，公共权力产生的根源是人民为了更方便有效地管理自己的事务，人民才是权力的所有者，政府不过是代理人罢了。但是权力天然具有扩张性，官员这一代理人在获得权力的授权后并不必然按照权力所有者——人民的意志行事，而是竭尽所能地谋取私利，这就产生了公共权力的寻租。在政商关系中，商是人民的一部分，理所当然地是权力的主人，而政府是权力的代理人，是服务者。理想中的政企关系应该是政府为企业和市场提供宏观指导、制定规则、调节收入差距、提供纠纷解决机制，企业为政府的长效运转提供税收、为社会的发展提供动力、为人民的生活提供物质保障。至此，权力运行规范有序，实现了利民的根本目的。

而在经济社会转型过程中，由于制度欠完善以及对权力监督的不到位，权力的扩张性没有得到约束，反而树立了权力在资源配置中的权威，权力通过层出不穷的审批和无穷无尽的程序迫使资本屈服，企业只能通过非法的手段向政府要政策、要资源。从理性的角度思考，民营企业更需要公平公正的发展环境，而新型政企关系正有利于营造公平公正的发展环境。新型政企有利于克服权力的扩张性、发挥权力的利民性。新型政企关系的“清”字强调要构建清清爽爽的政企关系。“亲”“清”相辅相成，共同推动构建良好的市场环境。新型政企关系也有利于促使企业赚钱从“靠关系”到“靠本领”转变，这样就减少了企业迎来送往、打通关系的时间和金钱，使企业可以有更多的精力和费用放在产品研发、市场营销、技术创新上面。

第八章 政府社会资本与财税体制改革

科学合理的财税体制是“优化资源配置、维护市场统一、促进社会公平、实现国家长治久安的制度保障”，政府财税管理体制必须要解决好政府与市场、政府与企业、政府与社会、中央与地方政府之间的财税利益关系，也只有如此才能建立与国家治理现代化体系相适应的现代化财税管理体制（高培勇，2014）。将政府公共资源区分为政府公共产品和政府社会资本之后，不仅实现了政府社会资本投资与政府公共产品供给的分类管理，而且为财税体制的改革提供了新的途径。

第一节 我国财税管理体制改革演进脉络

一、放权让利改革阶段（1979—1994）

党的十一届三中全会顺利召开之后，我国经济体制开始全面改革，从封闭式计划经济逐渐转变成中国特色社会主义市场经济，财税体制改革作为经济体制改革的突破口迅速铺展开来。这一时期，财税体制改革重点是围绕着放权让利的主线来调整国家与企业、国家与公民以及各级政府间的分配关系。一方面，通过国营企业利润留成、“利改税”实行承包经营责任制等举措减税让利，调整政企之间的经济利益分配关系，调动企业、职工生产经营的积极性，促进国民经济发展。另一方面，在坚持中央统一领导的前提下，下放经济管理权，由地方政府自主治理本地经济发展，并通过划分税收收入为地方政府履行职能提供基本的财力保障。

在税收制度建设方面，全面加强复合税制建设，逐步形成了以流转税和所得税为主、内外有别的税制体系。改革开放伊始，由于十年“文革”的破坏，国内经济形势不容乐观，百业待兴，决策当局重新推行企业利润留成，按照核定比例分别从基数利润、增长利润中提取一定利润，剩余部分则留作企业发展资金或职工福利。然而，这只是一种较为粗略地划分政府、企业、职工三者之间利润的暂行办法，真正开始以法律形式确立稳定的利润分配关系要从“利改税”谈起。我国先后分两步实施“利改税”：1983 年按照国务院批转财政部《关于国营企业利改税试行办法》实行第一步“利改税”，主要是以企业所得税代替国营企业上交国家的利润收入；1984 年，按照《国务院批转财政部关于在国营企业推行利改税第二步改革的报告的通知》（国发〔1984〕10 号）实行第二步“利改税”，主要是初步地调整税制结构，用产品税、增值税、盐税和营业税四个税种取代工商税，开征资源税、城市维护建设税、房产税、土地使用税、车船使用税等新税种。同时，恢复征收关税，专门建立涉外税制，包括推行中外合资经营企业所得税法、外国企业所得税法、向外籍人员来源于我国的收入征收个人所得税等，设立独立的涉外税收征管机构，以应对改革开放后外商投资迅速增长的变化、维护国家权益。该阶段的税制改革规范了政府与企业、政府与公民之间的利益分配关系，扩大了企业的自主经营权，减轻了企业税负，搞活了内外资本市场，更为后期财税体制改革奠定基础。

二、分税制改革阶段（1994—1998）

随着经济发展和市场经济体制的建立，财政包干制的弊端日益明显，中央政府逐渐失去了宏观调控能力，迫切需要突破传统的改革思路，扭转财力分配格局，构建全新的财税体制框架。1993 年出台的《国务院关于实行分税制财政管理体制的决定》（国发〔1993〕85 号）提出分税分级财政管理体制（简称“分税制”）改革，成为改革开放以来范围最广、影响最深远的财税体制改革。

1994 年，我国开始实施大刀阔斧的工商税制改革，遵循着“统一税法、公平税负、简化税制和合理分权”的原则调整税制体系，主要包括取消产品税、盐税、各种类型企业所得税、集市交易税等不合理税种，开征增值税、消费税、营业税、土地增值税、证券交易印花税，统一征收内资企业所得税，停止对外资企业征收工商统一税，实行内外统一的个人所得税等，简化了税制结构，规范了政府与企业之间的分配关系。

三、构建公共财政基本框架改革阶段（1998—2013）

1994 年建立的分税制基本框架逐渐释放财政分权的红利。然而，分税制改革并不彻底，支出端的改革滞后于收入端改革，政府事权划分不清晰，政府预算外资金乱象百出，政府间的财政收支矛盾日益凸显，地区间的公共服务水平差距逐渐扩大，引起各界的广泛关注。面临着内需不足、外部金融危机双重压力，决策当局在 1998 年全国财政工作会议上首次提出“构建公共财政的基本框架”，由此该阶段的财税体制改革以构建财政体制为目标推行了一系列的改革举措，重点改革完善分税制体制中的支出端。

在税制建设方面，该阶段基本上没有较大的改革变动，主要通过“费改税”（又称为“税费改革”）规范政府收入结构，以税收为主要收入形式，减少行政收费。取消一切不合理的政府收费，将具有税收特点的规费改为征税。例如，取消车辆购置附加费，开征车辆购置税等。自 2001 年起，推行农村税费改革，“三取消、两调整、一改革”，推进城乡税制统一。2003 年以后，相继改革部分税种，如合并内外资企业所得税，修订、完善车船使用税、烟草税、印花税等小税种的暂行条例，但总体而言，该阶段的税制改革只是微调、慢改，没有实质性的突破。

四、建立现代财税制度改革阶段（2013 年至今）

2013 年，党的十八届三中全会通过的《中共中央关于全面深化改革若干重大问题的决定》，把财政定位到“国家治理的基础和重要支柱”的历史新高度，拉开了建立现代财政制度序幕。2014 年 6 月 30 日，中共中央政治局会议通过了《深化财税体制改革总体方案》，明确了经济发展新常态下的财税体制改革工作部署，启动了全方位、多层次、纵向化改革。

自2013年全面深化改革以来，税制改革取得突破性进展。一是"营改增"的全面实施。"营改增"作为税制改革的重头戏，从2012年开始进行改革试点探索，逐步扩大试点范围，并于2016年5月1日全面覆盖货物和服务，消除了重复征税问题，大大降低了企业税负。随后，又调整增值税税率，取消了13%一档，把天然气、农产品等商品增值税税率降至11%。2018年进一步调整增值税税率，如纳税人发生增值税应税销售行为或者进口货物，原适用17%和11%税率的，税率分别降为16%和10%。二是资源税全面改革。2016年7月1日开始资源税改革，扩大资源税征收范围，实施矿产资源从价计征，全面清理违规、不合理收费项目等。三是稳步推进企业所得税、个人所得税、消费税等税种改革。不仅是收入划分，在征管划分上，也有新的改革。中共中央印发《深化党和国家机构改革方案》(2018年3月)要求将省级和省级以下国税、地税机构合并，实施以国家税务总局为主和省级政府双重领导管理体制。这在降低征纳成本、提高征管效率方面又更进了一步。

全面实施"营改增"必不可免地会影响政府间收入的划分。《国务院关于印发全面推开营改增试点后调整中央与地方增值税收入划分过渡方案的通知》(国发〔2016〕26号)，提出过渡期增值税收入划分实行五五分成，基本保持现有的财力分配格局。近年来，财政管理也成为建立现代财政制度的重要内容。一是地方政府债务管理，特别是隐性债务，受到多方关注。中央政府接连出台《国务院关于加强地方政府性债务管理的意见》(国发〔2014〕43号)、《地方政府性债务风险应急处置预案》(国办函〔2016〕88号)、《关于进一步规范地方政府举债融资行为的通知》(财预〔2017〕50号)等多份文件，规范地方政府债务管理，建立规范的地方政府举债融资机制、债务限额管理等，防范化解重大风险。地方政府也加快存量债券置换，通过培育政府债券市场、增收节支、PPP模式等举措，促进财政收支平衡。二是绩效管理成为时代的"新宠儿"。党的十九大报告提出"全面实施绩效管理"，成为深化财税体制改革的新目标。目前，相关绩效管理的指导性文件正在制定过程中，将会指明深化改革的方向、明确新任务。

第二节　我国中央和地方政府财税利益关系的变迁

一、从"一灶吃饭"到"分灶吃饭"

在政府间收支划分方面，依据税制设置和企事业隶属关系，确定各级政府财政收入、支出范围，从此，政府间财政关系由"一灶吃饭"转变成"分灶吃饭"。在此期间，我国先后实行"划分收支、分级包干""划分税种、核定收支、分级包干"以及"财政大包干"财政体制。其中，"财政大包干"形式细分为"收入递增包干""总额分成""总额分成加增长分成""定额上解"以及"定额补助"。在收入端，各级政府实行收入分成。具体的收入分成办法有所差异，但其基本原理是相同的，中央根据财政运行历史状况核定地方财政收入基数，然后确定地方上缴中央的财政收入基数或者收入增长率，并几年不变，如果地方实际财政收入超过收入基数或某一增长率，基数额全部留给地方，增收部分按照一定比例留给地方；反之，如果地方实际财政收入未达到收入基数，中央对地方进行一定的财政补助。在支出端，中央负责中央级及所属事业单位财政支出，地方负责本级及所属事业单位财政支出，分列各级预算，地方拥有对其财政收入的分配权和使用权，秉着以收定支的原则，多收多支、少收少支，自求平衡。

虽然这一阶段还没有正式提出转移支付的概念，但在此期间中央对地方的大量财政补助、专项拨款实际上属于转移支付的范畴。当时，对于经济发展相对落后、收不抵支的地方政府，中央予以一定的财政补助，其实相当于分税制改革以后建立的一般性转移支付。另外，对于特大洪涝、干旱等自然灾害救济费、偏远地区基础设施建设补助等特殊支出项目，中央设立专案拨款，限定资金使用用途，类似于分税制改革之后建立的专项转移支付。

财政包干制结束了中央财政高度集权，不仅扩大了地方政府的财政自主权，调动了地方多渠道筹集财政资金、搞活本地经济的积极性，减少对中央财政的依赖，还激发了市场的竞争性，打破国企“铁饭碗”，有利于促进国民经济发展。但是整个20世纪80年代的财税体制复杂多变，在如此短暂的时间内就经历了三次变动，中央和地方的财权财力调整幅度较大，必然影响政府履行社会职能。财政包干制运行到20世纪80年代末、90年代初，其内在问题逐渐暴露出来，使得中央和地方的财力分配格局发生颠覆性转变，主要表现在：一是中央政府财力锐减，削弱了宏观经济管理能力。中央政府通过包干制放权给地方政府，地方政府除了保留着大量的预算外收入，可按照“利改税”之后划分的税种获得相当可观的税收收入，同时获得征税权、收入支配权。但中央政府所承担的经济建设投资和财政补贴支出责任较大，连续出现财政赤字，甚至陷入向财政盈余的地方政府借款、发行国家外债的尴尬境地，难以发挥宏观调控作用。如图8－1和图8－2所示，从改革开放到分税制改革之前，中央和地方公共财政收入波动较大，中央政府公共财政收入远低于地方公共财政收入水平；从1985年开始，中央和地方公共财政支出呈现“剪刀差”式变化，地方财政支出开始超过中央财政支出，随后二者差距呈现扩大趋势。表8－1显示了20世纪80年代中央向地方政府借款情况，其间中央借款累计为422.16亿元，年度借款额占中央支出的比重最高达10.9%，最低为4.3%。二是地方政府过度追求地区性经济发展，相互分割，重复开发，投资膨胀，形成了“诸侯经济”。三是地区间的财力差距扩大，东部沿海省份迎着改革开放的“春风”迅速发展，能够征收更多的税收收入，而西部地区发展较为落后，税源较为匮乏，经常出现收不抵支，直接影响了地方政府履行社会职责。总体而言，放权让利阶段的财税体制改革举措主要集中在财权、财力分配调整，打破财权集中，使财力分配由“条条”为主改为“块块”为主，政府间财政事权的界定和划分较模糊，没有建立系统、完整、稳定、规范的财税体制框架。

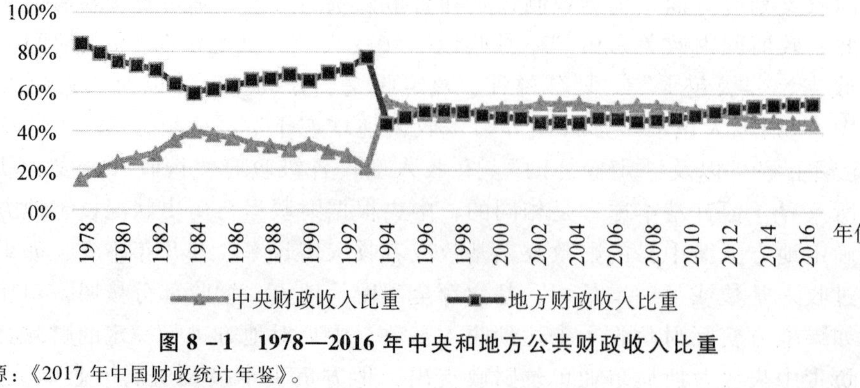

图8－1　1978—2016年中央和地方公共财政收入比重

资料来源：《2017年中国财政统计年鉴》。

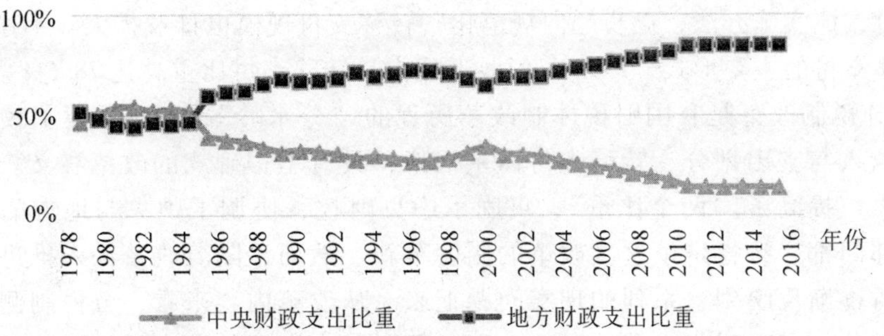

图 8-2　1978—2016 年中央和地方公共财政支出比重

资料来源：《2017 年中国财政统计年鉴》。

表 8-1　1981—1989 年中央向地方借款情况　单位：亿元，%

项目	1981 年	1982 年	1983 年	1984 年	1985 年	1986 年	1987 年	1988 年	1989 年
借款额	68.41	40.20	36.18	38.37	42.97	45.14	48.31	50.22	52.36
中央支出	625.65	651.81	759.60	893.33	795.25	836.36	845.63	845.04	888.77
借款额占比	10.9	6.2	4.8	4.3	5.4	5.4	5.7	5.9	5.9

资料来源：《中国财政统计（1950—1991）》。

二、“分灶吃饭”的沿袭——“分税制”雏形渐成

在政府间的收入方面，分税制改革按照“事权与财权相结合”的原则，统一划分中央税、地方税、共享税，将维护国家利益、宏观调控能力较强的关税、消费税等归为中央税，将适合地方征管的营业税、土地增值税等归为地方税，将与经济发展直接相关的增值税等划为中央和地方共享税，并依据税种划分中央和地方所相应拥有的税收收入的立法权、管理权等。同时，中央和地方（个别地区除外）分设国税、地税两套税务征管系统，国税机构征管中央税和共享税收入，地税机构征管地方税收入。这种政府间的收入划分方式既考虑不同税种属性差异，又兼顾中央迫切集中财力现实需要和地方财政承受能力。

在政府间支出方面，分税制改革主要延用了包干制中的央地事权与支出责任划分，没有对政府间的支出格局进行实质性变动。这一阶段实行“双轨并行”转移支付制度，不仅保留了旧体制下的体制上解、年终结算补助（或上解）及专项补助等转移支付形式，而且采取了分税制改革中的税收返还和过渡期转移支付制度。税收返还作为分税制改革的重要组成部分，维护了地方政府的既得财力和支出范围，巧妙地化解了推行改革遇到的重重阻力。1994 年，中央以 1993 年地方净上划收入额（即消费税 +75% 增值税 - 中央下划收入）作为税收返还基数，并全额返还给各地。1994 年后，如果地方净上划收入超过 1993 年基数，中央以 1993 年基数递增税收返还额，递增率由“两税”（即增值税和消费税）平均增长率的 1:0.3 系数确定5；如果收入额低于 1993 年基数，扣减相应返还额。随着时间推移，中央对地方的税收返还占地方上划收入比重呈现下降趋势。也就是说，中央拿走的“蛋糕”越来越大，地方政府分得的“蛋糕”越来越小，在中央和地方支出划分格局不变的情况下，地方将面临较大的财政支出压力。为了填补改革后造成的横向、纵向财力差距，再加上限于当时技术性条件、财力等约束，1995 年暂时建立了过渡期转移支付制度，从中央增收部分中拿出一些收入来缓解地方财力紧张问题，借助因素法计算各地标准财政收支差额来分配对各地的补助额。随后，不断改进过

渡期转移支付具体实施办法，逐步趋向规范化，转移支付规模也日益扩大。不过，该阶段，税收返还为转移支付的主要形式，1994 年税收返还占总转移支付比重高达 78.6%。

1994 年分税制改革是我国财税体制改革历程的“分水岭”，初步构建了较为规范的税收制度、财政收入与支出划分、转移支付体系框架，具有里程碑式的改革意义。分税制基本实现了改革初衷，提高了“两个比重”，巩固了中央财权，协调了中央与地方的分配关系。理论界、实务部门都一致肯定了这次改革的制度革新，然而，随着改革深入推进，财税体制尚未解决的矛盾逐渐反映到一系列的现实问题上来。从改革内容来看，分税制侧重于中央和地方财权财力划分，着眼于收入端的财政分权，而对于支出端的政府间的财政事权和支出责任划分，主要沿袭了“分灶吃饭”的做法，尤其省级以下的财政关系比较混乱，没有从根本上改变政府间财政事权与支出责任划分的基本格局。分税制改革后财权、财力逐渐上移，而财政事权逐渐下移到财力薄弱的基层政府，财政事权与财力、财政事权与支出责任之间的错配引发了基层财政困难、土地财政、借助融资平台变相借债等问题，倒逼着决策当局深入体制内部矛盾，纵深改革，实现更大的制度突破和创新。

三、实现“公共服务均等化”的重要抓手——“转移支付”体系建立

在政府间收入方面，这一阶段遵循着“财力与事权相匹配”的原则，调整中央和地方的财权、财力划分格局，使之与各级政府承担的公共事务相适应。于是，我国开始推出证券交易印花税收入分享改革、所得税收入分享改革、出口退税中央和地方分担比例调整等，合理分配中央和地方财力。

政府间的支出划分，作为该阶段改革的重要内容，取得了一定进展。省以下的财政管理体制已列入改革议程，明确省以下事权与支出范围，省、市级政府支出责任不得转嫁给县、乡级政府；省、市级政府委托给县、乡级政府执行的事务，需要提供配套的专项拨款；对于省、市、县、乡的共同事务，要合理划分各级政府支出分担比例，力图让基层政府拥有足够的财力支持基本公共服务供给。

这一阶段，转移支付作为实现公共服务均等化重要工具，逐步建立一般性转移支付（原名为过渡期转移支付）、专项转移支付相互协调的转移支付体系。1999 年，中央设立调节工资转移支付，主要是应对亚洲金融危机。为了配合届时推行的农村税费改革，中央新增了农村税费改革转移支付，弥补国家政策变动造成的基层政府财力缺口。2006 年设立民族地区转移支付，推动民族地区发展，后来与革命老区转移支付、边境地区转移支付合并为“革命老区、民族和边境地区转移支付”，并列入一般性转移支付。2009 年推出“三奖一补”转移支付，缓解基层政府财力困难。中央按照“存量不动、增量调整”的方针，把其增收部分通过转移支付用于协调地区间财力、促进基本公共服务均等化。除了以上一般转移支付，中央设立了大量专项转移支付项目，数量增长较快，涉及领域较广泛，资金使用范围狭窄。据财政部网站公布的 2012 年相关决算数据，中央对地方的税收返还和转移支付为 45361.68 亿元，其规模相当于当年中央本级财政收入的 80.75%，占地方财政支出 42.32%。其中，中央对地方一般转移支付和专项转移支付为 40233.64 亿元，占总转移支付的 88.7%。

该阶段的财税体制的四个要素皆做了调整，但并没有偏离分税制改革确立的基本框架，而是重点矫正了财政包干制遗留下来的财政支出划分的做法，初步建立了转移支付制度，着力促进“财力”与“事权”相互匹配。该阶段的财税体制改革紧扣着公共财政体制的主题，

促进了政府职能的转变，在完善社会主义市场经济、推动基本公共服务均等化、改善民生等方面发挥了重要的作用。

四、由“事权”与“财权”到“事权”与“财力”的转变

中央和地方的事权与支出责任划分成为全面深化财税体制改革中的一大亮点。官方文件一改以往“事权”与“财权”“事权”与“财力”相匹配的提法，而是从支出端出发，提出“事权与支出责任相适应”“财政事权与支出责任相适应”作为推进政府间事权与支出责任划分原则。2013 年党的十八届三中全会通过的《中共中央关于全面深化改革若干重大问题的决定》对中央和地方的事权与支出责任作了原则性划分。2016 年出台的《国务院关于推进中央与地方财政事权和支出责任划分改革的指导意见》（国发〔2016〕49 号）是首次较为系统地提出政府间事权与支出责任划分的重要文件，进一步明确了财政事权改革方向，细化政府间的财政事权与支出责任，即“体现基本公共服务受益范围、兼顾政府职能和行政效率、实现权、责、利统一、激励地方政府主动作为、做到支出责任与财政事权相适应原则”，并制定了改革时间表和分工安排。2018 年《基本公共服务领域中央与地方共同财政事权和支出责任划分改革方案》（国办发〔2018〕6 号）和《医疗卫生领域中央与地方财政事权和支出责任划分改革方案》（国办发〔2018〕67 号）两份文件的出台更是将事权和支出责任的划分进一步科学化和精细化的落实。

关于转移支付改革，该阶段的转移支付制度也配合预算制度、政府间事权与支出责任划分改革、税制改革做出了相应的改革完善，国务院不仅在《国务院关于加强地方政府性债务管理的意见》（国发〔2014〕45 号）文件中做了相关说明，而且单独出台了文件《国务院关于改革和完善中央对地方转移支付制度的意见》（国发〔2014〕71 号），其改革内容基本一致：完善一般性转移支付、规范专项转移支付分配和使用、逐步取消竞争性领域专项转移支付、强化转移支付预算管理等。

第三节　深化财税体制改革的难点和问题

同建立社会主义市场经济要求相比，传统的财税管理体制还存在诸多不适应的地方，比如，单一税收体制下税收公平原则无法体现、政府“越位”与“缺位”、事权与支出责任和财力关系不匹配等问题并存。

一、单一税收体制下税收公平原则无法体现

在当前财税管理体制下，政府社会资本投资收益的索取与公共产品供给交易对价的索取相同，均通过征税的方式得以实现。在征收税种与税率上也与未接受政府社会资本投资的企业并无差异，企业必须按照税法的相关规定无条件地缴纳税收。在这种单一的税收关系体系内，当政府社会资本投资达到预定投资目标时，接受政府社会资本投资的企业将会给政府带来丰厚的增量税收利益，但当政府会资本投资未达到预定投资目标时，则会产生投资与收益的主体不对称问题，因政府社会资本投资所造成的财政收支缺口实际是由全部企业所缴年的税收来弥补的，这就会导致投资受益主体与投资回报来源的错位，实际变相提高了未获得政

府社会资本投资企业的税负水平，也就破坏了税收的公平性原则。

二、政府“越位”与“缺位”

传统财政供给范围过为宽泛，几乎覆盖社会再生产的各个领域，特别是向竞争性领域的过多延伸，远远超出了政府职能范围。在建立社会主义市场经济体制的过程中，如果继续延续政府过多干预竞争性领域的老路，必然导致投资决策失误、投资效果低下等问题，造成资源的浪费。因此，要按照市场化改革的要求，逐步发挥市场在资源配置中的基础性作用，在一般竞争性领域通过市场方式来配置资源，以有效解决财政职能“越位”问题。

三、事权与支出责任和财权关系不匹配

确定中央与地方在财税利益上的合理分配关系是财税管理体制的中心内容之一，其本质内容是财权和事权的划分，我国改革开放之后的财税体制改革从本质上来讲便是围绕中央和地方在财权和事权的分配而展开的。

我国自 1980 年开始实施了分权让利改革，将一大部分国有企业下放到地方，逐渐提高地方和企业的自主权以适应社会主义市场经济发展的需要，在事权上将与地方经济发展相关的政治权力以及地方公共产品和服务资源的供给逐渐下放到地方，在财权上实施“划分收支，分级包干”的分权财政体制。但这一分权改革导致了中央和地方在事权和财权的严重不匹配，其后果是中央政府的经济调控和行政管理能力大大下降，导致“国家能力”严重削弱，财政收入在国内生产总值中的比重和中央财政收入在财政总收入中的比重大幅度降低，中央政府不得不依赖地方政府的财政收入上解才能维持财政平衡。

为解决这一问题，中央政府在 1994 实施了相对集权的分税制改革，大幅度提高了中央政府的税收分成比例，比如在税收中占比较高的增值税和企业所得税的中央政府占比就达到 75% 和 60%，这大大提高了中央政府对全局的掌控能力，但同时也导致了地方政府事权和财权上的严重不匹配问题，地方政府承担了 70% 左右的财政支出，但财政收入占比却在 50% 以下，不得不依赖于中央政府的转移财源以支撑自身的正常运转，这也成为中国地方政府“土地财政”等问题的重要制度根源。改革开放以后在中央政府与地方政府之间的两次分权制改革之所以出现各种问题，其本质在于事权与财权本身在界定上的模糊化，最终导致分权制改革倒退为一种“分钱”式的制度安排。同时，虽然分税制改革有效地解决了“两个比重”（即财政收入占 GDP 比重和中央财政收入占财政总收入的比重）下降的问题，但在大大增强中央宏观调控能力的同时，也滋生出各级政府财权事权不匹配、地方政府财政收支缺口不断扩大的问题。解决各级政府财权事权不匹配的问题，特别是解决基层政府财力严重不足的问题成了近十年来财政体制改革的重点。

无论学界还是政府决策部门，在保持原有事权格局和财力分配不变的情境下，基本将改进转移支付制度作为解决问题的主体思路和推进路径，这在一定程度上解决了基层政府财力不足的问题，但未能从根本上解决地方政府事权与财力不匹配的问题。地方政府在自身财力严重不足的情况下，一方面，争取更多的中央转移支付资金，另一方面，通过“土地财政”获取土地收入，甚至利用大量的融资平台借债，以弥补财政收支缺口，由此财政风险、政府债务风险和金融风险应运而生。这充分凸显了改进转移支付制度对各级政府财权事权匹配的调整作用已达到极限，此路已走到了尽头，需要开辟新的思路。

第四节　政府社会资本促进财税体制改革的思路和意义

一、政府社会资本促进财税体制改革的思路

（一）将政府社会资本从税收中析出，以真正实现税收公平

通过利税分流管理，公共产品供给和使用上的利益关系仍由税收体系予以规范，而政府社会资本投资上则通过剩余利润分享的方式予以规范，异质性、非对等性的政府社会资本投资与同质性、对等性的公共产品供给便能够实现了真正经济意义上的分离，如实体现各自所蕴含的投资关系和交易关系，从根源上解决了投资受益主体和投资回报来源上的错位问题。在这一模式下，由于政府社会资本投资的合理析出，企业所缴纳的税负将真正地根据政府所提供的公共产品和服务资源水平来加以确定，企业的整体税负水平将有所下降，更好地体现了税收的公平性原则。

（二）以政府社会资本促进公共资源的市场化配置

政府社会资本投资上的利润分享将取决于政府与企业其他股东的持股比例谈判结果，政府社会资本投资对企业价值创造的贡献程度越高，政府的持股比例也就越高，相应地，政府社会资本投资所获得的利益分享额将越大，因此，政府社会资本的投资回报将由政府与每一企业的其他资本投资者根据政府社会资本对企业价值创造的具体贡献水平来单独确定，而非采用统一税率的“一刀切”方式，从而更好地体现了政府社会本投资的异质性特征和效率性原则导向，即在新型财税管理体制下，政府财税管理体制将体现为统一化的税收与差异化的投资收益同时并存的复合型管理模式。

从市场资源配置上来讲，这是对利税分流改革的进一步深化发展，有利于推动国家财政由适应市场经济体制向匹配国家治理体系的发展。我国于20世纪80年代针对国有企业的利润分配实施了利税分流改革，将政府与国有企业之间的利润分配具体分解为两个层次，第一个层次是指国有企业实现利润的一部分应当以所得税的形式上缴国家，第二个层次是指企业将税后利润再按照承包合同在承包者与政府之间进行利润分享，通过利税分流改革，也就确认了国家（政府）既是国家权力行使者又是资产所有者的双重身份。延循这一改革思路，只要国家（政府）在企业中进行了物质资本投资，国家（政府）就对企业具有了相应的所有权，既以国家权力行使者的身份对企业征税，也以企业所有者的身份参与企业剩余利润的分享。

（三）以“谁投资、谁收益”原则解决事权与财力不匹配问题

我国改革开放以来经历的“利改税”“分税制”等改革，从本质来讲都是围绕中央和地方财力和事权的分配而展开的。“分税制”改革后，中央大幅度提高了中央政府的税收分成比例，比如，在增值税和企业所得税两大税收项目上，中央占比分别达到了75%和60%，但同时也导致了地方政府事权和财权上严重的不匹配问题，地方政府不得不依赖中央政府的转移支付以支撑自身的正常运转，这也成为地方政府“土地财政”等问题的重要制度根源。

事实上，中央和地方政府在公共产品和政府社会资本投入上均具有双重身份。因此，按照全国企业所缴纳的一定比例上交中央政府符合公平原则。在政府社会资本投入上，中央政府负责制定全国范围的产业政策、事关国家安全和战略利益的行业经营许可授予、重大产业投资审批等权限；地方政府则负责制定本地区产业政策、企业融资支持、提供良好的营商环

境等具体事项。无论是中央还是地方政府，政府社会资本的投入在对象选择和投资规模上均存在显著差异，而且存在较为明确的受益对象，理论上按照“谁投资、谁收益”的原则在确定各自在投资企业剩余利润中分配收益，这既符合效率原则又兼顾了公平。此时，央地之间事权与财力将实现更好的匹配。

事实上，中央政府与地方政府在公共产品和服务资源供给与政府社会资本投资上均具有双重角色身份，只是在具体内容和层次上有所差异。在公共产品和服务资源供给上，中央政府一般承担宪法和法律制定、领导全国行政事务、国防军事、国际外交、宏观经济调控、区域经济协调等职能，地方政府主要负责本地区行政管理、司法仲裁、公共基础设施建设等。在政府社会资本投资上，中央政府负责制定全国范围内的产业政策、事关国家安全和战略利益的行业经营许可授予、重大产业投资项目审批等权限，地方政府则具有本地区产业政策制定、企业融资支持、企业联盟支持等具体实施工作。相对而言，中央政府的公共产品和服务资源供给是出于维护全体国民的整体利益最大化而提供的，它是面向全国全体国民的，即便存在单独的受益对象，也是为了解决贫富差距过大、区域经济发展协调等全局性问题，在受益区域范围和对象分割上并不具有经济可行性，各级地方政府在供给上并不具有替代性，统一按照全国企业所缴纳税收的一定比例上缴中央政府符合经济效率原则。

而政府社会资本投资则不同，不论地方政府和中央地方，在对象选择、投资规模等方面均存在显著性差异，而且存在较为明确的受益对象，理论上按照“谁投资，谁受益”的原则确定各自在投资企业剩余利润中的收益分享比例符合经济效率原则和公平性原则，此时，事权与财权将实现完全性的匹配。即便考虑两级政府社会资本投资在计量上的复杂程度，也可以采取折衷的办法，按照一定的技术方法确定各自的持股比例，比如按照本级政府与中央政府用于本地区政府社会资本投资的公共资本支出预算占比来划分，也能够较为有效地解决事权与财权不匹配的问题。而且，由于政府社会资本的单独管理，也就使中央和地方政府关于公共产品的范围划分更加清晰，间接地降低了中央政府和地方政府在税收分成谈判上的复杂程度，有利于更好地确认双方在税收收入的分成比例。因此，通过对政府社会资本投资和公共产品和公共服务资源供给的分类管理，将在很大程度上改善中央政府和地方政府之间事权与财力严重不匹配的问题，能够较为有效地解决地方财政严重依赖于中央转移支付的困境。

二、政府社会资本促进财税体制改革的意义

税收管理对国家的经济发展有着非常重要的影响，也是企业日常经营活动最为密切的经济事项，几乎所有的经济活动都会与税收发生关系。税收是国家强制缴纳和必须履行的义务。随着我国改革开放和社会主义市场经济建设日益成熟，作为国家治理体系中的关键环节，税收管理和财政监督也在不断发挥着日益重要的作用，其理念和模式随着国家和政府职能的转变而不断发生变化，以期适应不断更新的经济发展模式。

依法纳税是企业法人道德意识的体现。企业需要根据实际情况不断强化内部税务管理制度，保证合法经营与有效管理。企业的经营目标是企业利益最大化，国家在进行税收监管中必然会产生需要付出的成本和利益损失，有时会与企业的经营目标相悖，因此企业难免会寻求各种方法尽可能少缴税收和规避利润损失。目前，我国税务管理体系面临现代化进程较缓慢、税收监督及激励约束体系不完善、信息化建设不全面等问题（王晓，2016），政府有时很难获得企业的全部经营信息和会计信息，企业若不如实上缴也难以受到追溯及惩罚，偷税

漏税现象严重，税收的方法手段有待提高。

政府社会资本不同于其他投入企业的社会资本，它在实现资本增值的同时还需完成政府赋予的经济和社会目标，履行微观、宏观层面的各项职责，其中最为重要的一项就是税收的管控。有了政府社会资本的注入，政府可以合法身份直接对企业的税收进行监管，进而提升了企业税收方面的治理；政府的监督可促使企业规范自身行为，依法缴纳税收，不敢偷税漏税，为政府财政收入提供源源不断的支持，为社会发展提供良好的经济基础和物质保障。其实现路径具体主要表现在以下几个方面：

（一）建立利税分流的新型财税体制，优化企业治理结构

作为一种处理国家财政与企业分配关系的改革举措，利税分流的新型财税体制是政府社会资本实现产权改革的创新标志，符合市场经济原则的改革方向。在传统模式下，企业是缴纳者，政府是征收者，政府与企业之间的利益关系仅仅体现为单一的征税和被征税的关系。当政府社会资本模式引入后，国家税收收入分成两部分：利和税。在利税分流的新型财税体制中，一是“税”，国家作为社会管理者有义务向社会提供公共产品，需要企业缴纳税收，这是国家凭借政治权力强制性地向企业征收的；二是“利”，作为政府社会资本投资者，国家可凭借其财产权利直接参与企业税后利润及股利股息的分配，实现政府社会资本的保值和增值。利税分流的新型财税体制既维护了税收公平、优化了企业治理结构，又保障了政府的投资效率和收益，国家利用税收和利润两种经济杠杆实现对经济的宏观调控，既促进了财政收入的稳定增长，又提升了国家对经济治理的效率。

（二）规范企业制度，维护税收公平与公正

国家税收的取得是通过一系列制度体系来完成的，虽然制度是统一的，但企业在实际操作中的行为却不尽相同。作为企业产权的拥有者和管理者，政府社会资本所有人可以更好地规范企业制度，尤其是协助企业执行财税方面的一系列法律法规及具体的行为准则，增强企业人员的自我约束，使其严格遵守并执行。同时，通过政府社会资本的扶持协助企业转亏为盈，使企业的税收问题得到解决，增加政府的财政收入，也而实现国家对经济秩序治理的宏观目标。

同时，国家可通过政府社会资本进行行业间、地区间和企业间税负体制的综合对比与衡量，确保使同等规模的纳税主体的税负保持一致，以避免极端化征税不平等的现象出现，也可评估现行体制的优劣性和存在的问题与不足，作为未来制定税收政策和进行体制改革的依据，从而加强了国家对税收的调控职能以及提升对财政治理的水平。

（三）防范税收风险，保障企业的可持续发展

政府社会资本所有人可以直接决定和规范自己投入资金的用途和方式，调整企业的财务结构，对企业的缴税行为进行有针对性的合理安排和调控，帮助企业制定合理的税收策略，进而有效防范和降低税收管理的风险，提高企业的信用边际。政府社会资本可以帮助企业与政府建立良好的合作关系，塑造和提升企业形象，还可进一步为企业的可持续发展助力。政府社会资本帮助企业制定合理完善的税收管理制度，加强对企业纳税活动的监督管理力度，防范企业财务人员的舞弊和贪污行为的发生。

对于国家和地方政府而言，税收的有效征收还可在一定程度上缓解地方债务的增量，对于维持政府的财政稳定和可持续发展具有长远的意义。因此政府社会资本能够帮助政府更好地发挥治理和监管职能，形成良好的企业经营氛围，使国家和地区经济环境逐步形成良性循环和有序治理。

第九章 政府社会资本与财会监督体系优化

第一节 国家监督体系与财会监督

一、国家监督体系

国家治理体系是在党领导下管理国家的制度体系，党和国家监督体系则是其中不可缺少的组成部分。从党的十六大的“加强对权力的制约和监督”，到十七大的“完善制约和监督机制”、十八大的“健全权力运行制约和监督体系”、十九大的“健全党和国家监督体系”再到党的十九届四中全会“坚持和完善党和国家监督体系，强化对权力运行的制约和监督”，党和国家监督体系在国家治理体系中的地位和作用不断提升。党的十九届四中全会特别强调：党和国家监督体系是党在长期执政条件下实现自我净化、自我完善、自我革新、自我提高的重要制度保障。必须健全党统一领导、全面覆盖、权威高效的监督体系，增强监督严肃性、协同性、有效性，形成决策科学、执行坚决、监督有力的权力运行机制，确保党和人民赋予的权力始终用来为人民谋幸福。

二、财会监督在国家监督体系中的地位

财会监督是新中国成立以来我国会计理论和实践最具特色的内容。会计具有监督职能不仅被列入了《会计法》，而且也是历次《会计法》修订的焦点。1999 年修订的《会计法》构建了“三位一体”的会计监督体系，突出了财会监督的基础性和权威性。党的十八大以来，党和国家强化了行政监督、民主监督、党内监督、人大监督、舆论监督、审计监督、司法监督与社会监督等监督作用的发挥，但对财会监督的基础性地位和重要作用的发挥则有所忽视。

2020 年 1 月 13 日，习近平总书记在中央纪委十九届四次全会上对健全党和国家的监督体系做出重大部署，要求“要继续健全制度、完善体系，使监督体系契合党的领导体制，融入国家治理体系，推动制度优势更好地转化为治理效能”，并强调“要以党内监督为主导，推动人大监督、民主监督、行政监督、司法监督、审计监督、财会监督、统计监督、群众监督、舆论监督有机贯通、相互协调”，财会监督首次被纳入党和国家监督体系，这不仅是对中国特色财会监督地位和作用的充分肯定，更是对财会监督体系优化提出的重大课题。

在国家监督体系中，财会监督发挥着基础性支持作用。主要体现在：（1）国家监督体

系是中国特色社会主义制度和国家治理体系的重要组成部分，财会监督的广泛性和基础性对于推动把制度优势更好地转化为治理效能具有重要意义。（2）财会监督是财政部门履职尽责、确保党中央关于财经工作方针政策和决策部署贯彻落实、实现财政管理目标的有效抓手。（3）财会监督是强化对权力运行制约，巩固反腐倡廉成果的重要保障。（4）财会监督是推动经济高质量发展的有力保障。

第二节　财会监督的内涵与体系划分

一、财会监督的内涵

“财会监督”是新中国成立后出现的一个名词。20 世纪 50 年代，人们对财务和会计工作并不作严格区分，“财会监督”或“财务监督”的名词使用较为普遍，使用“会计监督”的则较少。不过，这一阶段人们对财会工作是否存在监督职能心存疑虑，争议很大。徐文彬在《不应该强调财务监督》一文中指出“监督与财务监督并不是一回事，我们绝不能把监督的必要性和财务监督的必要性等同起来。因为没有财务监督并不意味着企业的生产经营活动就没有必要的监督了。我们决不能因为企业领导和广大职工在进行必要的监督的时候利用了核算资料，而把核算本身说成就是监督，更不能以此作为财务监督必须存在的理由。……”。当然，这一时期也有人对财务和会计监督的用语提出过看法。张文杰等在《对“不应该强调财务监督”一文的商榷》中指出“由于会计核算与财务工作都是以货币形式为基础，而且在很多情况下很难划分它们的界限。所以把通过会计核算进行的监督称为财务监督也未尝不可。不过我们认为把财务监督和会计核算方面的监督兼称为财会监督更比较全面些”。

20 世纪 60 年代初期，受马克思关于簿记是“过程的控制和观念的总结”的启发，人们将“观念的总结”概括为会计的“反映”或“核算”职能，而把“过程的控制”则概括为会计的“监督”职能。“会计监督”开始逐渐取代“财会监督”或“财务监督”，并被作为会计的一项职能而广泛讨论。

“文革”时期及“文革”后到 1980 年中国会计学会成立之前，我国会计理论研究基本处在停滞不前甚至倒退的状态，对会计监督的研究也因此而中断。1980 年中国会计学会成立以后，在“百花齐放、百家争鸣”方针的指引下，会计理论研究空气十分活跃，并达到了前所未有的高潮。会计的职能问题也多次被列入学术讨论的专题，会计监督又重新成为会计理论研究的热点。

杨纪琬（1980）指出：对于会计监督，人们目前理解的是一个极为狭窄的概念。会计的计算和监督是由会计人员进行的，国务院颁发《会计人员职权条例》把会计人员的工作职责和工作权力用法令肯定下来，我们还应当制订《会计法》，使它成为社会主义经济法典的一个重要组成部分。1985 年颁布的《会计法》将会计的职能概括为“核算”和“监督”，以法律的形式肯定了会计的监督职能，并专设一章对会计监督进行了具体规定。《会计法》的颁布，使“会计监督”一词得到了法律的认可，并从此奠定了其在我国会计理论研究和会计实践中的重要地位，也得到了社会各界的广泛接受。

《会计法》颁布之后，理论界对会计监督的研究更多地转到了应当如何监督上。王军、陈毓圭、高一斌（1988）建议应当把会计内部监督职能与会计代表政府履行的监督职能明确区分，强化前者，将后者交给外部监督体系实现，例如，强化审计监督、强化外部监管机构的经济约束、增强法律约束力度、完善举报制度等。

进入 20 世纪 90 年代，会计理论研究的焦点一度转向了会计准则和会计核算制度，对财会监督的研究有所忽视。随着资本市场上财务报告舞弊的案件频频出现，财会监督才重新引起人们的关注，并且开始注意区分财务监督和会计监督，对财务监督和会计监督的区别和联系成为理论上探讨的热点。陈毓圭（1995）撰文指出：财务监督和会计监督处于两个层次，财务监督主要是对企业发生的涉及财务收支事项进行监督，是第一重监督，会计监督则是在核算过程中对财务收支进行再监督，是第二重监督。在这个时期发布的一些法规和制度中，也陆续开始使用“财务监督”。如国务院国发〔1997〕9 号批转财政部《关于加强国有企业财务监督意见》的通知和财政部财工字〔1997〕346 号《关于加强国有企业财务监督若干问题的规定》都使用了“财务监督”一词。

1999 年修订的《会计法》，对会计监督进行了重大修订。这一修订使人们对会计监督的认识出现了更大的分歧，新一轮的概念之争随之兴起。吴水澎（2000）指出：人们都把会计的职能之一监督经济活动，称为“会计监督”。新修订的《会计法》第四章专门讲“会计监督”，但从其主要内容来看，所讲的则是对会计工作的监督，虽然二者有一定的联系，但其监督的主体与客体均不同，是两回事。对两种不同的事，运用同一个概念进行表达，在讨论问题时容易产生“问花答瓜”的现象。为避免这种现象的发生，吴水澎教授把对会计工作的监督称为“监督会计”，以便讨论问题，并特别指出，最好的办法是运用不同的概念进行表述。

曹冈（2000）指出：原《会计法》中的“会计监督”，是指会计人员代表国家监督所在单位的经济活动。《会计法》修改时取消了“会计机构、会计人员对本单位实行会计监督”的法定义务，使这种意义的会计监督已经消失。原来意义的会计监督消失以后，新《会计法》赋予“会计监督”一词以新的含义，既有别于原来的《会计法》，也不同于现有的会计理论。“内部会计监督”和“注册会计师监督”的实际内容不是监督，“政府对会计工作的监督”是行政监督，则“会计监督”不是这三者的理想概括。如果停止使用“会计监督”一词，会计的基本职能也应随之修改为“核算与控制”或“反映与控制”。由于《会计法》已经采用了“会计监督”的说法，更为现实的问题是重新定义会计监督。这个定义的外延要包括内部控制、独立审计和政府对会计的监督三项，要描述三者的共同本质特征以形成一个能够“统摄”三个概念的大概念，例如会计监督是全社会为维持会计信息规范性而作出的努力。他同时指出，重新定义会计监督，是新《会计法》给会计学提出的一个需要解决的问题。

上述两位教授所提出的问题说明我们之前的会计监督理论基础相当薄弱。显然，“会计监督”如何定义，其所涉及的不仅仅是概念本身，而且直接牵连着建立在这一概念基础之上的会计监督理论体系。因此，解决会计监督的概念之争是研究会计监督理论的前提。

王竹泉（2002）在博士论文《公司治理结构中的会计监督研究》中指出：解决“会计监督”的概念之争，首先要弄清不同的“会计监督”概念的指向，即其要引起思考的具体事物是什么。如果思考的事物本身具有差异，那就应当采用不同的概念加以区分，否则，就容易造成概念不清。其次，应注意概念的变化与实际工作的变化是两回事，要消除那种概念与实际不符的顾虑。我国长期以来对财务管理和会计不做严格的区分，因此传统的会计监督工作事实上包括了财务监督在内。但正如吴水澎教授对会计和财务管理的关系所做的论述①一样，我们认为会计监督和财务监督也不能混淆。当然，我们在概念上把这二者区分开来，并不意味着实际工作中二者就不能结合了。我们仍然可以让一个岗位的人员既从事会计监督工作，又从事财务监督工作，只要这种结合能达到更高的监督效率就行。最后，新的"会计监督"概念应最大限度地统一人们的认识，消除不必要的概念纷争。鉴于以上三方面的考虑，并仔细分析不同"会计监督"概念的主要分歧，王竹泉（2002）指出，从普遍意义上讲，人们总是把"会计监督"作为一个与保证会计信息质量、防范会计信息失真密切联系的概念，各种"会计监督"概念对此都没有异议，至于是否指向"对会计信息所反映的经济活动进行监督"，认识上还有一定分歧。而且对会计信息进行监督和对会计信息所反映的经济活动进行监督不仅监督的对象不同，而且监督的方法也完全不同，使用同一个概念似乎不妥。因此，要消除概念上的纷争，并尊重大多数人的使用习惯，我们可以把"会计监督"概念的指向统一到为保证会计信息质量、防范会计信息失真而对会计信息实施的各种监督。至于对会计信息所反映的经济活动进行的各种监督则可以用"财务监督"来指向。在此基础上，王竹泉（2002）把会计监督定义为保证会计信息质量、防范会计信息失真而对会计信息进行的各种监督，它有广义和狭义之分。狭义的会计监督是指会计机构和会计人员在会计核算过程中对本单位会计信息所实施的内部监督，它是会计的基本职能之一。广义的会计监督则不仅包括会计机构和会计人员在会计核算过程中对本单位会计信息所实施的内部监督，还包括单位内部其他部门和人员（包括单位负责人）对会计信息进行的监督，以及投资者、债权人、政府有关部门（财政、税务、国家审计、人民银行、证券监管等部门）和其他利害关系人对单位会计信息进行的监督。会计监督的本质是会计信息质量的保证体系②。

王竹泉（2002）同时认为，把"财务监督"和"会计监督"区分对待的人越来越多。这既与理论上财务管理与会计的逐渐分野有关，也与实践中财务管理和会计工作的组织界限越来越清晰密切相关。为了便于区分单位财务管理部门和人员对财务活动的监督与其他主体对财务活动的监督，王竹泉（2002）对"财务监督"的界定也有狭义的财务监督和广义的财务监督之分。狭义的财务监督是指单位财务管理部门和财务人员对单位财务活动的合法性、合理性和有效性进行的监督。广义的财务监督除狭义财务监督外，还包括单位其他部门和人员（含单位负责人）和投资者、债权人、作为国有资本所有者的政府和其他利益相关者以及作为社会管理者的政府有关部门（财政、税务、国家审计、证券监管、人民银行等部门）对单位财务活动的合法性、合理性和有效性进行的监督。不论是狭义的财务监督，

---

① 吴水澎教授在论述会计与财务管理的关系时指出：从理论上来说，财务管理和会计不仅各自存在的客观基础不同，而且它们具有各自不同的性质、属性、对象和职能；从实践上来看，它们属于企业（或单位）的两个不同的职能部门。也就是说，我们认为财务管理和会计是两门不同的学科，它们之间不存在谁包括谁的问题。但是，我们也并不否定二者之间所存在的密切联系。

② 这里对会计监督本质的论述主要是从技术层面对其进行分析得出的结论。如果从制度层面或从会计监督的经济后果的角度进行分析，由于会计信息反映的是企业的经济活动，而每一项经济活动又直接影响着利益相关者的经济利益，因此，会计监督的本质最终体现的是利益相关者之间的经济利益关系或财务关系。

还是广义的财务监督，其对单位财务活动的合法性、合理性和有效性进行的监督实际上是对财务治理契约执行情况的监督，其目的都是保证各方事先达成的财务治理契约能够得到实际履行。由于不同的财务治理契约对应着不同的治理效率和不同的利益分配关系，因此财务监督的核心是利益分配关系或财务关系。其监督的依据主要是国家财务法规、单位财务制度和财务预算，它们都可以被纳入广义的财务治理契约的框架，因此，也可以说财务监督的依据是财务治理契约。

进入 21 世纪以来，受西方的企业内部控制的概念和理论的影响，财会监督特别是企业内部财会监督逐渐被“内部控制”取代。1999 年修订的《会计法》中虽然提出了三位一体的会计监督体系，但是之后发布与《会计法》中单位内部会计监督相配套的制度规范均被称为“内部会计控制基本规范”和“内部会计控制具体规范第××号”。2008 年则更是称之为《企业内部控制基本规范》《企业内部控制应用指引》《企业内部控制评价指引》和《企业内部控制审计指引》等，“内部控制”完全取代了单位内部的“财会监督”，中国特色财会监督的话语体系逐渐被淡化。王竹泉、毕茜茜（2008）指出：会计监督的目的是保证会计信息的质量，而保证资产安全和会计信息真实也始终是内部控制发展的主线。但是，内部控制是一个与公司治理结构相联系的概念。其空间边界与内部会计监督的空间边界基本相同，也就是说，内部控制就是公司治理结构下的控制制度的总和。从内部控制的目标和内容上来看，内部控制比内部会计监督更为宽泛，不仅包括了内部会计监督，而且包括了内部财务监督及其他内部管理控制（如人事控制制度）。另外，会计监督不仅包括内部会计监督，还包括外部会计监督，而内部控制对此并不涉及，因此，内部控制与会计监督是两个互有交叉但是不同的概念，不能混淆，内部控制不可能取代会计监督，最多可将内部会计监督置于内部控制体系之中。武辉、王竹泉（2019）在《国家治理框架下善治导向的会计监督体系重构》一文中指出：会计监督是国家治理体系现代化的重要内容，会计监督改革要以提升国家治理能力为落脚点，以理顺经济和社会秩序、协调利益关系为最终目标。健全的会计监督体系、良好的会计监督机制、高效的会计监督能力，是会计系统有序运行、社会经济健康发展的重要保障。

我们认为，将财会监督纳入国家监督体系，为中国特色财会监督迎来了发展壮大的新契机。新时期财会监督的内涵应包括两个方面：一方面是对财务收支的合法性、合理性和有效性的监督；另一方面是对会计信息的真实性、完整性的监督。前者可以称之为财务监督，后者则可以称为会计监督。不论是财务监督，还是会计监督，均有内部和外部之分。内部财会监督除单位负责人和单位相关部门对单位的财务收支和会计信息进行监督之外，还应该包括其他利益相关者对单位的财务收支和会计信息进行监督，其功能是维护各类利益相关者的私有利益。外部财会监督则是由政府有关部门对单位财务收支合法性、合理性、有效性和会计信息真实性、完整性、公允性的监督，其功能是维护社会公共利益。相对于其他监督形式，财会监督更具有超前性和过程性的特征，通过财务预算、经营预测、会计核算、财务分析以及对会计准则、财务制度的监督，可以对财务收支和会计信息进行事前、事中、事后的全过程监督。

二、财会监督的体系划分

（一）1999 年修订的《会计法》：三位一体的监督体系

1999 年修订的《会计法》与修订前的《会计法》相比，一个重大的变化就是在制度上构造了由单位内部监督、社会审计监督和政府部门监督组成的财会监督体系。但从理论上进行分析，上述由单位内部监督、社会审计监督和政府部门监督组成的财会监督体系还有些问题值得研究。主要有以下几个方面：

1. 将社会审计监督作为与内部监督和政府部门监督相并列的监督不妥

所谓体系，当然是一个由若干组成部分组成的整体。对于上述财会监督体系来说，既然其中一部分为单位内部监督，则其余部分似乎就应该为单位外部监督。把政府部门的监督划分为外部监督可能不会有争议，但把社会审计监督划分为外部监督就有问题。因为在上述监督体系中没有单独提及投资者、债权人及其他利害关系人的财会监督，由此可推及单位内部财会监督是建立在公司治理结构下的一个“内部”概念，其中包括了参与公司治理的投资者、债权人及其他利害关系人。既然投资者、债权人及其他利害关系人的监督包括在单位内部监督之中，那么，把单位内部监督和政府部门监督扣除后，还有什么独立的监督形式存在吗？如果没有，则财会监督体系中就不应该有社会审计监督。社会审计监督不过是单位内部监督和政府部门监督可以借用的一种手段，通过社会审计有助于促进和加强单位内部和外部的财会监督，但不能因此就把社会审计作为监督体系中的一种独立监督形式。

2. 单位内部财会监督的界限划分不够清楚

单位内部财会监督的监督主体是谁？其监督范围是什么？1999 年修订的《会计法》并没有给予专门的解释，我们看不出关于投资者、债权人及其他利害关系人的监督的任何规定，如果投资者、债权人及其他利害关系人的监督不属于内部财会监督的范畴，那么为什么在其他两部分的监督中也未包括呢？难道不需要投资者、债权人及其他利害关系人的监督吗？

在现代企业制度和公司治理结构下，投资者、债权人及其他利害关系人的利益必须给予充分的考虑，其监督的权力及这种监督的积极作用都是不能抹杀的。因此，合理界定单位内部财会监督，正确处理单位负责人监督、会计机构和会计人员的监督、单位其他部门的监督以及投资者、债权人和其他利害关系人的监督之间的相互关系，不仅是进行财会监督理论研究的需要，更是优化财会监督体系、完善国家治理和公司治理的需要，值得深入思考。

（二）财会监督体系创新的思考

鉴于上述事实，我们认为应当对财会监督体系进行重新构造。与《会计法》规定的由单位内部监督、社会审计监督和政府监督组成的财会监督体系有所不同，我们认为，新的财会监督体系应当划分为两个部分：单位内部财会监督和外部财会监督。对于企业性质的单位其内部财会监督和外部财会监督的划分是以公司治理结构为界的。凡是公司治理结构中各参与治理的主体对单位会计信息和财务活动所进行的监督，都属于单位内部财会监督的范畴。显然，这里的单位内部财会监督与《会计法》中所规定的“单位内部监督”具有不同的含义；外部财会监督则是不包括在公司治理结构中的其他主体对单位会计信息和财务活动所进行的监督，主要是政府有关部门进行的监督。至于社会审计监督，我们认为其不应该作为财会监督体系中的一个独立组成部分。

按照 1999 年修订的《会计法》的规定，我国政府的财会监督主要包括：财政部依照有关会计法律、制度的规定，对所有单位实施的以保证会计工作秩序和会计信息真实、完整为重点的全面的监督检查；国家审计机关依据宪法和审计法律、法规对各级政府的财政收支，对国家的财政金融机构和企事业单位的财务收支进行的审计监督和检查；税务部门依据税收征管方面的法律、法规，以保证国家税收为目的，对有纳税义务的单位实施的与财务收支核算、账簿资料有关的监督检查；人民银行和证券监管、保险监管部门依据相应的法律、行政法规的规定，对所监管的金融、证券、保险类单位以及股票公开上市企业以保护国家、出资人和社会公众利益为目的实施的行业性监督管理。这些监督构成了新的财会监督体系中的外部财会监督部分。

在我国，国有资本十分普遍，作为代表国家行使国有资本所有权的政府所履行的财会监督和作为行使社会经济管理权的政府所履行的财会监督其性质是不同的，应当加以区分。前者应该纳入单位内部财会监督体系，其与其他的政府财会监督具有明显的区别，其目的是实现国有资本的保值增值和利益最大化。而其他的政府财会监督则都是以政府作为社会管理者的身份进行的，其目的是保障社会公众的利益，实现公平和效率的目标。

至于单位内部财会监督，又可以进一步区分为经营者的监督、投资者的监督、债权人的监督和其他利害关系人的监督。经营者的监督还可以按不同层次进一步分为单位负责人的监督、财会机构和财会人员的监督以及内部审计部门和单位其他部门的监督等。《会计法》中的“单位内部监督”实质上只相当于这里的经营者的财会监督部分。外部财会监督都是由政府部门实施的，属于国家监督体系和政府监管范畴，其对每一个微观的企业、事业单位等微观主体都具有强制力和约束力，具有较高的权威性，因此，在财会监督体系中，这些外部财会监督处于较高的层次。当然，这并不意味着外部财会监督比单位内部财会监督更为重要。

新的财会监督体系如图 9－1 所示。

从这个财会监督体系不难看出，狭义的财会监督（即会计机构和会计人员的财会监督）只不过是整个财会监督体系中的一个很小的组成部分，单纯依靠狭义的财会监督是不可能达到保证会计信息质量、防范会计信息失真和保障财务活动合法、合理、有效的目标。但财会机构和财会人员的监督又是整个财会监督体系中一个基本的和基础的环节，在整个财会监督体系中起着一种基础性的作用，因此必须高度重视财会机构和财会人员监督的作用。如何做到既充分发挥财会机构和财会人员的会计监督作用，又充分调动单位负责人、内部审计部门和单位其他部门进行财会监督的积极性，同时让法人治理结构中的各相关利益主体均能有效地实施财会监督，是对财会监督理论创新研究应当解决的重要问题，也是国家监督体系创新的基础。

（三）财会监督体系各组成部分的相互关系

上述财会监督体系要很好地发挥作用，必须正确处理好各种财会监督的相互关系。主要有内部财会监督与外部财会监督的关系、单位负责人的财会监督与其他利益相关者财会监督的关系、财会机构和财会人员的财会监督与单位负责人财会监督的关系等。

1. 内部财会监督与外部财会监督的关系

内部财会监督即由经营者的财会监督、投资者的财会监督、债权人的财会监督以及其他利害关系人财会监督所组成的在法人治理结构中的财会监督，外部财会监督即政府有关部门的财会监督，内部财会监督和外部财会监督组成财会监督的完整体系。

相对于外部财会监督而言，内部财会监督具有如下特点：（1）内部财会监督直接服务于法人治理的需要；不论是经营者的财会监督，还是投资者、债权人及其他利害关系人的财会监督，他们对会计信息和财务活动监督的目的都是维护各类利益相关者的私有利益。（2）内部财会监督具有微观性；内部财会监督直接依附于法人治理结构，而法人治理结构

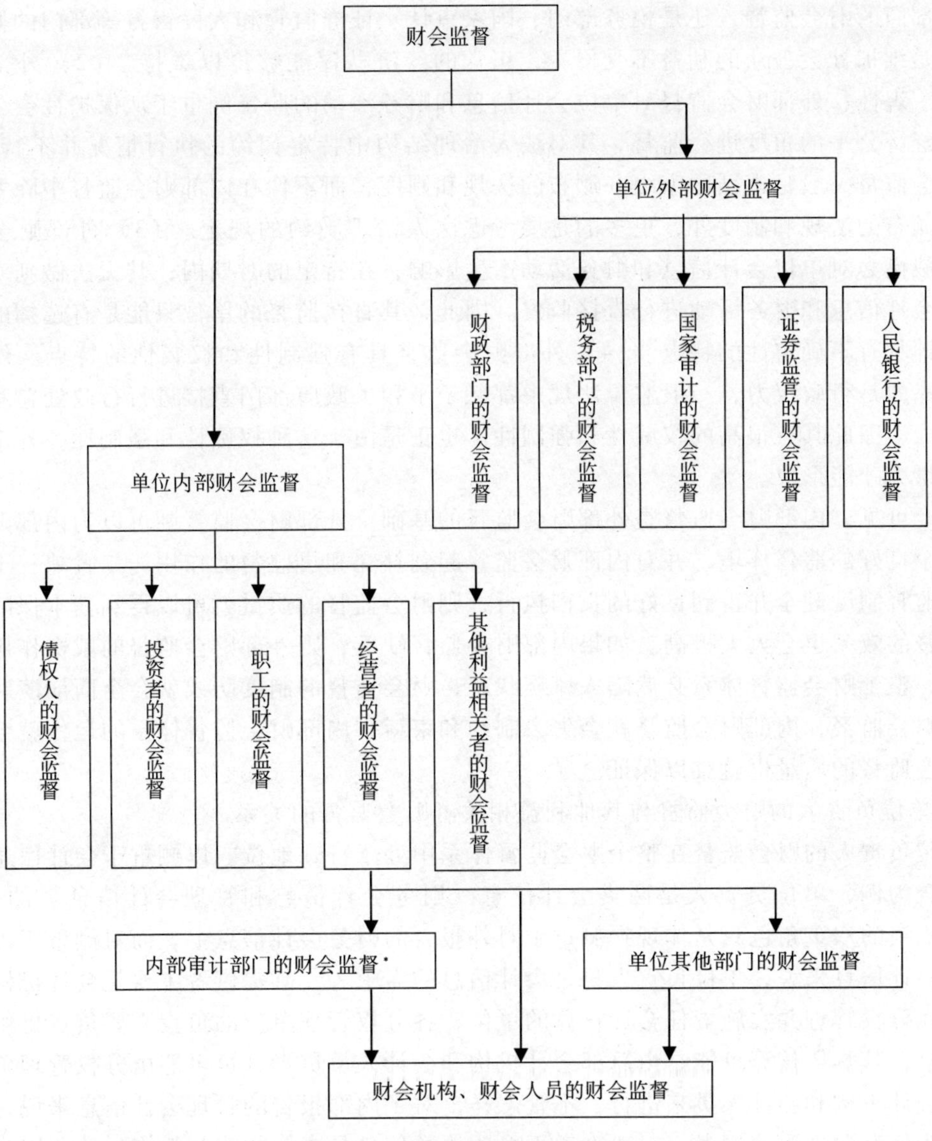

图 9－1　财会监督体系示意图

注：此处内部财会监督和外部财会监督的划分是以法人治理结构为界的。凡是法人治理结构中各参与治理的主体对单位会计信息和财务活动所进行的监督，都属于单位内部财会监督。

具有微观性。一般来说，单位不同，其治理结构就可能不同，与其治理结构相对应的单位内部财会监督就可能不同。(3) 内部财会监督具有日常性、全面性和及时性的特点。内部财会监督特别是经营者的财会监督主要是在日常经营管理中进行的，相对于外部财会监督来说，他们的监督更全面、更经常也更及时。(4) 内部财会监督的强制性和权威性不足。内部财会监督依附于法人治理结构而发挥作用，而法人治理结构不同利益主体之间存在着利益冲突，因此，内部财会监督之间也存在着矛盾和冲突。这种矛盾和冲突单纯靠法人治理契约很难解决，导致内部财会监督的权威性和强制性不足。

外部财会监督则具有以下特点：(1) 外部财会监督直接服务于国家治理的需要；不论

是财政部门的财会监督，还是税务部门、国家审计、证券监管和人民银行等部门的监督，其目的都是维护社会公众的利益不受侵犯，正常的经济秩序能够得以维持。（2）外部财会监督具有宏观性；外部财会监督对单位会计信息和财务活动的监督侧重于从保护社会公众利益和促进经济公平的角度进行监督，其对法人治理结构中特定契约的执行情况并不特别关注。外部财会监督一般是遵循国家统一颁布的法规和制度，而不像在内部财会监督中除要遵循国家统一颁布的法规和制度外，更多的是要考虑法人治理契约的规定。（3）外部财会监督主要靠其威慑力对单位会计信息和财务活动产生影响；在特定的时期内，其无法做到对每一个单位的会计信息和财务活动进行直接监督。因此，其直接监督的单位只能是有选择的，且不固定，即具有不确定性的特点。（4）外部财会监督具有强制性和权威性的特点。外部财会监督依靠的是行政权力，一般监督法规中都赋予了相关政府部门直接进行行政处罚和经济处罚的权力，因此其有很高的权威性和强制性。也正是由于这种权威性和强制性，外部财会监督的威慑力才能形成。

由上可见，内部财会监督是外部财会监督的基础，外部财会监督则可以为内部财会监督创造一个良好的监督环境，并对内部财会监督起到补充和再监督的作用，二者缺一不可。内部财会监督制度健全并得到良好的贯彻执行，则财会监督的质量就可以得到基本保障，外部财会监督的效率也会大大提高。如果内部财会监督缺乏，则外部财会监督的威慑作用也就难以发挥，整个财会监督体系必然陷入瘫痪状态，财会监督的制度防线就会全面崩溃。如果没有外部财会监督，内部财会监督就会失去制约和束缚，内部财会监督体系的运作就会发生紊乱，财会监督的质量也就难以保证。

2. 单位负责人的财会监督与其他利益相关者财会监督的关系

单位负责人的财会监督在整个财会监督体系中处于特殊地位。以侧重于会计信息监督的会计监督为例，单位负责人是两类会计信息（财务会计信息和管理会计信息）的交汇点，但其所扮演的双重角色只是体现在侧重于对外报告的财务会计信息上，而对侧重于内部报告的管理会计信息来说，单位负责人只是会计信息的需求者，其提供者主要是会计机构和会计人员。在分权管理并实施责任会计核算的单位，各分权管理单位的负责人要负责提供内部报告的信息，其具体核算可能是由总部会计机构和会计人员负责，也可能由分权管理单位自己设置的会计机构和会计人员来进行。不管怎样，对于内部报告的管理会计信息来说，单位负责人作为信息的主要使用者，一般来说不希望该类信息是虚假的或是粉饰过的，因为虚假的信息可能会导致其作出错误的决策，从而使其经营业绩和自身利益都受到不应有的侵害。因此，对于内部报告的管理会计信息来说，单位负责人都会有很强的监督动机，而不会有操纵这类会计信息的动机。

对于对外报告的财务会计信息来说，由于其直接涉及对单位负责人受托责任和经营业绩的考核或直接涉及单位的利益并间接影响单位负责人的个体利益，因此单位负责人可能有为了自身利益而提供虚假会计信息的动机，再加上单位负责人具有控制会计政策选择和提供会计信息的独特权力，更为这种动机的实现创造了有利条件。但与此同时，单位负责人所提供的虚假会计信息可能会使其他利益相关者的利益遭受损失，或部分利益相关者受益，而另一部分利益相关者受损，受损的一方必然会行使其监督的权力。如果在事先达成的治理契约中已经明确了对单位负责人提供虚假会计信息的处罚规定，则单位负责人在提供虚假会计信息之前就会对提供虚假信息所带来的利益和由此可能遭受的处罚进行权衡。在提供虚假会计信息能够带来的经济利益一定的情况下，治理契约中所规定的处罚越严厉，或制造虚假会计信息被发现的可能性越大（说明利益相关者的会计监督越有效），则单位负责人提供虚假会计信息的可能性就会越小。

上述分析表明，对于对内报告的管理会计信息来说，单位负责人是有动机进行监督的，只要其监督的成本小于监督能够给其带来的利益（或减少的损失），单位负责人就会对这类会计信息进行监督。单位负责人对这类会计信息的监督可以采取直接监督的形式，也可以通过内部审计部门或总部会计部门进行间接监督。但对于对外提供的财务会计信息来说，单位负责人更大程度上是一个会计信息的提供者，应作为被监督的对象，而不是一个真正的监督者。因此，单位负责人对这类会计信息失真的监督实质上是一种自我监督，其监督的成效主要取决于单位负责人的诚信品质和道德水准。对这类会计信息失真的治理主要应依赖其他利益相关者的财会监督，建立有效的利益相关者财会监督的实施机制，同时要完善治理契约，对单位负责人提供虚假会计信息给予明确的、严厉的处罚。唯有二者协同作用，才能有效地解决这类会计信息的失真问题。

3. 会计机构、会计人员的财会监督与单位负责人的财会监督的关系

内部财会监督是外部财会监督的基础，而财会机构和财会人员的财会监督又是内部财会监督体系的基础。仍以侧重于会计信息监督的会计监督为例，由于其监督是在会计信息的生产过程中进行的，因此比其他监督更为直接和便捷，其监督的全面性、及时性和细致程度也是其他监督无法比拟的，由此奠定了其在财会监督体系中的重要地位。就监督的内容来说，财会机构和财会人员既要对侧重于对外报告的财务会计信息进行监督，又要对侧重于对内报告的管理会计信息进行监督。财会机构和财会人员对这些信息的监督主要是通过内部稽核的方式进行的。

如前所述，单位负责人对内部报告的管理会计信息有主动监督的动机，但对对外报告的财务会计信息来说，单位负责人可能更容易转向操纵或粉饰，而不是主动对其进行监督。但当法律或法人治理契约明确了对外报告的会计信息失真责任的单位负责人时，单位负责人的行为方式可能会发生改变。当然，这要取决于单位负责人对操纵或粉饰会计信息能带来的利益和疏于监督而可能遭受的处罚的权衡。权衡的结果可能有三种情况：一是决定实施财会监督，保证会计信息质量；二是决定不实施监督，而且要指使财会机构和财会人员提供虚假会计信息；三是决定不实施监督，但也不指使财会机构和财会人员提供虚假会计信息。

当单位负责人决定实施财会监督以保证会计信息质量时，其所实施的财会监督（直接或通过内部审计部门间接地）对财会机构和财会人员的财会监督就会形成一种强约束。由于财会机构和财会人员为自己的利益而造假的情况极少（“贪污”和搞“小金库”等行为都是由于财务监督和会计监督不分而导致的监守自盗，如果将财务监督和会计监督区分开来，会计人员单纯通过会计账目造假是徒劳无益的），因此，会计信息的失真就主要是财会机构和财会人员的责任心不强或技术操作失误所致，单位负责人的财会监督对于及时发现财会机构和财会人员的财会监督的缺陷和失误，无疑会起到拾遗补缺的作用。另外，单位负责人还可以从制度方面对财会机构和财会人员的财会监督进行完善，以不断提高财会机构和财会人员财会监督的效率和效果，从而使单位负责人的财会监督与财会机构和财会人员的财会监督相得益彰。在这种情况下，单位会计信息的质量一般都能够得到有效保证。

当单位负责人决定不实施财会监督，而且要指使财会机构和财会人员提供虚假会计信息

时，他必然会以各种理由要求财会机构和财会人员与其配合，这时财会机构和财会人员的财会监督就成为防范这类会计信息失真的第一道防线。但对这道防线的作用不能给予过高的期望，因为财会机构和财会人员的利益主要是由单位负责人控制的。实践也证明，在单位负责人与财会机构和财会人员的博弈中，更多的是合作博弈。这也就是说，如果单位负责人要提供虚假会计信息，则财会机构和财会人员的财会监督一般都会失效。在这种情况下，会计信息的质量也是最差的。

当单位负责人决定不实施财会监督，但也不指使财会机构和财会人员提供虚假会计信息时，财会机构和财会人员的财会监督就成了左右会计信息质量的关键因素。在这种情况下，会计信息的质量就只有依赖财会机构和财会人员的责任心和技术水平。同时，由于单位负责人对财会机构和财会人员财会监督的支持不够，财会机构和财会人员财会监督的权威性也会受到影响，这必然又会影响到财会机构和财会人员的财会监督效果。因此，在这种情况下，会计信息的质量也难以得到保证。

由上可见，财会机构和财会人员的财会监督是内部财会监督的基础，但这种基础作用发挥的程度与单位负责人的财会监督这种环境因素密切相关。单位负责人的财会监督松懈甚至单位负责人指使或授意财会机构和财会人员提供虚假会计信息，则财会监督体系的基础就会动摇甚至坍塌。因此，要使整个财会监督体系建立在一个可靠的基础之上，就必须重视单位负责人的财会监督在整个财会监督体系中的作用，调动单位负责人对会计信息进行监督的积极性。而这并不难实现，只要在法律和法人治理契约中规定对提供虚假会计信息的处罚额度超过因提供虚假会计信息而使单位负责人获得的利益即可，比如前者以后者的3—5倍计算。而按现行《会计法》规定的对提供虚假会计信息的最高处罚额度与造假能够带来的几千万元甚至几亿元的经济利益相比，实在是微不足道。我国恶性会计造假案件频繁出现，恐怕与制裁力度不够有很大的关系，值得深思。

第三节 国家监督体系中财会监督体系存在的问题

不容否认，虽然财会监督之前未被列为党和国家监督体系的重要组成部分，但是财会监督在党和国家监督体系中发挥的基础性支撑作用有目共睹。特别是近20年来，财会监督对加强财经法制建设、加快会计准则制定与实施、建立健全企事业单位内部控制、提升会计人员管理与服务水平、强化会计师事务所监督与管理等方面发挥了积极的作用，取得了良好的成效。

一、国家监督体系对财会监督体系的需求

会计信息是国家治理的重要依据和基础支撑。“天下未乱计先乱，天下欲治计乃治”，充分诠释了会计信息与国家治理的关系。会计信息反映组织契约、交易契约的履行过程，具有经济后果，影响利益分配。会计信息的经济后果决定了国家治理能力的提升离不开客观、公允的会计信息。虚假、有失公允的会计信息必然导致利益相关者之间利益分配的偏误。财务活动和财务收支更是直接体现了利益相关者之间的利益关系。王竹泉（2008）将会计信息导致利益相关者的利益分配偏误称为会计信息的外部性。高质量的会计信息应该使各方利

益相关者各得其所，即会计信息的外部性为零。因此，财务收支和会计信息都具有经济后果，影响利益相关者之间的利益分配，其与每一个利益相关者经济利益都休戚相关。高效的财会监督有助于降低会计信息和财务活动的外部性，实现各方利益关系的协调，提升国家治理能力和水平。由此可见，财会监督应该是国家治理体系的重要组成部分。

作为资源配置的引导员，财会体系在资本市场和社会经济运行中具有重要的基础性作用。党的十九大报告明确指出"使市场在资源配置中起决定性作用，更好发挥政府作用"，不论是市场决定性作用还是政府职能转变都有赖于客观、公允的会计信息支持。会计信息既是国家进行管理和决策的依据，也是经济利益维护、产权明晰的基础。随着国家治理体系和治理能力现代化的推进，政治、经济等领域的改革不断深化，如政治领域中推行绩效管理、政府职能整合、权力制约等，经济领域中财税体制改革、区域经济合作、混合所有制改革等。社会制度的深刻变革对会计信息的客观性、公允性提出了更高的要求，也成为财会监督的改革方向。2016 年 7 月，国务院常务会议对经济领域出现的财务舞弊、会计信息失真、监督不力等现象，明确提出"完善会计监管机制""遏制会计造假行为"。财会监督应该主动契合新时代国家治理能力现代化的要求，运用符合国家治理特征的理念、方法提升服务国家治理的能力，是财会理论界和实务界应该关注的重大课题。

二、国家治理体系中财会监督体系存在的问题

1999 年，我国《会计法》第二次修订提出要建立单位内部财会监督、社会审计监督和政府监督构成的"三位一体"财会监督体系。20 年来，"三位一体"的财会监督体系对提高会计信息质量、强化监督、维护经济秩序发挥了重要作用，但也暴露出不足和缺陷，除上节财会监督体系划分中论及的存在问题外，还存在以下几方面的突出问题。

（一）财会监督目标狭隘

虽然当前财会监督开始关注惩治腐败、问责问效、诚信建设等社会需求，但是经济监督的基本特征并未显著改变，财会监督目标尚未真正转向以协调利益关系为根本目标的国家治理上来。

（二）财会监督机制落后低效

虽然当前政府财会监督开始关注惩治腐败、问责问效、诚信建设等国家治理的重大需求，但是其经济监督的基本特征并未显著改变，而且政府财会监督目标尚未真正转向以协调利益关系为根本目标的国家治理上来，外部财会监督约束软化的问题较为严重。此外，监管机制手段落后、信息化程度较低也影响了政府财会监督威慑力的发挥。

以政府会计监管为例，可以从中发现如下问题：一是运行机制缺陷。政府会计监管部门每年发布的会计信息质量检查公告是两年前的会计信息质量情况，即 2016 年的公告内容是对 2014 年的会计信息检查情况，这种事后监管结论无法成为利益相关者的决策依据，降低了会计信息质量检查公告的可用性；二是监管机制低效。近几年政府发布的会计信息质量检查公告显示，资产、负债、所有者权益披露不实的企业数量整体呈上升趋势，虚增经营业绩现象较多，在"小金库"专项治理中发现违纪金额呈逐年上升的趋势（王竹泉、江玮滢，2017）；三是监管机制手段落后。政府会计信息质量检查公告以发布宏观定性结论为主，未能动态、全面地反映会计信息质量变化，同时由于对会计信息使用者的需求偏好不完全了解，发布的监管公告内容较简单，社会影响力不大、公众威慑力不够。

（三）各类监督资源不共享、不贯通

在现行的国家监督体系中，除国家审计外，与政府财会监督并列并一定程度上履行财会监督的政府部门主要有证监部门、银保监部门、税务部门等。在财政部门内部，除会计司和监督评价局外，预算司、国库司、金融司、资产管理司也都在一定程度上履行财会监督的职能。从表面来看，相关部门各司其责，共同推进财会监督工作，而实际上财政部门作为财会监督的主要责任部门，统筹和联动作用未能充分发挥，监督内容、监督方式还是惩处力度都有很大提升空间，财会监督资源不共享、不贯通的问题较为突出，财政部门也没能通过财会监督形成对国家经济管理乃至重大社会政策的科学决策具有指导作用的信息依据。

第四节　政府社会资本对财会监督体系优化的作用

一、国家治理体系中财会监督体系存在问题的症结分析

从经济学视角分析，政府监管是政府的相关行政部门为实现经济与社会目标，依据一定法律、规章对经济主体（通常是企业）实施微观层面的控制和干预等。政府监管作为市场的外在干预与控制手段具有如下特征：首先，政府监管具有公共性。它提供给被监管对象的边际生产成本和边际拥挤成本均为零。即政府承担的监管成本不因被监管者数量的增加而增加，对一家企业的监管范围和程度不会影响对其他企业监管的效果。而且被监管对象包括所有企业，具有非排他性。其次，政府监管是一种约束性行为。它是政府相关部门针对市场经济与社会秩序中的问题主动实施的行为，是对企业市场行为的一种直接约束和规范，具有高度的权威性和约束性。最后，政府监管具有强制性。政府实施监管的相关法律和公共政策一旦生效，被监管对象必须执行，无任何讨价还价的余地，并且这种强制性有国家机器作为后盾与保障。

然而，由于政府职能的有限性、政府权力的扩张性、政府工作人员作为经济人的私利性，政府监管在国家治理中只是一种有限的理性行为，可能出现一系列问题，不但严重影响监管的效果，而且不利于市场经济的有序运行。

1. 作为监管者的政府与被监管者的企业之间存在信息不对称问题

理论上，政府监管部门只有掌握被监管者的产业情况和企业状况，才能制定相应的监管办法；只有监管者掌握充足的信息，才能按照社会最优化的目标，督促企业执行监管计划。但事实上，作为被监管者的企业往往比政府部门掌握更多的信息，二者关于信息的博弈犹如“猫捉老鼠的游戏”，政府既难以观察，更难以推断被监管者的诸多行为。

2. 政府监管可能会出现异化问题

这是由于企业为实现自身利益最大化，要千方百计地对政府施加影响，如游说、利益输送、寻租等，迫使监管政策向被监管者倾斜。而政府监管者具有理性的经济人属性，有着各种利益与动机，可能被监管者俘获，使得监管政策的设计与实施不符合监管的公共性。

3. 政府工作人员出现监管寻租

与监管俘获不同，监管寻租是一种主动的行为，它是政府监管过程中监管人员利用监管

权力谋取私人利益的现象，也有学者将之称为“政治俘获”。这样，监管成为监管执行者牟利的手段，企业成为被宰割的“羔羊”，公权力转化为私人利益，而作为“公器”的监管机构成为个人逐利的“私器”。麦克库宾斯认为，“监管为政治家、行政官员和产业集团都带来了好处，他们形成了一个操纵政府法规、政策倾向或政策偏好的稳定的‘铁三角’联盟，即政治家、行政官员和靠政府得到好处的产业集团，三方联合纠缠在一起的联盟”。

4. 政府实施监管要付出巨大成本

一方面是可以直接反映在政府预算中的会计成本，即实际支出成本；另一方面是隐形成本，如企业或消费者为遵守监管政策所支付的“服从成本”以及企业“竞租活动”所产生的成本。

5. 政府监管具有极大的风险

如不良的经济监管结构，腐败的监管机构，朝令夕改、矛盾冲突的监管措施等，都可能降低企业的投资意愿，造成市场的无序状态。

二、具有产权性质的政府社会资本监管的优势与劣势

（一）具有产权性质的政府社会资本监管的优势

1. 监督流程重心前移，提高监督效能

现行政权监督主要以行政部门为主体，通常采用定期执法检查的监督方式，在监督流程上普遍滞后，长此以往不利于市场经济秩序的有效维护。如果能实现政府社会资本产权监督，那么监督流程便可以实现从事后监督向事前预防监督和事中控制监督转变，原因在于产权制度安排赋予政府对企业重大决策的知情权和参与投票的权利，这就可以实现监督流程由事后纠错型向事前预防型、由检查型向治理型的重心转变。

2. 加大了监督的广度与深度

由于体制机制原因，政权监督下的监督广度和深度均不足，基于政权监督性质和监督成本的考量，财政部门实施监督的企业数量非常有限，仅靠自上而下的日常监督会导致监督效果大打折扣。加之我国监督法制化较弱、犯罪成本较低，使会计造假和财务舞弊的现象屡禁不止。解决以上问题最好的办法是在日常行政监督的履行和权力威慑力下，增加政府产权监督路径。政府作为政府社会资本的所有者深入参与众多企业的重大决策能够有效遏制企业管理层做出危害企业和公众利益的短视行为，这样一来，企业管理层接受政府股东的监督可以有效减少和杜绝违法现象的发生。

3. 通过产权交易信息平台可以有效降低监督成本

政府社会资本产权确认之所以可能出现政府社会资本持股比例的确定以及股东利益侵占问题，其根源在于政府社会资本投资者与其他资本投资者信息不对称问题。因此，解决政府社会资本确权的根本措施在于提高政府社会资本投资的信息透明度。对此，可以构建政府社会资本股权信息平台，向全社会公开各个地区、各级政府的政府社会资本投资信息，包括全部被投资企业的持股比例、收益分成、成本支出等投资信息，同时披露被投资企业的经营状况等详细信息，缓解企业价值创造信息的不对称状况。通过全国、分地区的政府社会资本投资股权信息平台的构建，有助于政府社会资本投资市场价格机制的形成，也可以有效降低产权监督成本，同时确保自下而上的监督信息报送渠道畅通有效。

（二）具有产权性质的政府社会资本监管的劣势

1. 政府持股比例不当可能导致政府寻租

与国有资本确权不同，政府社会资本大多为隐性投入，其股权比例的确认需要经过科学合理的测度与计量。若过多确权可能会导致政府部门侵占市场主体利益，甚至出现政府寻租问题。政府社会资本本身就是企业寻租、政府设租的标的物，企业为获得政府的支持而积极构建与政府的良好关系，而政府或政府官员也通过对“租金”的分配达到自身的目标，包括诱导企业进行投资以达到政府的经济增长目标、政府官员的政治晋升目标、个人私利目标等。地方政府或出于政治晋升目的压缩公共产品供给比例，可能会以牺牲整体社会公平为代价来换取局部经济效率的提升。若确权过少，可能会导致政府部门的投资收益流失，弱化政府对市场主体在重大决策上的监督和管制。因此，政府社会资本产权确认的问题应是企业利益相关者集体选择与协商的结果。

2. 股东之间利益冲突问题

现代公司治理中控制权与现金流权的分离极容易产生大股东侵占中小股东利益的问题，当政府通过政府社会资本投资成为企业股东成员之后，由于政府特殊的市场地位，将使股东之间的利益冲突问题更加复杂化。首先，一般情况下政府社会资本投资在企业总资本中占比较低，政府主要以小股东的身份参与企业的经营管理决策，大股东可能会通过虚假出资、资金占用、关联交易等方式掏空企业，侵占政府的合法权益，甚至凭借政府出资的“隐性担保”套取银行信用等问题。

三、政府双重身份与国家治理中财会监督体系创新

政府双重身份体现在政府既是政府社会资本的投入者、股东，又是社会公共管理者，双重身份使政府对企业拥有多重监督权，通过政府作为政府社会资本投资者的财会监督与政府作为社会公共管理者的财会监督的协同，实现国家治理中财会监督体系的优化。

（一）政府作为政府社会资本投资者的财会监督

一方面，政府作为每一家企业天然的股东，尽管只是小股东，但是却具有了参与重大决策的权力和监督的权力，具体包括：股东身份权利、参与决策权利、资产收益权、退股权、知情权等。由于我国公司法律制度的限制，当前我国企业仍然采用“同股同权”的股权结构安排，但国外已经出现了多种多样的“同股不同权”的股权结构安排形式，甚至出现了一些极为复杂的制度创新，如附有金融衍生工具的“有负担股份”等，这为政府社会资本投资的财会监督提供了重要的制度创新路径。

可选择的股权安排有：黄金股、优先股，当然也能通过双重股权结构对企业控制权和剩余收益权的安排存在差异性诉求，特别是对于关系到本国国计民生、经济安全等的关键经济领域都进行了大量的政府社会资本投资，政府可以通过产权纽带关系进行控制。通过特定股权安排对政府社会资本的产权确认可以保证政府在外资并购、市场垄断乃至公共利益维护等重大经营管理事项的特别决定权，可以很好地实现政府社会资本的控制权诉求，政府可以对企业的这些重大决策事项行使最终的一票否决权，从而保证国家的重大经济利益，以此实现政府对企业的有效监督。

（二）政府作为社会公共管理者的财会监督

而政府作为社会公共管理者，通过政府固有的威慑力可以对每一家企业进行行政监督。

事前监督是指在行政管理机构进行行政决策、开展行政行为之前进行监督。最典型的事前监督是听证会制度。听证会是由立法机关、国家行政管理机构和某些行政事业性单位根据有关规定，召集社会各阶层、当事人或有关受益者、受害者进行交流、沟通的会议。一般有立法听政、价格听政、决策听政、调查听政等类型。听证会的举行，具有使社会公民和团体了解政府行为过程和信息、参与决策、监督政府行为的作用。

事中监督是指在行政管理机构决策与执行过程中所进行的监督。为了防止行政管理过程中决策的失误和执行出现偏差，必须开始事中监督，即在决策过程中对决策活动进行监督，在执行过程中对执行活动进行监督。从决策过程来看，这种监督是对决策者进行的面对面的监督，有助于及时发现决策失误或决策不当，并对其及时予以纠正；从执行过程来看，这种监督有助于及时了解执行情况，及其向决策中心传递相关信息，不仅有助于纠正执行偏差，而且有助于及时修正原有的不当决策。

事后监督是指行政决策或者行为做出之后，相关监督主体进行的监督活动。现代社会管理日益复杂和多元化，为行政管理带来了一定的难度和压力，因此，行政行为往往具有一定的先定性，以保证行政权力的权威性和强制性，这就使人们不能对所有行政行为进行事前监督，这样，就有必要进行事后监督。

（三）政府作为政府社会资本投资者和社会公共管理者的财会监督的协同

1. 双重财会监督的职能协同

推进国家治理体系和治理能力现代化是全面深化改革的目标。国家治理体系和治理能力是国家制度和制度执行力的集中体现，是一个相辅相成的有机整体，良好的国家治理体系能够提高治理能力，进而更好地发挥国家治理体系的效能（赵志强，2018）。国家治理理念和治理体系的转变为财会监督改革指明了方向。在这种社会背景下，政府社会资本的出现为财会监督目标、职能等基本内涵从协同、整体的视角重新界定提供了理论支持，有利于进一步探究政府社会资本参与下的财会监督行为在经济与政治之间的微妙平衡、财会监督与国家治理的内在逻辑关系。

从本质上说，财会监督是纠正由财会系统“负外部性”而引发的市场失灵，不适应财会环境变化的财会监督目标会加剧这种失灵。由于政府被赋予双重身份，政府社会资本作为股东之一，通过对企业经营活动的治理从微观上维护了良性经济秩序；同时，政府作为实现国家治理体系和治理能力现代化的主体构建和维护社会秩序也能够促使企业持续、优质发展。这种双重治理责任更加强调了财会监督目标的责任性和经济性、公共性和秩序性。政府社会资本参与的财会监督目标应从传统的经济监督目标转向社会治理目标，即体现财会监督的公平、共治、秩序等特征，在提高会计信息质量、强化行政监管和经济监督的前提下，以“资源配置高效、会计信息负外部性最小、体现公平分配”为现实目标。

财会监督的传统职能是优化资源配置、维护经济秩序和监督资本市场，这是“市场决定资源配置”的有力保障。在政府社会资本参与的财会监督体系下，财会监督职能在传统职能的基础上增加了以下两层涵义：一是服务职能——将社会公共利益作为财会监督的宗旨；二是引导职能——配置和运用公共权力规范财会行为，引导财会行为更加理性化和责任化（武辉，2019）。

2. 财会监督体系优化：多元共治，协同互动

引入政府社会资本后，政府的双重治理责任和目标使财会监督强调监督主体的多元化，

要求政府、社会、公民彼此承认治理权利和地位，遵守合作原则，建立伙伴关系，共同提供财会监督服务、解决财会监督问题。同时，在国家治理体系和治理能力现代化背景下，国家治理主体也是由政府、组织、公民等多元主体组成，形成多元共治、协同互动。这种主体的多元性打破了传统社会的同质性，在异质性的社会里，政府责任、市场平等、社会利益、公民权利缺一不可。

如前所述，在现行的“三位一体”财会监督体系中，单位内部会计人员由于经济、人事关系依附于单位，财会监督活动流于形式，社会审计监督实质是一种鉴证服务，不具有实施监督的动机和权力。但有监督动机和权力的股东、债权人、公众等却未被纳入财会监督体系。缺乏独立性的单位内部财会监督、缺乏监督动力的社会监督以及具有强烈监督动机的利益相关者缺位势必给政府财会监督带来巨大的压力，财会监督主体的多元协同是大势所趋。事实上，随着会计信息和财务活动外部性的影响日益显著，股东、债权人等参与财会监督的动力也在增强。同时，社会公众作为会计信息的使用者和财务活动外部性的承受者，也应纳入财会监督体系并发挥作用。另外，任何财会监督治理主体要想在多元异质的环境中获取自身利益，也必须适应国家治理体系的特点，通过积极参与、平等合作，实现共赢。因此，多元共治是财会监督体系优化的务实选择。

财会监督主体多元化要求在多元、协商、合作的基础上建立以政府为主导，股东、公共受托经济责任人、单位负责人、债权人、社会公众等参与的监督主体结构和协同互动的伙伴关系。具体来说，国家治理框架下的新“三位一体”财会监督体系应由政府财会监督（政府社会资本在国家层面治理）、利益相关者财会监督（政府社会资本在法人治理层面）和单位内部财会监督组成。政府财会监督是法律赋予主管财会工作的政府部门（财政部门为核心）所实施的财会监督。政府财会监督应体现公正性，减少会计信息和财务活动引发的公共与私人利益以及不同私人利益之间的冲突，降低会计信息和财务活动的外部性，实现协调各方利益关系的“善治”目标。从这个意义上来说，政府财会监督是“元治理”，是国家治理的重要手段。利益相关者财会监督是由股东（含政府社会资本所有者）、债权人、社会公众、公共受托经济责任人等利益相关者所实施的会计监督，其目标是维护各自的利益不受会计信息和财务活动外部性损害。单位内部财会监督是单位负责人实施的会计监督。在单位内部财会监督中，单位负责人具有双重身份，一是监管人，对单位及下属的财会活动行使监督权力，二是被监管人，接受股东、债权人、政府、社会公众等监督。同时，单位负责人具有双重受托责任：一是经济利益最大化的经济责任，二是社会利益最大化的社会责任。因此，单位负责人财会监督的目标不应是某一类利益相关者的利益最大化，而是各类利益相关者利益的协调，满足各类利益相关者的需求和偏好。

在多元共治的财会监督主体结构中，政府是“元治理”，以“利益相关者各得其所”为目标，发挥主导作用，并向其他主体提供参与财会监督的机会和渠道。股东、债权人等利益相关者以“个人利益最大化”为目标参与财会监督。单位内部财会监督与政府财会监督的目标相同，应定位于向社会提供客观、公允的会计信息和保证各项财务活动的合法、合理和有效的开展，最大限度地降低会计信息和财务活动的外部性。显然，在政府社会资本参与的财会监督体系中，单位内部财会监督是基础，利益相关者财会监督是支柱，政府财会监督是灵魂。

第十章　未来展望

第一节　政府社会资本制度的选择

既然政府的公共资源配置可以区分为政府公共产品和政府社会资本两种类型，而不同的公共资源配置方式又具有公平性和效率性等目标导向的差异。因此，政府的公共资源配置方式就需要在不同的目标之间进行权衡，政府社会资本制度的最终选择取决于政府对双重目标的权衡和取舍。

一、政府公共资源配置方式选择的直接矛盾与取舍

如前所述，政府公共产品配置具有均衡性和无偿性的特征，作为对市场缺陷的弥补，其首要的目标追求是公平性，效率性的目标则是次一级的选择，或者说是政治价值优先，经济价值其次。而政府社会资本则正好相反，作为对政府缺陷的弥补，其首要的目标是对经济价值的追求，旨在提高政府公共资源配置乃至正社会资源配置的效率，而公平性的目标则成为次一级的选择，即：经济价值优先，政治价值其次。

由此可见，政府公共资源配置方式的选择存在着公平和效率目标的直接矛盾和冲突。在一定的政府公共资源配置规模和政府社会资本的资源配置效率（与市场资源配置的效率相当）高于政府公共产品的资源配置效率假设前提下，较高的政府公共产品配置的比例，意味着政府公共资源配置较高的公平性和较低的效率性，即政府公共资源配置的政治价值得到较大程度的实现，而政府公共资源配置的经济价值实现程度则较低。反之亦反。如图 10－1 所示。

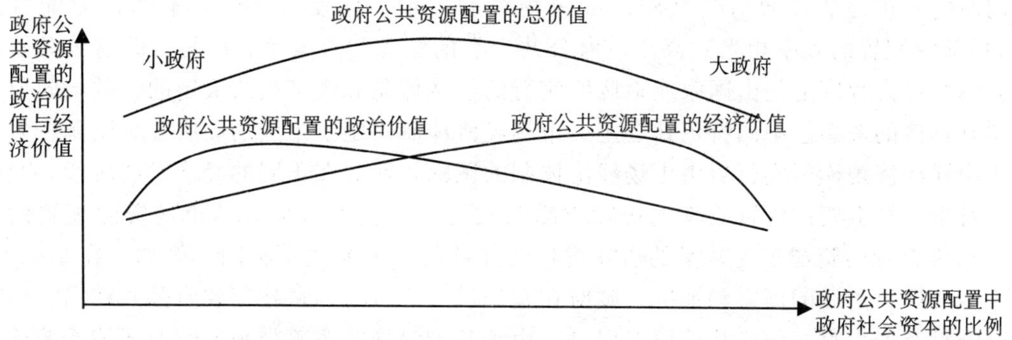

图 10－1　政府公共资源配置的双重价值与权衡

每个国家或地区的政府都必须在可获得的两种价值间进行权衡，政府公共资源配置方式的最终选择是在政治价值和经济价值之间做出权衡取舍的结果。当政府更关注政府公共资源配置所获得的政治价值时，就将投入较少的政府社会资本，较少参与和干预社会个体，形成“小政府”，从而获得的经济价值较少；而当政府更关注政府公共资源配置的经济价值时，将形成“大政府”，即投入较多的政府社会资本，较多地行使特许权、特殊政策和专项支持等，较多的政府社会资本投入必然带来政府公共资源配置较高的经济价值，但却增加了政府公共资源配置的不均等性，降低了社会公平性和政府公共资源配置的政治价值。可见，政府公共资源配置的经济价值和社会价值存在着直接矛盾和冲突，不存在政府公共资源配置方式的最优解。政府对公共资源配置方式的选择是其自身对政府公共资源配置的政治价值和经济价值权衡取舍的结果。

二、政府公共资源配置方式的动态调整

既然政府公共资源配置方式的选择是政府对公共资源配置的政治价值和经济价值权衡取舍的结果，而同一国家或地方的政府在不同的期间可能有不同的政府目标追求，这就意味着政府公共资源配置可能由于不同时期的政府对政治价值和经济价值的关注程度不同而对政府公共资源配置方式的选择进行调整，从而使政府公共资源配置出现动态变化的特征。

以美国为例，在美国特许设立企业的期间，刚成立的美国政府一方面对个人自由权利的呼声较高，另一方面自身财政比较紧缺，于是放松了对社会公平的关注，放低获得特许证的门槛以激励人们自由经商，通过增加特许权的授予来增加政府自身的经济利益，但特许权授予本身的不均衡性以及由此导致的贫富差距加大降低了社会公平性，这又显然降低了政府的政治价值，这是该时期政府公共资源配置方式选择的必然结果；而经历了独立战争，到了通过准则自由成立企业的自由放任期间，由于政府欠缺在维护社会公平等政治价值方面提供的政府公共产品配置，行业垄断、寡头垄断又引起另一种破坏公众利益的不公平，这些都影响了政府的政治价值，进而也影响了政府对其经济价值的长远追求，于是美国政府又开始将目标转向政府的政治价值倾斜，政府公共资源配置的方式也由此而转向更多地向政府公共产品配置的方式转变，开始依法对经济进行干预，准则主义、法律、行政制度的增加都体现了这一时期政府对政治价值的追逐。

三、政府社会资本制度选择的综合分析

前面的分析是假设政府公共资源配置规模的一定，且政府社会资本的资源配置效率（与市场资源配置的效率相当）高于政府公共产品的资源配置效率，但是，政府公共资源配置的规模在很大程度上是由国家或地区所实行的经济体制和经济模式决定的，并与政府的职能定位有直接的关系。中国特色社会主义市场经济体制决定了中国的政府公共资源配置规模将大于同样经济规模但实行自由市场经济体制的国家。而处在不同的经济发展阶段，政府公共产品对整个社会资源配置效率的边际贡献与政府社会资本（假设与市场资源配置的效率相当）对整个社会资源配置效率的边际贡献的高低关系可能完全不同。例如，在基础设施、教育、科技严重落后的国家和地区，政府在基础设施、教育、科技等政府公共产品上的资源配置可能没有产生直接的经济价值，但是，由于基础设施的改善带来的营商环境的改善和教育科技水平提升带来全社会智力资本水平的显著提升将带来全社会巨大的经济价值的提升，

这时从全社会的角度来看，政府公共产品配置的经济效率要远远高于市场资源配置的经济效率（包括政府社会资本配置的效率），而且基础设施条件和教育科技水平的显著改善将大大提升社会公平性和政府的政治价值，因此，在这种情况下，政府公共产品配置规模的扩大是最佳的选择。相反，当基础设施、教育、科技等已很发达，再大规模增加这些领域的政府公共产品配置所产生的全社会经济价值提升的边际效应可能大大低于将相同资源进行市场化配置（或用于政府社会资本投资）所产生的全社会经济价值的提升，而此时其带来的社会公平性提升也十分有限，在这种情况下，控制政府公共产品配置规模、扩大市场资源配置的规模则是务实的选择。

对于政府社会资本部分的政府公共资源配置来说，由于其资源配置本身就具有选择性的特征和效率性的目标导向，因此，有为的政府会将该部分资源更多配置到对全社会经济效率提升作用更强的关键领域，从而可以产生比市场资源配置效率平均水平更高的效率，而在赋予政府对政府社会资本所有权的情况下，政府社会资本配置多的行业或企业不仅与其他行业和企业不仅为社会创造了更多的税收，而且给政府带来了更多的经济价值提升，且经济价值的提升并没有带来社会公平性的降低，此时，加大政府社会资本的配置则是理性的选择。

此外，不论是政府公共产品性质的公共资源配置，还是政府社会资本性质的公共资源配置，都有集中力量办大事的独特优势，这种优势是那些否认或尽可能降低政府公共资源配置的自由市场经济体制所无法比拟的。中国在面对重大突发公共卫生事件时所表现出的超强的应对能力以及在高铁、航天、国防等领域的超常规发展都有力地证明了政府公共资源配置的制度优势。

当然，不论是政府公共产品还是政府社会资本形式的公共资源配置，政府的调控能力和政府的腐败水平都会对这些资源配置的效率性和公平性产生实实在在的影响。因此，每个国家和地区的政府需要结合自身的实际状况和发展阶段进行全面分析和权衡后作出理性的选择，没有也不可能存在一个放之四海而皆准的模式或标准。“使市场在资源配置中起决定性作用，更好发挥政府作用”是符合中国特色社会主义新时代和中国国情的科学选择，也是政府社会资本制度应用的基本准则。

第二节　国家治理制度变迁的分析框架

本书探讨了引入政府社会资本创新国家治理体系的思考，由于所提出的创新思想和观点还没有经过实践的检验，因此，目前很难论证这些思想和观点将如何推动国家治理创新并对国家治理和社会进步产生实际影响。本书最后试图提供一个国家治理制度变迁的一般分析框架，供未来分析和检验这些思想和观点的应用价值时参考。

一、制度的含义与功能

什么是制度？其有什么功能？对此可能存在许多种不同的解释，但各种定义一般都把制度与行为规则联系起来。舒尔茨（1994）就将制度定义为一种行为规则，这些规则涉及社会、政治及经济行为。诺斯（1994）在《经济史中的结构与变迁》一书中将制度定义为一系列被制定出来的规则、守法程序和行为的道德伦理规范，它旨在约束追求主体福利或效用最大化利益的个人行为。柯武刚和史漫飞（2000）将制度定义为由人制定的规则，它们抑制着人际交往中可能出现的任意行为和机会主义行为。制度为一个共同体所共有，并总是依靠某种惩罚而得以贯彻。他们特别强调，没有惩罚的制度是没用的。只有运用惩罚，才能使个人的行为变得较可预见。带有惩罚的规则创立一定程度的秩序，将人类的行为导入可合理预期的轨道。如果各种相关的规则是彼此协调的，他们就会促进人与人之间的可靠合作，这样他们就能很好地利用劳动分工的优越性和人类的创造性。

制度的功能有多个方面，但其最基本的功能就是促进协调和信任，防止和化解冲突。在复杂而混乱的经济事务中，每一个经济主体都可能产生各种各样的任意行为和机会主义行为，这些任意和机会主义行为难免与其他主体的利益发生冲突。制度正是通过利益诱导或禁例的方式来影响个体行为，约束每一个主体的机会主义行为，使复杂的人际交往过程变得更易理解和更可预见，从而使不同个体之间的协调更加有效，降低冲突发生的可能性。

二、制度变迁理论的简要回顾

制度变迁是制度的替代、转换与交易过程。制度为什么会变迁？制度变迁是自发的，还是强制的？经济学家对此也有不同的解释。

新制度经济学在“需求—供给”框架下展开对制度变迁的研究。从制度变迁的需求方面来说，当在现有制度框架下，由外部性、规模经济、风险和交易成本所引起的收入增加不能实现时，一种新制度的创新可能应运而生，并使这些潜在收入的增加成为可能，也就是只要制度变迁的预期收入超过预期成本，制度就会发生变迁。诺斯将制度变迁的供给纳入分析框架中，提出了一种构建主义的制度变迁观，即：合理的产权制度是国家设计的结果，国家意志导致了制度的变迁。

哈耶克则不同意制度变迁是理性设计的人为制造过程的观点。在他看来，由于人类的知识和信息都是非常有限的，人类实际上不可能设计出任何有效的制度。制度变迁是一个动态的“过程”，是不同人群互动和博弈的过程。制度的形成是自然演进的，也只有自然演进的制度，才能形成好的制度。而要形成自然演进的制度，就必须保证不同的经济主体，特别是个人的自由。个人自由选择权以及相互之间所形成的博弈与互动关系，可以达到信息与知识最大限度的交流与共享，从而自然选择式地逐步筛选出一个好的制度。

与诺斯、哈耶克的制度变迁理论都不相同，奥尔森提出了制度变迁的利益集团理论。他既不认为制度完全是理性设计的产物，因为不同利益集团的博弈才是决定一种制度优劣的根本原因；也不认为制度完全是自然演进的，因为利益集团才是对制度变迁具有决定作用的，并且具有明确利益目标的主体。他认为，制度变迁的根源取决于利益集团的形成与发展，好、坏制度相互转换的原因就在于利益集团作用的强弱。利益集团的强大和发展会影响一种好的经济制度，利益集团的削弱和衰退则会有利于一种好的经济制度的出现。

程虹（2000）对上述三种制度变迁的理论做了比较分析，认为各种理论都存在着自身难以解决的矛盾。诺斯的理论虽然对国家在产权制度形成过程中的作用提出了富有新意的解释，但却不能回答这样一个问题：在一种有利于经济增长的产权制度建立起来之后，为什么这种产权制度会向着不利于经济增长的方向演化，也就是一种好的产权制度为什么会变为一种坏的产权制度，或者相反呢？哈耶克的理论也面临着同样的理论困境。依照哈耶克的解释，制度总体上应该是不断优化的，是向着越来越好的方向演进的，但是制度变迁的实践逻辑，似乎与哈耶克的这种乐观主义的理论解说恰恰相反。奥尔森的利益集团解说，虽然比诺斯、哈耶克的解说更接近于对制度变迁过程的研究，但让人们感到困惑的是，既然强大的利益集团所导致的总是不好的经济制度，如果一种社会能够抑制这样的利益集团，是否就能长久地获得一种好的经济制度呢？现实的答案显然并非如此。

周业安（2000）在哈耶克的社会秩序二元观的基础上，提出了一个制度演进理论的初步分析框架。他认为：规则本身是一种共同知识，社会成员通过遵守它来弥补理性的不足，从而尽可能减少决策的失误。分散的个体追求自身利益最大化，相互作用形成彼此认同的规则，此即"内部规则"，它是人们交往过程中自发产生的。个体也可以形成组织，通过组织获得更多的利益。组织内部通过命令——服从方式贯彻某种特定的目的，所以组织作为规则是强调他人服从的，此即"外部规则"。个人之间的互动及特定组织之间的互动逐步演化出一种特定的内部规则，并随着市场化迅速扩散；组织之间的互动导致外部规则的演化，其中知识的不对称决定演化的路径；个人与组织之间的互动寻求对规则理解的一致性，其冲突和协调构成制度变迁的主线；个人和组织之间合作的出现依赖共同知识的理解，其中默示知识起着关键性作用。

三、制度变迁——诱致性变迁和强制性变迁的结合

我们认为，任何制度的背后都隐藏着不同利益集团的经济利益关系，制度通过规范各利益相关集团的行为规则来达到对利益相关集团的经济利益关系进行调整的目的。不同的制度，在形式上表现为利益相关集团不同的行为规则，但在实质上却反映着利益相关集团不同的经济利益关系。因此，制度构成的要素有 4 个方面：（1）制度主体，即制度所涉及的利益相关集团。（2）制度环境，即制度主体面临的外部条件。（3）既定的利益关系，即事先设定或要求达到的制度主体之间的经济利益关系。（4）行为规则，即为了纠正环境不确定性对利益相关集团既定利益关系的影响，维持既定的利益关系，所必需的制度主体的行动和决策准则。制度变迁就是通过调整利益相关集团的行为规则达到对利益相关集团经济利益关系调整的目的，从而使利益相关集团的经济利益关系从一种既定的状态转变到另一种既定的状态。

既然制度的实质是对利益相关集团的经济利益关系进行调整，那么制度变迁的动力首先来自利益相关集团对经济利益的追求。制度变迁是相对于原有的制度而言的，已有的制度对应其特定的制度环境和既定的经济利益关系。每一个利益相关集团都有最大化自己经济利益的偏好，但他们按这种偏好选择的结果将造成彼此之间的利益冲突，为了在冲突中实现自己的偏好，利益相关集团就必须与其他利益相关集团展开博弈。利益相关集团博弈的每一个均衡解都对应着一种可能的制度安排。张维迎（1996）强调：一种制度（体制）安排要发生效力，必须是一种纳什均衡，否则制度安排便不能成立。根据纳什均衡的存在性定理（纳什，1950），每一个有限博弈都存在至少一个纳什均衡。这里，有限博弈指的是博弈有有限个参与人且每个参与人有有限个纯战略①。而在大多数制度的分析中，利益相关集团的博弈

① 如果一个战略规定参与人在每一条给定的信息的情况下只选择一种特定的行动，则该战略就是一个纯战略。在静态博弈中，纯战略等价于特定的行动。与纯战略相对应的一个概念是混合战略，如果一个战略规定参与人在给定信息的情况下以某种概率分布随机地选择不同的行动，则该战略就是一个混合战略。在静态博弈中，混合战略等价于不同行动之间的随机选择。

都可以看成一种有限博弈，因此，总有一种制度安排（对应纳什均衡解的制度安排）成为各个利益相关集团在最大化自己利益偏好理性下的共同选择，因而对各利益相关集团来说都是最优的。

但是，这种最优的制度安排是以给定博弈主体（利益相关集团）、行动、信息、支付函数和战略为前提的。环境的不确定性可能导致参与人的信息、行动、支付函数等发生变化，从而导致纳什均衡解的不断改变。这意味着虽然存在对所有利益相关集团都是最优的制度安排，但它却不是一成不变的，而是随着环境条件的变化不断变化，即最优的制度安排具有状态依存的特性。从原有制度环境下的最优制度安排过渡到新环境下的最优制度安排，并不一定能保证每一个利益相关集团的经济利益都比原来增加，因为所谓的最优只是相对于同一环境下的其他制度安排而言的，与同一利益相关集团在其他环境下可能获得的经济利益相比，就未必是最优的。如果从一种环境下的最优制度过渡到另一种环境下的最优制度，所有的利益相关集团都获得了利益的增长，则所有利益相关者在利益增长的诱致下，就会废除旧制度，取而代之的是适应新环境条件的最优制度，制度变迁完全是诱致性的。当然，实现这种变迁的前提是政府不反对这种变迁，否则，制度变迁也将难以实现。与完全诱致性变迁截然相反的情况是，从一种环境下的最优制度过渡到另一种环境下的最优制度，可能发生所有利益相关集团的经济利益都比原来减少的情况，在这种情况下，所有利益相关者在利益的诱致下，都会竭力维护旧制度，而一致抵制新制度。制度变迁在利益相关集团内部难以实现，除非政府出面进行干预，制度才会发生变迁。显然，这种制度变迁完全是强制性的。

上面两种情况属于两种极端的情况，更多的制度变迁可能是处于这两种情况之间的一些中间状态，因而更多的制度变迁可能是诱致性和强制性制度变迁的混合。因为从一种环境下的最优制度安排过渡到新环境下的最优制度安排，可能使部分利益相关集团的利益增长的同时，使另外一部分利益相关集团的利益减少，利益增长的那部分利益相关集团就会成为新制度的倡导者和拥护者，而利益将会减少的那部分利益相关集团则成为新制度的反对派。在这种情况下，制度能否发生变迁，就要看敌对双方的力量对比。如果获得利益增长的是那些强大的利益相关集团，则在这些强大的利益相关集团的强烈干预下，制度发生半诱致性变迁，在这种变迁中，强利益相关集团的经济利益的增长是（至少部分是）以弱利益相关集团的利益减少为代价的。与完全诱致性变迁一样，实现半诱致性制度变迁的前提仍然是政府不反对这种变迁。如果政府反对，这种半诱致性变迁也难以实现。如果在敌对双方的力量对比中，经济利益将会减少的是那些强大的利益相关集团，则这些强大的利益相关集团肯定不会自愿放弃自己的既得利益，因而千方百计地阻挠新制度，在这种情况下，制度变迁就难以实现，除非那些弱利益相关集团处在极为有利的谈判地位或政府出面直接干预。显然，这种制度变迁属于半强制性的制度变迁。

综上所述，制度变迁可以划分为四种类型，如图 10 - 2 所示。

上述分析是建立在集体理性的基础之上的，即每一个利益相关集团作为一个整体时其对制度变迁的影响。但我们知道，集体理性是建立在个体理性基础之上的，但个体理性只是集体理性的必要条件，而非充分条件。由于制度的公共物品特性，可能会造成制度变迁过程中的“搭便车”现象，同一利益相关集团中的一部分个体可能会搭另一部分个体的“便车”，而具有相似利益特征的某类利益相关集团可能搭另一类利益相关集团的“便车”。

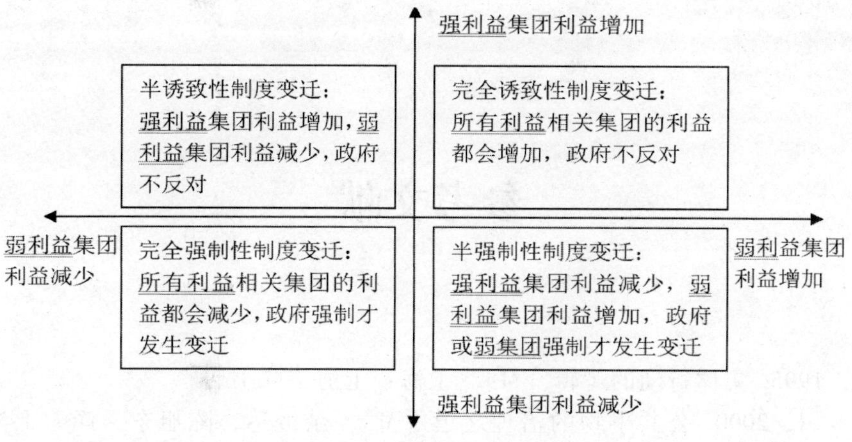

图 10－2　制度变迁的类型

可以预见，利益相关集团的数量越多，同一个利益相关集团中的个体数量越多，“搭便车”现象发生的频率就越高。“搭便车”势必导致集体理性的减弱甚至完全丧失，并对制度的变迁产生影响。这种影响既可能阻碍制度的变迁，也可能加快制度的变迁。当新制度使其经济利益增加的那些利益相关集团由于“搭便车”行为而缺乏集体理性时，新制度就会因为缺少支持者而流产，制度变迁就无法实现。同样，如果搭便车的现象发生在那些经济利益可能会减少的利益相关集团身上，则集体理性的缺乏可能使对新制度的抵制大大减弱，旧制度向新制度的变迁就容易实现。如果这种情况发生在那些强利益相关集团身上，则在集体理性存在时不可能实现的制度变迁也会由于强利益集团的集体理性的丧失而变成现实。因此，制度变迁既可能是向更好的方向变迁，但也可能是向更坏的方向变迁。

第三节　永远在路上

一种严谨的理论需要从定义到体系的完整构建，也需要事实和数据支撑，显然，本书构建的政府社会资本与国家治理创新的观点还缺乏充分的事实和数据支撑，政府如何对基于政府公共管理权和基于政府社会资本所有权的政治目标、经济目标进行协调？如何对不同时期、不同国家的国家治理体系的优劣进行综合评价，均需要继续深入研究。从更现实的角度来说，在中国特色政企关系框架下，国家治理层面政府作为社会公共管理者和政府作为政府社会资本所有者与企业的利益分配关系如何调整，政府的双重权力如何在国家治理和财会监督体系中发挥协同作用，也尚需要深入开展研究。

正如习近平总书记指出的“全面从严治党永远在路上”一样，国家治理的研究和创新也永远在路上。

参考文献

奥尔森，1995. 集体行动的逻辑［M］. 上海：上海三联书店.

奥斯特罗姆，2000. 公共事物的治理之道［M］. 余逊达，陈旭东，译. 上海：上海三联书店.

奥斯特罗姆，2015. 公共资源的未来：超越市场失灵和政府管制［M］. 北京：中国人民大学出版社.

伯尔曼，1993. 法律与革命——西方法律传统的形成［A］. //江平主编，外国法丛书［C］. 贺卫方等，译. 北京：中国大百科全书出版社.

布迪厄，华康德，1978. 实践与反思［M］. 北京：中央编译出版社.

布坎南，1988. 自由、市场与国家［M］. 吴良健，桑伍，曾获，译. 北京：北京经济学院出版社.

程虹，2000. 制度变迁的周期：一个一般理论及其对中国改革的研究［M］. 北京：人民出版社.

大冢久雄，2002. 股份公司发展史论［M］. 北京：中国人民大学出版社.

费方域，1998. 企业的产权分析［M］. 上海：上海三联书店，上海人民出版社.

高德步，王玉，2001. 世界经济史［M］. 北京：中国人民大学出版社.

高鸿业，2005. 就业、利息和货币通论［M］. 北京：商务印书馆.

葛家澍，吴水澎，1983. 建国以来会计基本理论文章摘编［M］. 天津：天津人民出版社.

胡毓达，2004. 集体选择与社会福利［M］. 上海：上海科学技术出版社.

霍布斯，1985. 利维坦［M］. 黎思复等，译. 北京：商务印书馆.

柯武刚，史漫飞，2000. 制度经济学：社会秩序与公共政策［M］. 韩朝华，译. 北京：商务印书馆.

科斯，阿尔钦，诺斯，等，1994. 财产权利与制度变迁［M］. 上海：上海三联书店，上海人民出版社.

莱特，里斯，1981. 美国经济史［M］. 沈阳：辽宁人民出版社.

李惠斌，杨雪冬，2000. 社会资本与社会发展［M］. 北京：社会科学文献出版社.

卢梭，1994. 社会契约论［M］. 何兆武，译. 北京：商务印书馆.

卢现祥，2004. 新制度经济学［M］. 武汉：武汉大学出版社.

陆铭，潘慧，2009. 政企纽带——民营企业家成长与企业发展［M］. 北京：北京大学出版社.

罗森堡，小伯泽尔，1989. 西方致富之路［M］. 上海：三联书店.

马歇尔，1981. 经济学原理［M］. 朱志泰，译. 北京：商务印书馆.

诺斯，1994. 经济结构史中的结构与变迁［M］. 陈郁，译. 上海：上海三联书店.

诺斯，2003. 经济史中的结构与变迁［M］. 上海：三联书店.

诺斯，2009. 经济史中的结构与变革［M］. 北京：商务印书馆.

帕特南，2001. 使民主运转起来［M］. 南昌：江西人民出版社.

皮凯蒂，2014. 21 世纪资本论［M］. 北京：中信出版社.

青木昌彦，1999. 经济体制的比较制度分析［M］. 北京：中国发展出版社.

萨缪尔森，1999. 经济学［M］. 萧琛，译. 北京：华夏出版社.

萨伊，1963. 政治经济学概论［M］. 陈福生，译. 北京：商务印书馆.

塞利格曼，1975. 美国企业史［M］. 上海：上海人民出版社.

斯蒂格利茨，1998. 政府为什么干预经济［M］. 北京：中国物资出版社.

斯密，2010. 国富论［M］. 谢宗林，李华夏，译. 北京：中央编译出版社.

宋则行，樊亢，1994. 世界经济史（上卷）［M］. 北京：经济科学出版社.

泰格，利维，1996. 法律与资本主义的兴起［M］. 上海：学林出版社.

坦茨，2014. 政府与市场：变革中的政府职能［M］. 王宇等，译. 北京：商务印书馆.

王小鲁，樊纲，余静文. 2017. 中国分省份市场化指数报告（2016）［M］. 北京：社会科学文献出版社.

王竹泉，2003. 公司治理结构中的会计监督研究［M］. 北京：中国财政经济出版社.

吴水澎等，2000. 中国会计理论研究［M］. 北京：中国财政经济出版社.

习近平，2017. 毫不动摇坚持我国基本经济制度，推动各种所有制经济健康发展［M］.《习近平谈治国理政（第二卷）》，北京：外文出版社.

夏皮罗，瓦里安，张帆，2000. 信息规则：网络经济的策略指导［M］. 北京：中国人民大学出版社.

燕继荣，2006. 投资社会资本——政治发展的一种新维度［M］. 北京：北京大学出版社.

杨瑞龙，周业安，2000. 企业的利益相关者理论及其应用［M］. 北京：经济科学出版社.

虞政平，2001. 股东有限责任［M］. 北京：法律出版社.

张其仔，2001. 新经济社会学［M］. 北京：中国社会科学出版社.

张维迎，1995. 企业的企业家——契约理论［M］. 上海：上海人民出版社.

张维迎，1996. 博弈论与信息经济学［M］. 上海：上海三联书店，上海人民出版社.

郑远民，2001. 现代商人法研究［M］. 北京：法律出版社.

本刊编辑部，2019. 会计监督 20 年大事记（1999—2018）［J］. 财政监督（1）：43－44.

边燕杰，2004. 城市居民社会资本的来源及作用：网络观点与调查发现［J］. 中国社会科学（3）：136－146＋208.

边燕杰，丘海雄，2000. 企业的社会资本及其功效［J］. 中国社会科学（2）：87－99＋207.

曹冈，2000. 新《会计法》对会计理论的影响［J］. 会计研究（5）：16－21.

曹伟，程六兵，赵璨，2016. 地方政府换届会影响企业纳税行为吗？——来自市委书记变更的证据［J］. 世界经济文汇（3）：91－110.

曹伟，杨德明，赵璨，2016. 政治晋升预期与高管腐败——来自国有上市公司的经验证据［J］. 经济学动态（2）：59－77.

曹伟，杨德明，赵璨，等，2017. 地方政治权力转移与企业社会资本投资周期——基于政企关系重构的动态研究［J］. 财经研究（1）：4－16.

陈丹，唐茂华，2008. 关注公共资源配置的公平性问题［J］. 中国发展观察（9）：33－34.

陈德球，李思飞，钟昀珈，2012. 政府质量、投资与资本配置效率［J］. 世界经济（3）：89－110.

陈冬华，2009. 地方政府、公司治理与补贴收入——来自中国证券市场的经验证据［J］. 财经研究（9）：15－21.

陈国辉，陆建桥，1996. 企业产权组织　会计信息质量　会计监督——兼析我国国有企业会计信息反映失真、会计监督弱化的深层动因［J］. 会计研究（5）：33－37.

陈建先，2013. 诺贝尔经济学奖专家对政府经济学贡献之研究［J］. 行政论坛（4）：83－88.

陈爽英，傅锋，井润田，2020. 政治关联对研发投资的影响：促进还是抑制［J］. 科研管理（1）：184－192.

陈晓芸，吴超鹏. 2013. 政治关系、社会资本与公司投资效率［J］. 山西财经大学学报，35（6）：91－101.

陈毓圭，1995. 对会计监督的几点看法［J］. 会计研究（6）：26－28.

陈云贤，2019. 中国特色社会主义市场经济：有为政府＋有效市场［J］. 经济研究（1）：4－19.

陈宗胜，王晓云，周云波，2018. 新时代中国特色社会主义市场经济体制逐步建成——中国经济体制改革四十年回顾与展望［J］. 经济社会体制比较（4）：24－41.

程恩富，2014. 完善双重调节体系：市场决定性作用与政府作用［J］. 中国高校社会科学（6）：43－52＋153－154.

程恩富，2016. 马克思主义政治经济学理论体系多样化创新的原则和思路［J］. 中国社会科学（11）：43－49.

程恩富，高建昆，2014. 论市场在资源配置中的决定性作用——兼论中国特色社会主义的双重调节论［J］. 中国特色社会主义研究（1）：53－59.

程恩富，侯为民，2014. 市场和政府的功能强弱性及其互补作用［J］. 海派经济学（4）：8－15.

程恩富，孙秋鹏，2014. 论资源配置中的市场调节作用与国家调节作用——两种不同的“市场决定性作用论”［J］. 学术研究（4）：69－78.

程文进，1999. 美国政府与公司关系的历史演变［J］. 北京社会科学（4）：3－5.

楚永生，2003. 政府与市场资源配置有效性边界分析［J］. 西安电子科技大学学报（社会科学版）（4）：30－34.

戴亦一，潘越，刘新宇，2014. 社会资本、政治关系与我国私募股权基金投融资行为[J]. 南开管理评论（4）：88－97.

邓建平，曾勇，2009. 政治关联能改善民营企业的经营绩效吗［J］. 中国工业经济（2）：100－110.

刁建东，权锡鉴，2012. 走出家族主义困境［J］. 企业管理（2）：18－19.

杜兴强，1998. 会计信息的产权问题研究［J］. 会计研究（7）：3－5.

杜兴强，郭剑花，雷宇，2009. 政治联系方式与民营上市公司业绩："政府干预"抑或"关系"？[J]. 金融研究（11）：162－177.

杜媛，孙莹，王苑琢，2015. 混合所有制改革推动资本管理创新和营运资金管理发展[J]. 会计研究（1）：93－95.

杜媛，王竹泉，2014. 政企关系再观察：一个理性视角［J］. 改革（11）：127－136.

方福前，2019. 论建设中国特色社会主义政治经济学为何和如何借用西方经济学［J］. 经济研究（54）：16－29.

方军雄，2006. 市场化进程与资本配置效率的改善［J］. 经济研究（5）：50－61.

方军雄，2007. 所有制、市场化进程与资本配置效率［J］. 管理世界（11）：27－35.

方军雄，2007. 所有制、制度环境与信贷资金配置［J］. 经济研究（12）：82－92.

方流芳，1992. 中西公司法律地位历史考察［J］. 中国社会科学（4）：153－170.

冯俏彬，贾康，2010. 权益—伦理型公共产品：关于扩展的公共产品定义及其阐释[J]. 经济学动态（7）：34－42.

冯正好，2008. 中世纪西欧的城市特许状［J］. 西南大学学报（社会科学版）（1）：184－189.

高明华，杨丹，杜雯翠，等，2014. 国有企业分类改革与分类治理——基于七家国有企业的调研［J］. 经济社会体制比较（2）：19－34.

高培勇，2014. 由适应市场经济体制到匹配国家治理体系——关于新一轮财税体制改革基本取向的讨论［J］. 财贸经济（3）：5－20.

葛家澍，刘峰，1999. 新中国会计理论研究50年回顾［J］. 会计研究（10）：7－14

耿新，张体勤，2010. 企业家社会资本对组织动态能力的影响——以组织宽裕为调节变量［J］. 管理世界（6）：109－121.

龚凯颂，1998. 为会计监督正名［J］. 会计研究（3）：3－5.

顾海良，2017. 新发展理念的新时代政治经济学意义［J］. 经济研究（11）：15－17.

顾钰民，2017. 时代和实践：中国特色社会主义政治经济学的思想之母、理论之源[J]. 福建师范大学学报（2）：16－21.

桂勇，黄荣贵，2008. 社区社会资本测量：一项基于经验数据的研究［J］. 社会学研究（3）：122－142＋244－245.

郭道扬，1997. 论会计职能［J］. 中南财经大学学报（3）：62－75.

郭剑花，杜兴强，2011. 政治联系、预算软约束与政府补助的配置效率——基于中国民营上市公司的经验研究［J］. 金融研究（2）：114－128.

郭文帅，2015. 权力尺度对公共资源配置影响的时空分析［D］. 北京交通大学.

何秉孟. 准确理解"使市场在资源配置中起决定作用"［N］. 中国社会科学报，2014－

01－10.

何平．政企关系是政治经济学核心问题之一［N］．中国社会科学报，2011－08－02.

洪银兴，2016. 以创新的理论构建中国特色社会主义政治经济学的理论体系［J］．经济研究（4）：4－13.

洪银兴，2016. 中国特色社会主义政治经济学的创新发展［J］．红旗文稿（7）：4－9＋1.

洪银兴，2017. 关于中国特色社会主义政治经济学理论体系建设的几个问题［J］．人文杂志（12）：30－36.

洪银兴，2017. 新时代现代化理论的创新［J］．经济研究（11）：17－19.

洪银兴，2018. 市场化导向的政府和市场关系改革40年［J］．政治经济学评论（6）：28－38.

洪银兴，2020. 进入新时代的中国特色社会主义政治经济学［J］．管理世界，36（9）：1－11.

胡培兆，2016. 以民族的自尊自信创建中国特色社会主义经济学［J］．中国社会科学（11）：36－42.

胡业飞，田时雨，2019. 政府数据开放的有偿模式辨析：合法性根基与执行路径选择［J］．中国行政管理（1）：30－36.

黄珺，魏莎．2016. 独立董事政治关联对企业信贷融资的影响研究．管理评论（11）：182－190.

黄群慧，2013. 新时期如何积极发展混合所有制经济［J］．行政管理改革（12）：49－54.

黄世忠，2001. 内部会计监督与控制制度［J］．会计之友（6）：4－6＋2.

黄速建，2014. 中国国有企业混合所有制改革研究［J］．经济管理6（7）：1－10.

纪建悦，董辉，2016. 公用事业类公司国有股比例与财务绩效关系研究——兼论混合所有制中的价值陷阱［J］．中国海洋大学学报（社会科学版）（6）：44－49.

纪建悦，刘顺利，2013. PPP融资模式在我国公共租赁房建设中的应用研究［J］．金融发展研究（1）：28－31.

贾生华，陈辉宏，2005. 企业利益相关者的利益协调与公司治理的平衡原理［J］．中国工业经济（8）：114－121.

姜作培，1996. 资源配置与增长方式的转变［J］．理论导刊（6）：11－14.

蒋永穆，2017. 建设现代化经济体系必须坚持的基本取向［J］．马克思主义研究（12）：29－33.

蒋永穆，张晓磊，周宇晗，2017. 积极探索和构建中国特色社会主义的经济发展理论［J］．政治经济学评论（2）：33－49.

金碚，2018. 关于“高质量发展”的经济学研究［J］．中国工业经济（4）：5－18.

金太军，袁建军，2011. 政府与企业的交换模式及其演变规律——观察腐败深层机制的微观视角［J］．中国社会科学（1）：102－118＋222.

金宇超，施文，唐松，等，2018. 产业政策中的资金配置：市场力量与政府扶持［J］．财经研究（4）：4－19.

李春明，2017. 构建亲清政企关系研究 [J]. 当代经济（31）：148 - 152.

李海凤，史燕平. 2014. 投资者保护、政府干预与资本配置效率 [J]. 经济经纬，31（3）：139 - 144.

李建平，黄瑾，2017. 论中国特色社会主义政治经济学的当代新特征 [J]. 福建师范大学学报（2）：8 - 15.

李青原. 2009. 会计信息质量与公司资本配置效率——来自我国上市公司的经验证据 [J]. 南开管理评论，12（2）：115 - 124.

李维安，2014. 深化国企改革与发展混合所有制 [J]. 南开管理评论（3）：1.

李维安，邱艾超，古志辉，2010. 双重公司治理环境、政治联系偏好与公司绩效——基于中国民营上市公司治理转型的研究 [J]. 中国工业经济（6）：85 - 95.

厉以宁，2014. 中国道路与混合所有制经济 [J]. 中国市场（23）：3 - 11.

梁上坤，金叶子，王宁，等，2015. 企业社会资本的断裂与重构——基于雷士照明控制权争夺案例的研究 [J]. 中国工业经济（4）：149 - 160.

林毅夫，2017. 新结构经济学的理论基础和发展方向 [J]. 经济评论（3）：6 - 18.

林毅夫，2020. 有为政府参与的中国市场发育之路 [J]. 广东社会科学（1）：5 - 7 + 254.

刘国光，2015. 政府和市场关系的核心是资源配置问题 [J]. 毛泽东邓小平理论研究（11）：1 - 6 + 91.

刘国光，王佳宁，2018. 中国经济体制改革的方向、目标和核心议题 [J]. 改革（1）：5 - 21.

刘鹤，2019. 坚持和完善社会主义基本经济制度 [N]. 人民日报，2019 - 11 - 22.

刘伟，2019. 坚持社会主义市场经济的改革方向——中国特色社会主义经济转轨的体制目标 [J]. 中国高校社会科学（2）：16 - 20 + 157.

刘细良，樊娟，2010. 基于公共资源配置的腐败形成机理分析 [J]. 湖南大学学报（社会科学版），24（4）：128 - 132.

刘玉廷，郭林，李冰慧，2016. 基于政府预算的国家审计制度优化研究 [J]. 审计研究（5）：20 - 26.

刘长庚，张磊，2016. 理解"混合所有制经济"：一个文献综述 [J]. 政治经济学评论（6）：25 - 41.

罗党论，刘晓龙，2009. 政治关系、进入壁垒与企业绩效——来自中国民营上市公司的经验证据 [J]. 管理世界（5）：97 - 106.

罗党论，唐清泉，2009. 政治关系、社会资本与政策资源获取：来自中国民营上市公司的经验证据 [J]. 世界经济（7）：84 - 96.

罗党论，唐清泉，2009. 中国民营上市公司制度环境与绩效问题研究 [J]. 经济研究（2）：107 - 119.

罗党论，甄丽明，2008. 民营控制、政治关系与企业融资约束——基于中国民营上市公司的经验证据 [J]. 金融研究（12）：164 - 178.

罗飞，孙铮，陆正飞，等，2000. 如何理解中国特色的会计 [J]. 会计研究（2）：2 - 8.

罗飞，王竹泉，2000. 会计监督是保证现代企业制度良好运行的一项重要机制［J］. 财会通讯（3）：11－14.

罗飞，王竹泉，2001. 论国家作为出资者对国有企业的财务管理［J］. 会计研究（4）：3－9＋65.

罗国亮，2008. 改革开放三十年政企关系改革与启示［J］. 岭南学刊（5）：21－25.

吕立邦，黄恒学，2016. 国有企业改革中的政企关系问题探析［J］. 社科纵横（10）：67－71.

马骏，2005. 体制不协调与监管瓶颈：我国会计监管体制的演变及路径选择［J］. 会计研究（8）：15－20＋95.

倪红日，张亮，2012. 基本公共服务均等化与财政管理体制改革研究［J］. 管理世界（9）：7－18＋60.

聂辉华，2020. 从政企合谋到政企合作——一个初步的动态政企关系分析框架［J］. 学术月刊（6）：44－56.

潘红波，余明桂，2010. 政治关系、控股股东利益输送与民营企业绩效［J］. 南开管理评论（4）：14－27.

潘石，莫衍，2005. 政企关系问题的本质：政府参与二重性的外化［J］. 长白学刊（1）：70－73.

潘越，戴亦一，吴超鹏，等，2009. 社会资本、政治关系与公司投资决策［J］. 经济研究（11）：82－94.

潘越，宁博，肖金利，2015. 地方政治权力转移与政企关系重建——来自地方官员更替与高管变更的证据［J］. 中国工业经济（6）：135－147.

逄锦聚．2016. 中国特色社会主义政治经济学的民族性与世界性［J］. 经济研究，51（10）：4－11.

彭向刚，周雪峰，2016. 论新型政企关系下的政府规制：挑战与要求［J］. 学术研究（3）：59－66.

綦好东，曹伟，赵璨，2015. 货币政策、地方政府质量与企业融资约束——基于货币政策传导机制影响的研究［J］. 财贸经济（4）：32－45.

綦好东，郭骏超，朱炜，2017. 国有企业混合所有制改革：动力、阻力与实现路径［J］. 管理世界（10）：8－19.

邱海平，2015. 使市场在资源配置中起决定性作用和更好发挥政府作用——中国特色社会主义经济学的新发展［J］. 理论学刊（9）：47－60.

石军伟，付海艳，2010. 企业的异质性社会资本及其嵌入风险——基于中国经济转型情境的实证研究［J］. 中国工业经济（11）：109－119.

石军伟，胡立君，付海艳，2007. 企业社会资本的功效结构：基于中国上市公司的实证研究［J］. 中国工业经济（2）：84－93.

时家贤，袁玥，2019. 改革开放40年政府与市场关系的变迁：历程、成就和经验［J］. 马克思主义与现实（1）：27－34.

宋磊，谢予昭，2019. 中国式政府——市场关系的演进过程与理论意义：产业政策的视角［J］. 中共中央党校（国家行政学院）学报（1）：123－128.

隋敏，王竹泉，2012．中小企业社会资本积累与盈利能力提升［J］．企业管理（1）：96－99．

隋敏，王竹泉，2013．社会资本对企业价值创造影响研究：理论、机理与应用［J］．当代财经（7）：111－121．

覃家琦，邵新建，2015．交叉上市、政府干预与资本配置效率［J］．经济研究（6）：117－130．

唐国平，刘忠全，刘金洋，2017．我国会计监督现状及优化思考——基于《会计法》修订的分析［J］．财务与会计（21）：28－31．

田利辉，叶瑶，2013．政治关联与企业绩效：促进还是抑制？——来自中国上市公司资本结构视角的分析［J］．经济科学（6）：89－100．

王海，尹俊雅，2018．政府驻地迁移的资源配置效应［J］．管理世界（6）：60－71．

王金磊，綦好东，2015．国有企业信息公开披露：先行实践与推进对策［J］．财务与会计（11）：46－48．

王军，陈毓圭，高一斌，1988．关于企业会计监督职能的反思［J］．会计研究（5）：36－40．

王瑞，2002．商法本质的变迁［J］．政法论坛（6）：56－61．

王秀华，王竹泉，2013．利益相关者价值的归属及衡量——基于利益相关者集体选择视角［J］．管理现代化（1）：88－90．

王砚羽，谢伟，乔元波，李习保，2014．隐形的手：政治基因对企业并购控制倾向的影响——基于中国上市公司数据的实证分析［J］．管理世界（8）：102－114＋133．

王彦超，赵璨，2016．社会审计、反腐与国家治理［J］．审计研究（4）：40－49．

王永贵，2019．不断开辟中国特色社会主义意识形态建设的新境界——新中国70年意识形态建设的历程、经验和新时代前景［J］．当代世界与社会主义（5）：88－96．

王苑琢，王竹泉，2016．资本配置视角的民营企业混合所有制实践——以特锐德为例［J］．财务与会计（1）：31－32．

王跃堂，孙铮，陈世敏，2001．会计改革与会计信息质量——来自中国证券市场的经验证据［J］．会计研究（7）：16－26＋65．

王仲兵，2001．论资本观念与会计模式［J］．南开管理评论（3）：36－39．

王竹泉，2002．利益相关者会计监督体制的国际比较［J］．会计论坛（2）：69－79．

王竹泉，2006．利益相关者财务披露监管的分析框架与体制构造［J］．会计研究（9）：35－41＋95．

王竹泉，2008．会计信息披露的外部性与会计信息质量——基于利益相关者的视角［J］．当代会计评论（2）：39－49．

王竹泉，2016．企业混合所有制改革的多维考察与机理分析［J］．财务与会计（1）：25－27．

王竹泉，2020．我国宏观会计信息质量指数的构建与应用［J］．会计之友（12）：2－9．

王竹泉，毕茜茜，2008．改革开放30年会计监督的发展与创新［J］．会计研究（7）：16－24＋96．

王竹泉，杜媛，2012．利益相关者视角的企业形成逻辑与企业边界分析［J］．中国工业经济（3）：108 – 120.

王竹泉，杜媛，2013. 政企关系的历史考察与理论重建［A］. //中国会计学会. 中国会计学会2013年学术年会论文集［C］：1602 – 1622.

王竹泉，杜媛，2014. 混合所有制的本质与利益相关者资本管理［A］. //2014营运资金管理高峰论坛暨混合所有制与资本管理高峰论坛论文集［C］：1 – 8.

王竹泉，杜媛，曲冠青，2016. 企业混合所有制改革的多维考察与机理分析［J］. 财务与会计（1）：25 – 27.

王竹泉，杜媛，孙莹，等，2014. 利益相关者视角的资金管理：机理与策略［J］. 财务与会计（理财版）（3）：10 – 12.

王竹泉，杜媛，王苑琢. 2017. 新型政商关系：国家治理与公司治理创新的发动机［J］. 中国会计研究与教育，9（2）：1 – 19.

王竹泉，韩星佳，2018. 企业的政府社会资本禀赋对资本配置效率的影响研究——资源配置中政府作用的资本市场证据［A］. //2018中国资金管理智库高峰论坛论文集［C］：208 – 223.

王竹泉，韩星佳，2018. 企业的政府社会资本禀赋对融资约束的影响研究——资源配置中政府作用的资本市场证据［J］. 当代财经（10）：68 – 79.

王竹泉，江玮滢，2017. 我国会计信息质量检查十年回顾与改进建议［J］. 财政监督（2）：5 – 10.

王竹泉，权锡鉴，2018. 混合所有制改革是每一个企业均可以享受的政策红利——兼论中国特色企业理论与政企关系话语体系构建［J］. 财会月刊（23）：3 – 9.

王竹泉，任祯，权锡鉴，2018. 资源配置视角下的中国特色政府、市场与企业关系［A］. //2018中国资金管理智库高峰论坛论文集［C］：108 – 122.

王竹泉，隋敏，2010. 控制结构 + 企业文化：内部控制要素新二元论［J］. 会计研究（3）：28 – 35 + 96.

王竹泉，于小悦，权锡鉴，2020. 以要素市场化配置推动国有企业混合所有制改革创新发展［J］. 财会月刊（17）：135 – 140.

王竹泉，张璠，2018. 科技创新中政府与市场资源配置协同研究［A］. //2018中国资金管理智库高峰论坛论文集［C］：307 – 324.

卫兴华，2017. 关于中国特色社会主义政治经济学的一些新思考［J］. 经济研究（11）：13 – 15.

魏杰，施戍杰，2014. “市场决定论”与混合所有制经济——什么样的产权安排能够促进共同富裕［J］. 社会科学辑刊（4）：95 – 101.

魏炜，朱青元，林桂平，2017. 政治关联、多元化并购与企业并购绩效［J］. 管理学报（7）：998 – 1005.

吴金群，李潇，2013. 经济发展中的政企互动关系［J］. 第一资源（6）：68 – 77.

吴军，夏建中，2012. 国外社会资本理论：历史脉络与前沿动态［J］. 学术界（8）：67 – 76 + 264 – 268.

吴联生，2001. 企业会计信息违法性失真的责任合约安排［J］. 经济研究（2）：77 – 85 + 94.

吴水澎，2000. 论会计监督与监督会计［J］. 财会通讯（10）：3－6.

吴文锋，吴冲锋，刘晓薇，2008. 中国民营上市公司高管的政府背景与公司价值［J］. 经济研究（7）：130－141.

吴文锋，吴冲锋，芮萌，2009. 中国上市公司高管的政府背景与税收优惠［J］. 管理世界（3）：141－149.

伍中信，肖美英，1997. 信息、产权与博弈：会计监督的经济学［J］. 会计研究（12）：15－18.

武辉，王竹泉，2019. 国家治理框架下善治导向的会计监督体系重构［J］. 会计研究（4）：3－10.

习近平，1998. 社会主义市场经济和马克思主义经济学的发展与完善［J］. 经济学动态（7）：3－6.

夏小林，2015. 政企关系：有分有合——从国际视角评切割政企关系的"改革"陷阱［J］. 管理学刊（3）：1－15＋19.

谢伏瞻. 2018. 马克思主义是不断发展的理论［J］. 中国社会科学（5）：4－22.

徐丹丹，董莹，孔晓旭，等，2018. 国有企业分类改革的操作性困境能破解吗？——基于功能变动视角的衡量分析［J］. 经济社会体制比较（4）：9－15＋23.

严成樑，2012. 社会资本、创新与长期经济增长［J］. 经济研究（11）：48－60.

阎达五，杨有红，2001. 内部控制框架的构建［J］. 会计研究（2）：9－14.

杨道广，潘红波，陈汉文，2014. 政治关系、会计信息与银行信贷资本配置效率——来自中国民营上市公司的经验数据［J］. 投资研究，33（7）：26－40.

杨德明，赵璨，2014. 国有企业高管为什么会滋生隐性腐败？［J］. 经济管理（10）：64－74.

杨德明，赵璨，2015. 民营上市公司的政治关联与融资研究——基于货币政策和媒体监督的视角［J］. 审计与经济研究（2）：93－102.

杨德明，赵璨，2015. 内部控制、媒体曝光率与国有企业高管腐败［J］. 财务研究（5）：66－73.

杨德明，赵璨，曹伟，2017. 寻租与企业绩效："绊脚石"还是"润滑剂"［J］. 财贸经济（1）：130－145.

杨继国，安增军，2004. 企业理论的演进逻辑及其发展方向［J］. 中国工业经济（7）：91－97.

杨瑞龙，1995. 国有企业股份制改造的理论思考［J］. 经济研究（2）：13－22.

杨瑞龙，2014. 以混合经济为突破口推进国有企业改革［J］. 改革（5）：19－22.

杨瑞龙，2019. 中国特色社会主义经济理论的方法论与基本逻辑［J］. 政治经济学评论（6）：20－41.

杨瑞龙，杨其静，2001. 专用性、专有性与企业制度［J］. 经济研究（3）：3－11＋93.

杨雄胜，1997. 会计监督本质新探［J］. 四川会计（12）：6－8.

杨雄胜，陈丽花，曹洋，等，2013. 会计理论范式革命：黎明前的彷徨与思考［J］. 会计研究（3）：3－12＋95.

杨宇，沈坤荣，2010. 社会资本、制度与经济增长——基于中国省级面板数据的实证研究［J］. 制度经济学研究（2）：34－51.

杨筠，宁向东，2018. 政治关联、政府补贴与企业创新绩效［J］. 技术经济（5）：31－37.

叶静怡，周晔馨，2010. 社会资本转换与农民工收入——来自北京农民工调查的证据［J］. 管理世界（10）：44－56.

于文超，何勤英 . 2013. 投资者保护、政治联系与资本配置效率［J］. 金融研究（5）：152－165.

于玉林，1980. 试论会计监督［J］. 会计研究（1）：67－70.

余菁，2014. "混合所有制"的学术论争及其路径找寻［J］. 改革（11）：26－35.

余明桂，潘红波，2008. 政治关系、制度环境与民营企业银行贷款［J］. 管理世界（8）：9－21＋39＋187.

虞政平，2000. 论早期特许公司——现代股份公司之渊源［J］. 政法论坛（5）：52－67.

西尔伯斯通，1996. 关于"利益相关者"的争论——公司的治理结构［J］. 经济社会体制比较（3）：42－48.

张晖明，2018. 国有企业改革经验成果与中国特色企业理论初探［J］. 政治经济学评论（6）：70－77.

张军扩，侯永志，刘培林，等，2019. 高质量发展的目标要求和战略路径［J］. 管理世界（7）：1－7.

张俊伟，2017. 关于振兴实体经济的几点思考［J］. 理论参考（4）：39－47.

张康之，2004. 公共管理：社会治理中的一场革命（上）［J］. 北京行政学院学报（1）：1－4.

张雷声，2017. 中国特色社会主义政治经济学的重大原则［J］. 南京师大学报（社会科学版）（1）：5－13.

张莉，朱光顺，李夏洋，等，2017. 重点产业政策与地方政府的资源配置［J］. 中国工业经济（8）：63－80.

张良庆，1998. 政府资源配置：激励和约束机制的构建［J］. 财政研究（9）：25－30.

张敏，黄继承，2009. 政治关联、多元化与企业风险——来自中国证券市场的经验证据［J］. 管理世界（7）：156－164.

张琦，2015. 公共物品理论的分歧与融合［J］. 经济学动态（11）：147－158.

张爽，陆铭，章元，2007. 社会资本的作用随市场化进程减弱还是加强？——来自中国农村贫困的实证研究［J］. 经济学（季刊）（2）：539－560.

张薇薇，2007. 中世纪商人法初探：其范畴、渊源与法律特征［J］. 浙江社会科学（3）：72－79.

张维迎，1996. 所有制、治理结构及委托—代理关系——兼评崔之元和周其仁的一些观点［J］. 经济研究（9）：3－15＋53.

张维迎，柯荣住，2002. 信任及其解释：来自中国的跨省调查分析［J］. 经济研究（10）：59－70＋96.

张玉利，杨俊，任兵，2008. 社会资本、先前经验与创业机会——一个交互效应模型及其启示［J］. 管理世界（7）：91－102.

赵璨，曹伟，朱锦余，2013. 治理环境、产权性质与内部控制治理效应——基于公司违规视角的研究［J］. 经济与管理评论（6）：124－131.

赵璨，王竹泉，杨德明，等，2015. 企业迎合行为与政府补贴绩效研究——基于企业不同盈利状况的分析［J］. 中国工业经济（7）：130－145.

赵璨，杨德明，曹伟，2015. 行政权、控制权与国有企业高管腐败［J］. 财经研究（5）：78－89.

赵璨，朱锦余，曹伟，2013. 产权性质、高管薪酬与高管腐败——来自中国上市公司的经验证据［J］. 会计与经济研究（5）：24－37.

赵海军，2012. 基于产权的信息资源分类与信息确权理论建设［J］. 图书与情报（4）：89－97.

赵良庆，2004. 政府在建立和完善社会主义市场经济体制中的基础性作用［J］. 合肥学院学报（社会科学版）（1）：35－39.

赵瑞．2012. 社会资本视角下企业融资行为研究．福建：华侨大学．

赵瑞．2013. 企业社会资本、投资机会与投资效率．宏观经济研究（1）：65－72.

中央党校"中国特色社会主义政治经济学研究"课题组，韩保江，张慧君，2017. 中国特色社会主义政治经济学对西方经济学理论的借鉴与超越——学习习近平总书记关于中国特色社会主义政治经济学的论述［J］. 管理世界（7）：1－16.

周驰，2013. 推进公共资源配置市场化改革的策略思考［J］. 人民论坛（11）：66－67.

周飞舟，2006. 分税制十年：制度及其影响［J］. 中国社会科学（6）：100－115＋205.

周鲁耀，2016."管委会—公司"模式的治理绩效与控权困境——基于一项典型案例的研究［J］. 中国行政管理（7）：46－51.

周其仁，1996. 市场里的企业：一个人力资本与非人力资本的特别合约［J］. 经济研究（6）：71－80.

周绍东，2015. 公共产品超额供给：特征、根源及其治理［J］. 财政研究（9）：91－95.

周业安，2000. 中国制度变迁的演进论解释［J］. 经济研究（5）：3－11＋79.

朱鸿伟，2003. 政企关系的国际比较及启示［J］. 南方经济（1）：73－75.

Aggarwal R K, Meschke F, Wang T Y, 2012. Corporate political donations: investment or agency?［J］. Business and politics, 14（1）: 1－38.

Alchian A A, Demsetz H, 1972. Production, information costs, and economic organization［J］. The American economic review, 62（5）: 777－795.

Allen F, Qian J, Qian M, 2005. Law, finance, and economic growth in China［J］. Journal of financial economics, 77（1）: 57－116.

Asquer A, Mele V, 2018. Policy－making and public management［J］. The palgrave handbook of public administration and management in Europe: 517－533.

Bartolini S, Bonatti L, 2008. Endogenous growth, decline in social capital and expansion of market activities［J］. Journal of economic behavior & organization, 67（3－4）: 917－926.

Boubakri N, Cosset J, Saffar W, et al., 2008. Political connections of newly privatized firms [J]. Journal of Corporate Finance, 14 (5): 654 -673.

Chen C, Li, Yz, Su Yx, et al. , 2011. Renting - seeking incentives, corporate political connections and organizational structure of private firms: Chinese evidence [J]. Journal of corporate finance, 17 (2): 229 -243.

Chou Y K, 2006. Three simple models of social capital and economic growth [J]. Journal of socio - economics, 35 (5): 889 -912.

Claessens S, Feijen YE, Laeven Y L. 2008. Political connections and preferential access to finance: The role of campaign contributions [J]. Journal of financial economics, 88 (3): 554 -580.

Coase R H, 1937. The Nature of the firm [J]. Economica, 4.

Coleman J, 1990. Foundations of Social Theory [M]. Cambridge Harvard University Press.

Faccio M, 2006. Politically connected firms [J]. The American econocmics review, 96 (1): 369 -386.

Faccio M, Masulis R W, Mcconnell J J, 2006. Political connections and corporate bailouts [J]. Journal of finance, 61 (6): 2597 -2635.

Faccio M, Lang H P, 2002. The ultimate ownership of Western European corporations [J]. Journal of financial economics, 65 (3): 365 -395.

Guiso L, Sapienza P, Zingales L, et al. , 2004. The role of social capital in financial development [J]. The American economic review, 94 (3): 526 -556.

Healy, P. , and K. Palepu. 2001. Information asymmetry, corporate disclosure, and the capital markets: a review of the empirical disclosure literature [J]. Journal of accounting and economics, 31 (1): 405 -440.

Holdsworth, 1925. History of English Law, London, Methuen [J]. 8: 201 -202.

Houston J F, Jiang L, Lin C, et al. , 2011. Political connections and the cost of borrowing, SSRN, Working Paper.

Ijaz K A, Atif M, 2005. Do lenders favor politically connected firms? rent provision in an emerging financial market [J]. Quarterly journal of economics (4): 4.

Knack S, Keefer P, 1997 . Does social capital have an economic impact? a cross country investigation [J]. Quarterly journal of economics, 112 (4): 1251 -1288.

Laursen K, Masciarelli F, Prencipe A, 2012 . Regions matter: how localized social capital affects innovation and external knowledge acquisition [J]. Organization science, 23 (1): 177 -193.

Mclean, R D, Zhang T, Zhao M, 2012. Why does the law matter? Investor protection and its effects on investment, financial and growth [J]. Journal of finance, 67 (1): 313 -350.

Musgrave R A, 1959. The theory of public finance [M]. New York: McGraw - Hill.

Myers S, Majluf N, 1984. Corporate financing and investment decisions when firms have information that investors do not have [J]. Journal of financial economics, 13 (2): 187 -221.

Putnam R, 1995. Bowling aline: America's declinig social capital [J]. Journal of democracy, 6: 65 -78.

Stevens W H, 1926. Stockholders' voting rights and the centralization of voting control [J]. The quarterly journal of economics, 40: 353 - 392.

Shleifer A, Vishny R W, 1994. Politicians and firms [J]. Quarterly journal of economics, 109 (4): 995 - 1025.

Stulz R, 1988. Managerial control of voting rights: financing policies and the market for corporate control [J]. Journal of financial economics, 20: 25 - 54.

Wu W, Wu C, Rui O M, et al., 2012. Ownership and the value of political connections: evidence from China [J]. European financial management, 18 (4): 695 - 729.

Wurgler J, 2000. Financial markets and the allocation of capital [J]. Journal of financial economics, 58 (1): 187 - 214.

Zak P J, Knack S, 2001. Trust and growth [J]. The economic journal, 111 (470): 295 - 321.